El embarazo día a día

TIKAL

Dirección editorial **Isabel Ortiz**
Proyecto editorial **adosaguas • www.adosaguas.es**
Coordinación **Myriam Sayalero**
Corrección **Ana Maestre**
Ilustraciones **Tamara Arriola** (p. 14) *y* **David Díaz** (p. 39)
Preimpresión **Miguel Ángel San Andrés**
Maquetación: **Macu G. Noval**

Agradecimientos:

Por su ayuda e ilusión en la elaboración de este libro, aportándonos las ecografías de sus bebés, agradecemos su colaboración a:
Eva Gregorio Vaz, M.ª Esther Paino de Pedro,
Mónica Arteche González y Myriam Sayalero González.

Significado de los símbolos

Información sobre el bebé

Información sobre la salud de la embarazada

Consultas con la matrona

Consultas con el médico

Tikal Ediciones
Campezo, 13 - 28022 Madrid
Tel.: 91 3009100 - Fax: 91 3009110
www.susaeta.com

D.L.: M-9959-MMXII

Primer trimestre

Primer trimestre

Primer mes

Comienza un apasionante camino lleno de grandes cambios, cuyo resultado final será el nacimiento del bebé.

Semanas 1-2

Se produce la fecundación del óvulo por el espermatozoide, la migración del cigoto a la cavidad uterina y la división celular hasta la formación del blastocito.

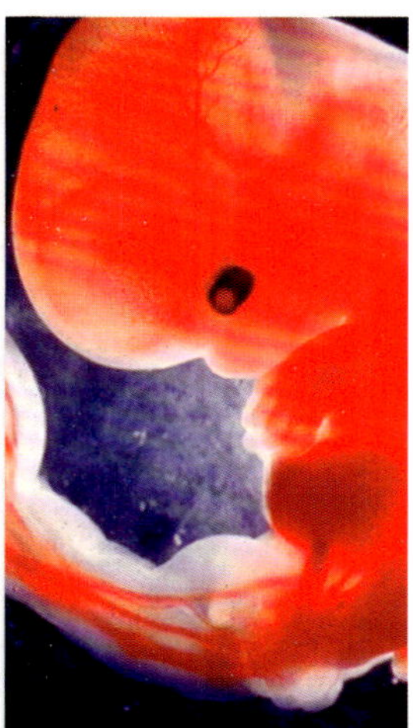

Semana 3

Se inicia el periodo de organogénesis: hasta la semana 12 se formarán todos los órganos principales. Ya late el corazón.

Semana 4

El embrión empieza a transformarse: aparecen los esbozos de piernas y brazos, y comienzan a formarse el hígado, los riñones, el cerebro y los ojos.

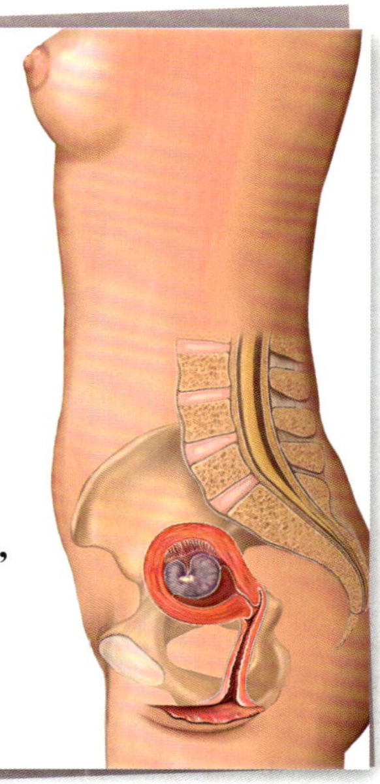

Segundo mes

Comienzan a sentirse los primeros síntomas del embarazo. Las alteraciones de ánimo son frecuentes por la revolución hormonal que se está produciendo en la mujer.

Semanas *5-6*

En la areola aparecen unos bultos: los nódulos de Montgomery.

Semanas *7-8*

Se inician los primeros movimientos. La placenta empieza a desempeñar su función.

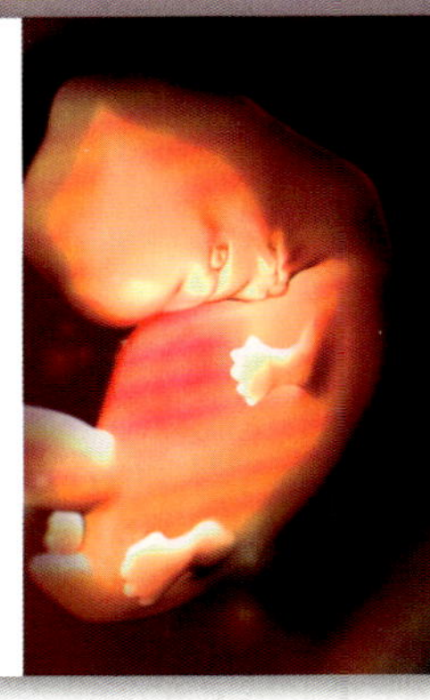

Tercer mes

Se ha superado la etapa de riesgo de aborto natural. Aunque aún no se nota el embarazo, el vientre irá abultándose a lo largo de este mes.

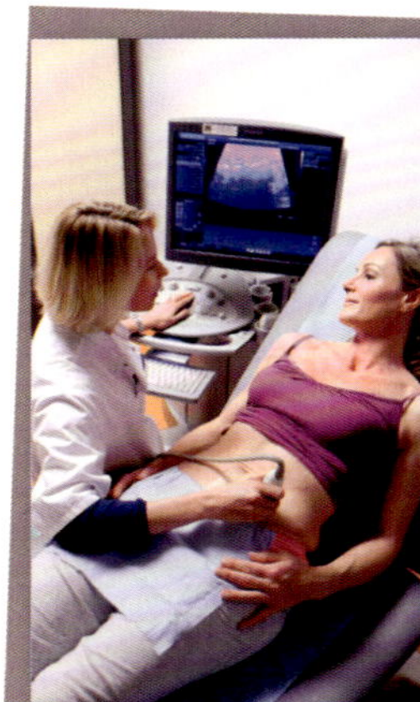

Semanas *9-10*

Comienza el periodo fetal, la etapa intrauterina más larga, que se desarrolla hasta el nacimiento del bebé.

Semanas *11-12*

Primera ecografía: certifica el embarazo y la fase exacta de gestación.

Semana 1

Días 1-2-3

El primer día de cada nuevo ciclo menstrual es clave si estás planeando quedarte embarazada, ya que contará como la fecha en la que se realizó la concepción. Esta será una fecha muy significativa durante los próximos nueve meses.

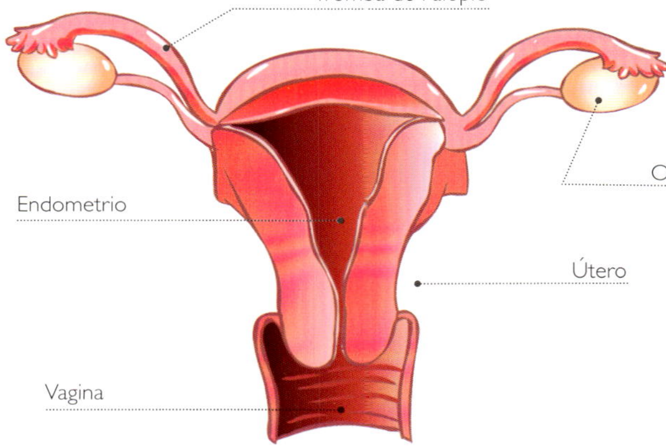

La duración de la gestación se calcula a partir del primer día de la última menstruación, y sus fases se expresan en días completos o semanas completas; por tanto, el embarazo se mide en función de la menstruación (época menstrual) y no del momento de la concepción, que se producirá dos semanas después.

Para calcular la posible fecha del parto se cuentan 280 días (40 semanas) desde el primer día de la última menstruación, con un margen de 15 días por encima o por debajo.

Este método puede considerarse fiable si la mujer está segura de la fecha exacta de inicio de la última regla, si la duración de su ciclo ovárico es regular y si este no excede los 35 días. Asimismo, el empleo de preparados anticonceptivos esteroides en los tres meses que preceden a la última menstruación aumenta la probabilidad de que el cálculo de la época menstrual sea inexacto.

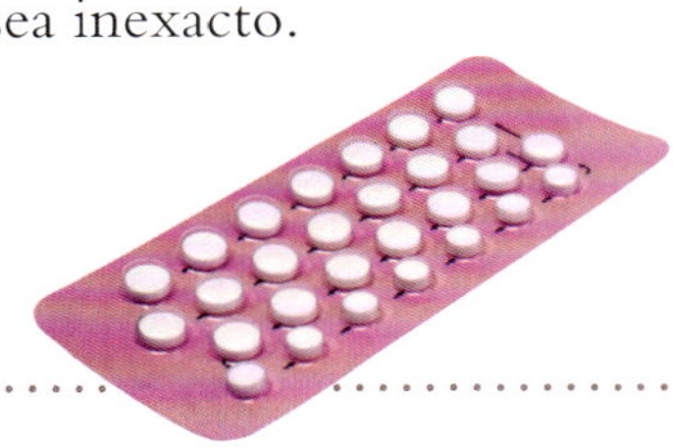

Tras la maduración en el ovario, el óvulo emprenderá el camino hacia la trompa uterina, también conocida como trompa de Falopio. Esta es una estructura móvil y se adapta a la superficie del ovario, precisamente donde está a punto de abrirse el folículo que contiene el óvulo maduro y que será capturado por las pestañas vibrátiles de la trompa.

La célula huevo ya ha sufrido transformaciones, pero su maduración se ha detenido y solo se reanudará inmediatamente después de unirse con un espermatozoide.

El óvulo tiene pocas horas de vida: su capacidad de ser fecundado dura entre 12 y 24 horas desde que sale del ovario, si bien las primeras 12-15 horas son las más favorables para la fecundación. Si no se produce la unión con el gameto masculino, el óvulo no continúa madurando y empieza su degeneración.

Días 4-5-6

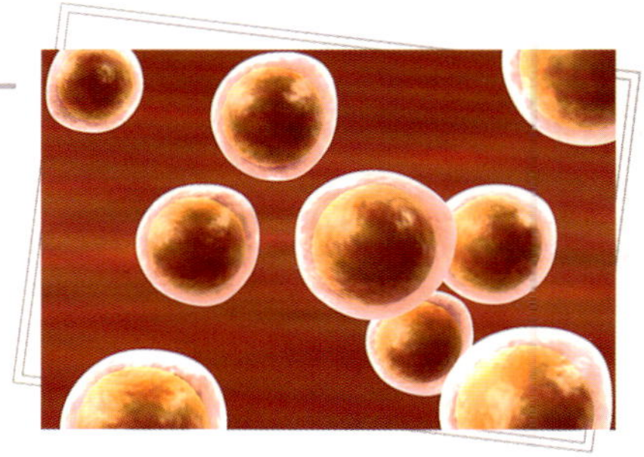

Después de la ovulación, el folículo (donde se produce la maduración del óvulo) sufre transformaciones rápidas y se convierte en el «cuerpo amarillo», que comenzará a producir una hormona, la progesterona, fundamental para la gestación.

Solo con la llegada de la pubertad y el comienzo del ciclo menstrual, bajo el estímulo de hormonas producidas por el hipotálamo y la hipófisis, los folículos (uno cada ciclo de 28 días) reanudarán su maduración.

El ovocito aumenta de tamaño, se multiplican las células que lo envuelven y lo nutren («células de la granulosa»), y se forma una cavidad en el interior del folículo que se llena de líquido.

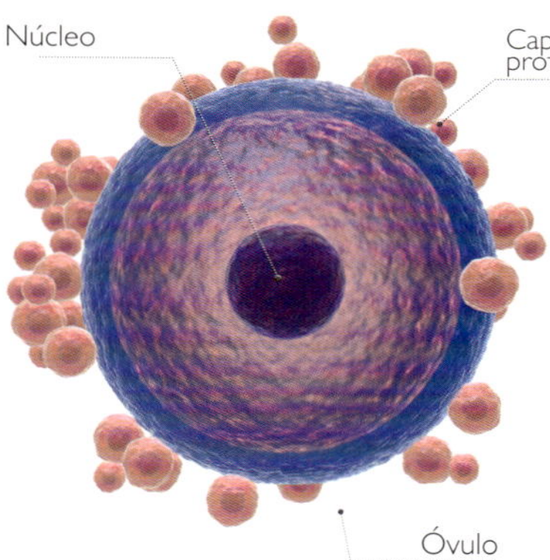

ÁCIDO FÓLICO

El ácido fólico es un suplemento muy importante para cualquier mujer que esté embarazada o, simplemente, planee quedarse en estado, ya que contribuye a reducir el riesgo de defectos en el tubo neural del embrión.
El ácido fólico hay que tomarlo antes de quedarse embarazada y durante las primeras semanas del embarazo, cuando se cierra el tubo neural, para el desarrollo óptimo del cerebro y la médula espinal del bebé.

Un suplemento diario de 400 miligramos será suficiente, pero también es importante incluirlo en la dieta mediante alimentos ricos en folato (la forma natural del ácido fólico en los alimentos), como son las verduras de hoja verde, las legumbres, los cereales y el pescado azul.

En el transcurso de la maduración, el folículo («folículo de Graaf») se ha ido trasladando al borde del ovario. En un momento determinado, bajo el estímulo hormonal («pico de la LH»), el folículo se rompe y se produce la ovulación: el óvulo es liberado, rodeado de algunas células foliculares.

El nombre de «cuerpo amarillo» que recibe el folículo se debe al color que adopta, y la progesterona que produce es necesaria para que la mucosa uterina se prepare para la posible anidación de un óvulo fecundado:

- En caso de producirse la fecundación, el cuerpo amarillo continúa liberando progesterona hasta que empieza a participar en su síntesis la placenta.

- Si no hay fecundación, el cuerpo amarillo sufre una rápida regresión y se convierte en el «cuerpo blanco», una especie de cicatriz en la superficie ovárica.

Semana 2

Días 7-8

Con la expulsión del esperma dentro de la vagina de la mujer, los espermatozoides inician su viaje hacia el interior del óvulo. Si uno de ellos consigue penetrar, se fus onan los dos núcleos, el masculino y el femenino, y se produce la fecundación.

Durante la relación sexual, en el hombre se produce una respuesta fisiológica denominada eyaculación, por la cual se lleva a cabo la expulsión del esperma, junto con millones de espermatozoides, dentro de la vagina de la mujer.

Muchos de los espermatozoides se vuelven inactivos inmediatamente después de la eyaculación, pues el medio ácido que encuentran en un primer momento en el interior de la vagina no es el idóneo para su supervivencia.

Así pues, que se logre con éxito la fecundación depende de la rapidez con la que consigan atravesar esta primera zona y llegar al cuello del útero de la mujer, donde el medio alcalino de este entorno ya les es favorable.

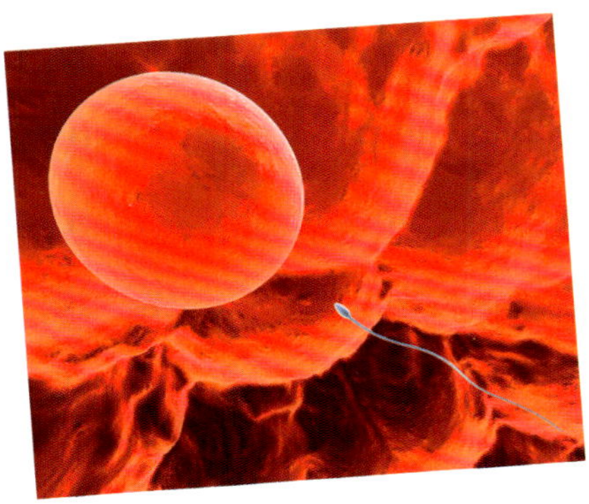

Dependiendo de la fase del ciclo menstrual de la mujer, el moco presente en el cuello uterino será más o menos propicio al avance de los espermatozoides dentro de él.

La fase fértil comienza seis días antes de ovular, con un moco uterino más denso.

En el momento inmediatamente anterior a la ovulación, el avance de estos se ve facilitado por la estructura filamentosa que adopta el moco.

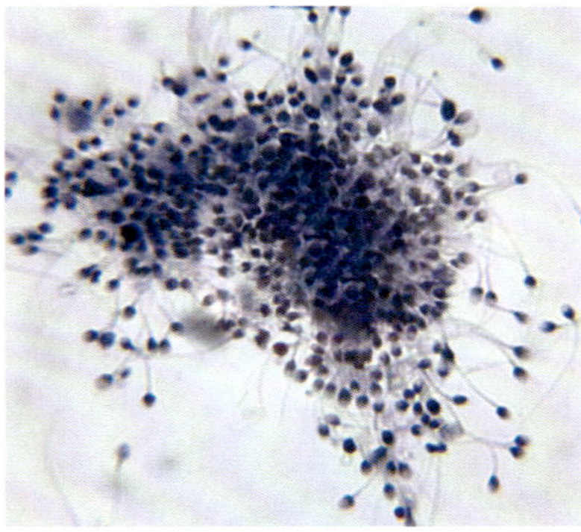

Es esta disposición filamentosa la que guía a los espermatozoides hacia unos repliegues en el cuello del útero, que constituyen un medio idóneo para su supervivencia, tiempo que oscila hasta las 96 horas siguientes.

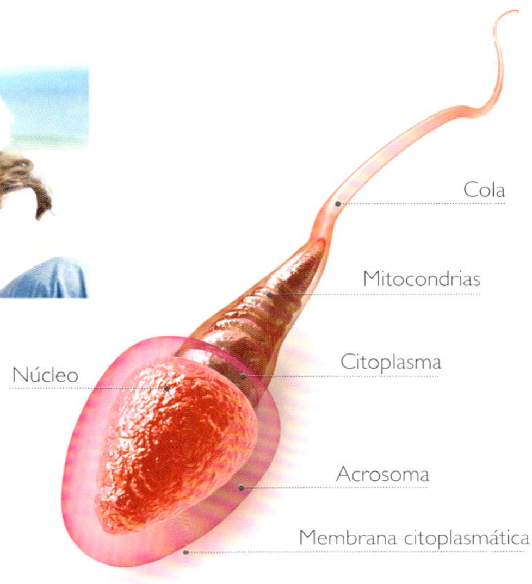

Días 9-10

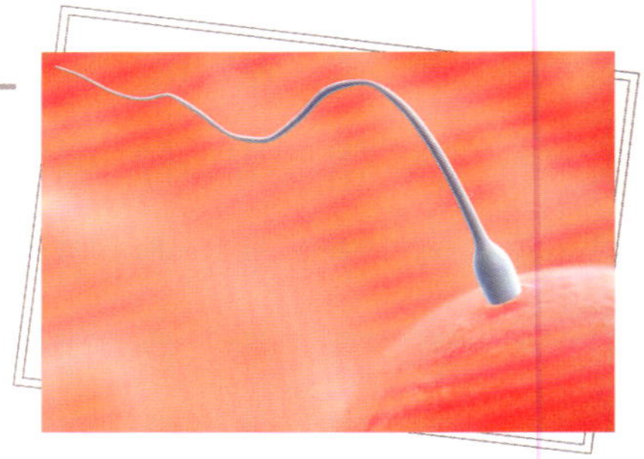

Una vez superada la barrera externa del óvulo, queda por traspasar otra membrana, la llamada «membrana de fecundación», que es el último obstáculo que separa al espermatozoide del núcleo femenino.

Una vez en el cuello del útero, los espermatozoides se mueven lentamente y de forma continua en dirección a las trompas de Falopio, lo que aumenta la probabilidad de unión con el óvulo en el periodo fértil. En este tramo del aparato reproductor femenino es donde, normalmente, se produce la fecundación: por lo general, en el tercio exterior de las trompas, la llamada «ampolla».

El trayecto que realizan los espermatozoides dentro del útero constituye un medio de selección: solo los más resistentes llegan al óvulo.

Cuando están cerca del óvulo, los espermatozoides lo rodean y comienzan sus tentativas de penetración.

En unos pocos minutos, esta barrera de la membrana de fecundación también se salva, pero solo establece contacto con el núcleo la cabeza del espermatozoide; el cuerpo y la cola, cuya función propulsora ha terminado, quedan fuera.

Mientras el espermatozoide se está abriendo paso, miles de pequeñas vesículas, situadas bajo la pared externa del óvulo, se rompen y expulsan su contenido de proteínas y enzimas. Esto provoca una serie de transformaciones que hacen impenetrable el óvulo: ningún otro gameto masculino podrá entrar en él.

Por lo tanto, con la llegada de la cabeza de un espermatozoide al óvulo, este se transforma para que ningún otro pueda acceder a su interior.

FECUNDACIÓN

De los 150-500 millones de espermatozoides que entran en la vagina, solo unos miles consiguen llegar a las trompas de Falopio; avanzan a una velocidad de 2-3 milímetros por minuto y solo unos cientos logran acercarse al óvulo.

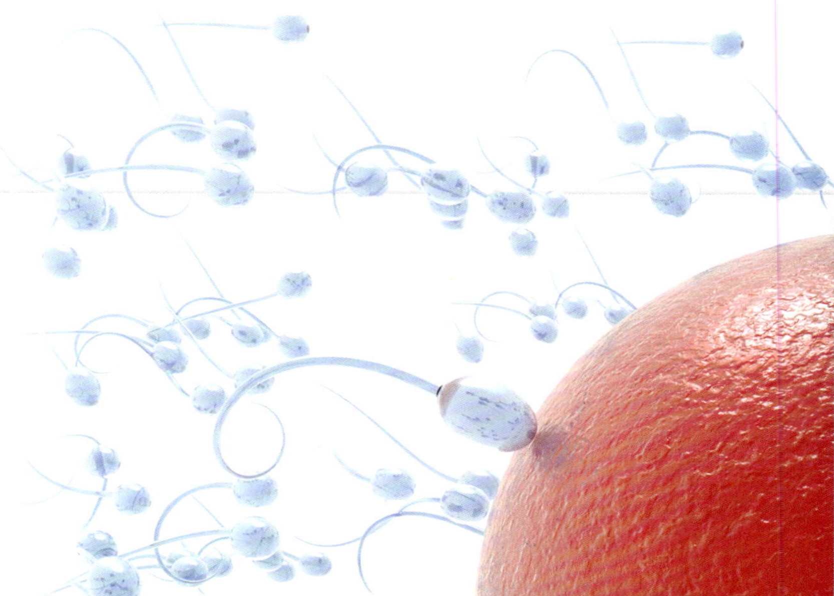

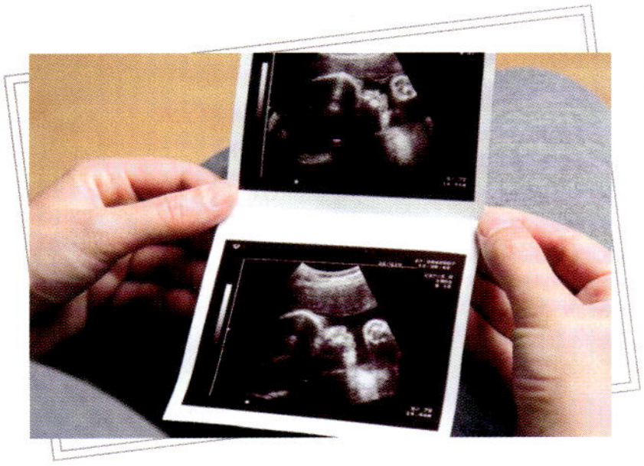

Días 11-12

Inmediatamente después de introducirse la cabeza en el óvulo, el espermatozoide experimenta su última fase de maduración. Al perder la cola, se convierte únicamente en una célula haploide con sus 23 cromosomas.

Los 23 cromosomas contenidos en el núcleo femenino se emparejan con los 23 correspondientes del gameto masculino, y dan lugar a la formación de una célula con 46 cromosomas (diploide), igual que todas las demás células del organismo humano, salvo, obviamente, los gametos.

Es en ese preciso instante cuando se produce la fusión de los dos núcleos, es decir, la fecundación propiamente dicha.

Si las «células germinativas» no tuvieran la mitad de cromosomas, al unirse darían origen a una célula con 92 cromosomas, y en cada nueva fecundación se duplicaría el número de cromosomas de los futuros descendientes.

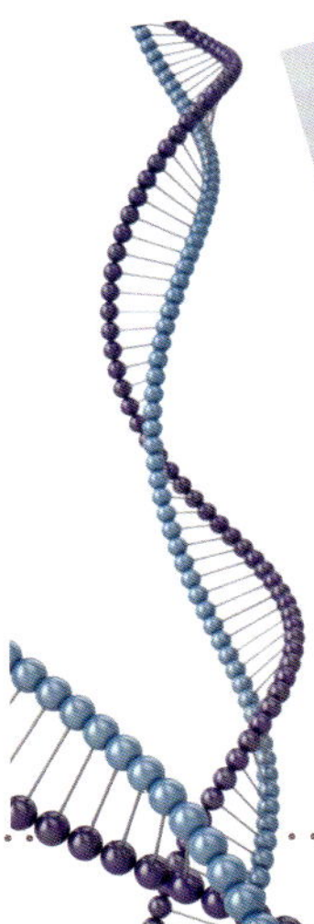

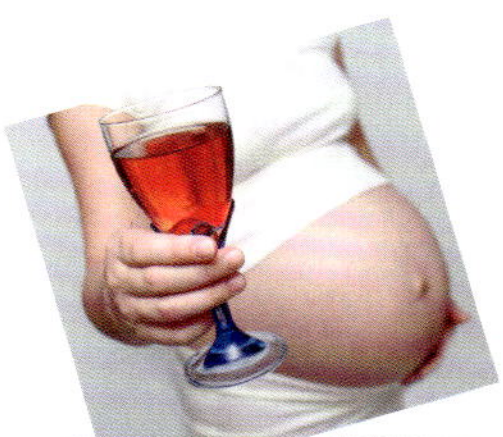

Una alimentación sana y equilibrada es esencial a partir de este momento. Una dieta equilibrada proporcionará a la madre las sustancias necesarias para permitir la formación de nuevos tejidos y reservas energéticas que se utilizarán durante la gestación y en la lactancia. El tipo de alimentación que se recomienda en el embarazo no es muy distinto del aconsejado en otros periodos; las diferencias son mínimas y están relacionadas, principalmente, con el aumento de las necesidades energéticas y del consumo de determinadas sustancias nutritivas.

{ Llevar una alimentación saludable y equilibrada es básico durante estos meses. }

En cuanto al tabaco, el alcohol y otras drogas, hay que tener muy en cuenta que perjudican al feto, con consecuencias más o menos graves. Para algunas mujeres el embarazo es el estímulo determinante que les permite adquirir la voluntad suficiente para abandonar o reducir drásticamente el consumo de este tipo de sustancias.

ALCOHOL Y TABACO

- El **alcohol** traspasa fácilmente la barrera placentaria: el hígado del feto no es capaz aún de neutralizarlo, lo cual puede llegar a causar daños en las células hepáticas y cerebrales.

- El humo del **tabaco** provoca una disminución de la circulación sanguínea en la placenta, con la consiguiente reducción de intercambio respiratorio y de nutrientes.

Días 13-14

En los primeros quince días de embarazo, el óvulo fecundado va pasando por distintos estadios hasta que se forma el embrión. Durante la migración hacia la cavidad uterina, se produce la fase de mórula (a la derecha).

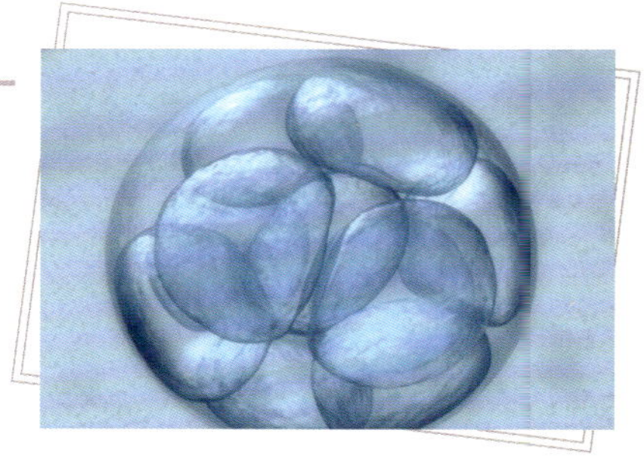

Una vez fecundado, el óvulo tiene tan solo 130 micras de grosor y pesa 10 millonésimas de gramo. Comienza entonces a avanzar hacia la cavidad uterina gracias al movimiento de los cilios presentes en el interior de la trompa de Falopio y a la musculatura del propio útero, que se contrae rítmicamente provocando auténticas ondas de avance («peristaltismo tubárico»).

Además de esta migración, pocas horas después de la unión de los dos núcleos (femenino y masculino), se produce una primera división de la célula que se ha originado en dos nuevas células; a su vez, estas dos células sufren también divisiones, y así sucesivamente. Con cada división, las células se vuelven cada vez más pequeñas, de manera que el racimo que forman (mórula) tiene el mismo tamaño que la célula de partida.

En el estadio de mórula, el cigoto traspasa la desembocadura de la trompa en el útero y llega hasta la cavidad uterina.

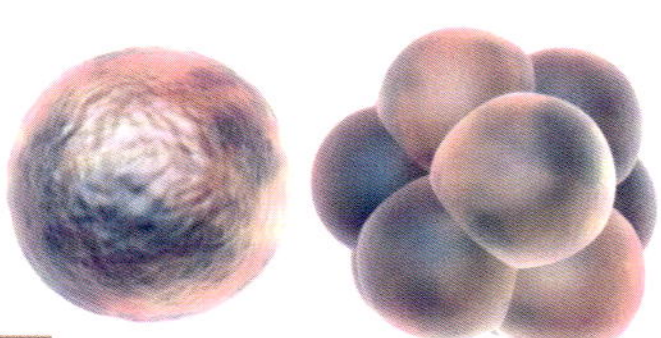

En el estadio de blástula se produce una «aglomeración» de células huecas en el interior del óvulo. Da comienzo entonces la anidación o implantación, es decir, la fijación del óvulo fecundado en la pared interna del útero.

Después de permanecer la blástula un par de días «flotando» en la cavidad, algunas células de uno de los polos de su capa externa se adentran en el espesor de la mucosa uterina y forman numerosas ramificaciones (las «vellosidades coriales»), auténticos tentáculos que se dirigen a los vasos sanguíneos uterinos en busca de alimento y van hundiéndose en ella, anidando.

Con esta búsqueda de alimento comienza la formación de la placenta fetal.

{ Al final de la primera semana de la fecundación, el óvulo anida en el útero. }

SEGMENTACIÓN

El proceso de multiplicación celular no acompañado de aumento del volumen inicial recibe el nombre de «segmentación».
En los 5-10 días que necesita el óvulo para recorrer la trompa y llegar al útero, las divisiones celulares se suceden a un ritmo de dos al día.

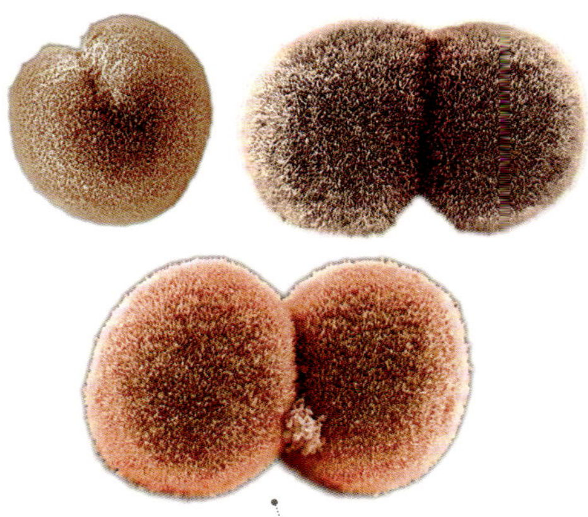

Cigoto

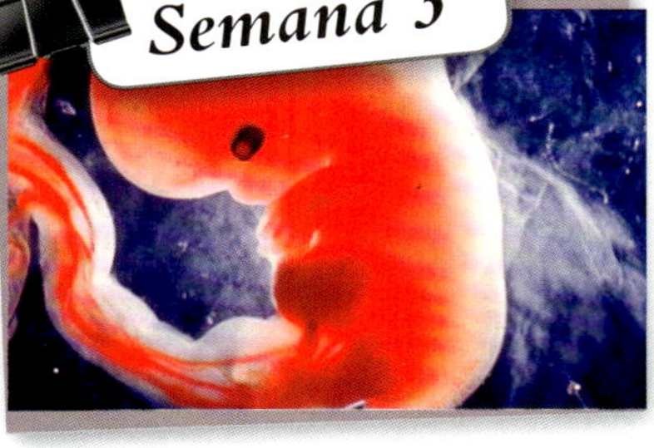

Días 15-16

Cumplidas dos semanas de embarazo, ya podemos hablar propiamente de embrión. Hasta la semana 12, estaremos en la fase durante la cual se forman todos los órganos principales y la circulación sanguínea: el periodo de organogénesis.

A veces, el óvulo fecundado no llega a la cavidad uterina y anida en la trompa (o, en raras ocasiones, incluso en el abdomen o el ovario). Este es el denominado «embarazo extrauterino».

Generalmente, este tipo de embarazo se produce por obstáculos que impiden el correcto avance del óvulo, como malformaciones en las trompas o que estas estén deformadas por cicatrices o procesos inflamatorios.

EVOLUCIÓN DEL EMBRIÓN

El óvulo, una vez fecundado, es tan pequeño que no se puede ver a simple vista. A partir de ese momento, la evolución del embrión será constante y, hasta la semana 16, su peso irá aumentando a un ritmo de 160 gramos por semana.
Este incremento es inferior al que se produce en las semanas posteriores, ya que en esta fase el embrión necesita la energía para formar todos sus órganos antes de ganar peso.

Como, en un momento determinado, el embrión ha de establecer contacto con la mucosa para alimentarse, si la anidación tiene lugar en una zona anormal, el embrión suele ser inviable, no prospera y se produce un aborto extrauterino.

En el caso de anidación abdominal, puede ocurrir que el embrión continúe desarrollándose más tiempo (incluso varias semanas) y, después, sufra una calcificación.

Algunos embarazos extrauterinos se detectan por casualidad, al someterse la paciente a una radiografía o a una intervención quirúrgica rutinaria, ya que muchas veces no producen molestias.

Días 17-18

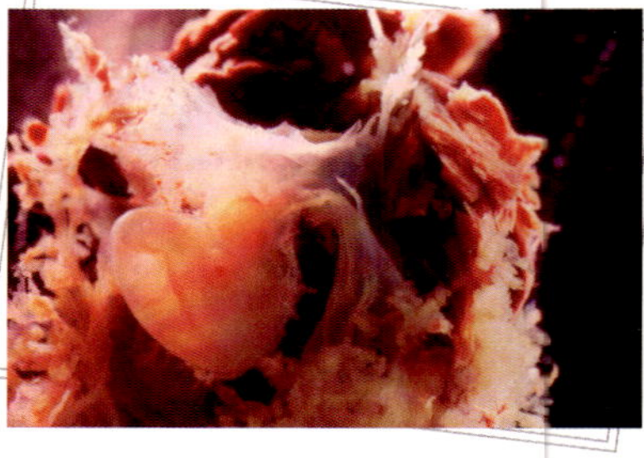

Durante la segunda semana de embarazo se ha formado la placenta, gracias a la fusión de la mucosa uterina, ya modificada para acoger al cigoto, con las estructuras fetales, el llamado «trofoblasto».

El trofoblasto es el conjunto de células que se encuentra en la capa externa del blastocito, las primeras en diferenciarse.

La estructura característica de la placenta, que mantiene separadas la circulación del embrión y la de la madre (es decir, su sangre no se mezcla jamás), permite el intercambio de sustancias de distinta naturaleza a través de la sangre, aun sin estar en contacto directo. Las principales funciones de la placenta son:

- **Respiratoria:** permite que el oxígeno de la sangre materna pase a la sangre fetal y, de esta última, llegue a la de la madre anhídrido carbónico.
- **Nutritiva:** gracias al paso de aminoácidos, sales minerales, vitaminas, etc.
- **Endocrina:** no solo llegan al feto algunas hormonas maternas, sino que muchas de ellas las produce, precisamente, la placenta.

CUIDADO CON LOS MEDICAMENTOS

La placenta desempeña también la función de filtro protector del feto, pues impide el paso de sustancias tóxicas. Sin embargo, no es un filtro totalmente eficaz, lo que implica que la mujer embarazada no pueda tomar muchos medicamentos (ni siquiera homeopáticos o de herbolario) ni ingerir sustancias potencialmente dañinas.

CARAS DE LA PLACENTA

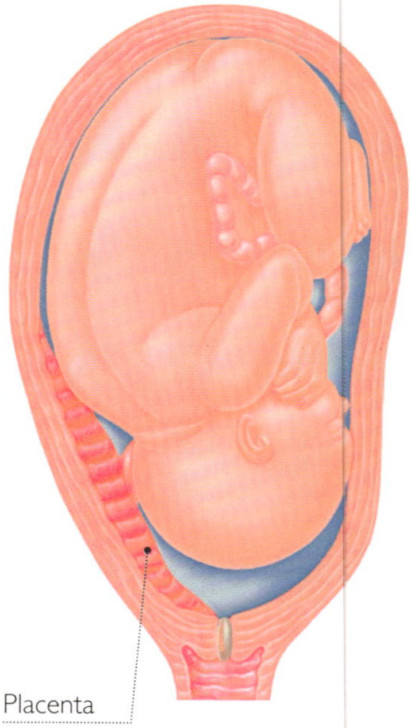

Las dos caras de la placenta son distintas. La parte que está orientada hacia el feto es translúcida, está recorrida por vasos sanguíneos en relieve y de ella parte el cordón umbilical. Sin embargo, la cara externa es más esponjosa y tiene un color rojo parduzco.

Días 19-20

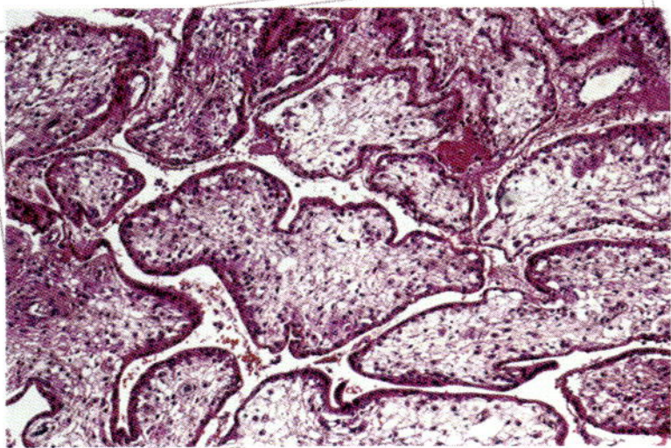

Desde la cara materna de la placenta (a la izquierda) en dirección a la cara fetal, que es de donde sale el cordón umbilical, se distinguen distintas capas que permiten su correcto funcionamiento para la alimentación del embrión.

Las placenta se divide en cuatro capas:

- **Decidua basal:** es la capa de la mucosa uterina que se modifica enriqueciéndose de vasos sanguíneos; estos vasos transportan sangre en abundancia hacia otras estructuras placentarias. Representa la «aportación» materna a la formación de la placenta.

- **Vellosidades coriales:** constituyen la porción más extensa del componente de origen fetal de la placenta; por debajo discurren los vasos sanguíneos que transportan la sangre fetal.

- **Corion:** es la estructura de la que surgen todas las vellosidades y que, prolongándose a los lados de la placenta, va a constituir la membrana corial, en la que está envuelto el feto.

- **Amnios:** es la membrana que reviste la cara fetal de la placenta, desde donde continúa enrollándose alrededor del cordón umbilical hasta su inserción en el abdomen.

El aumento de peso al acabar la segunda semana de embarazo no es aún relevante.

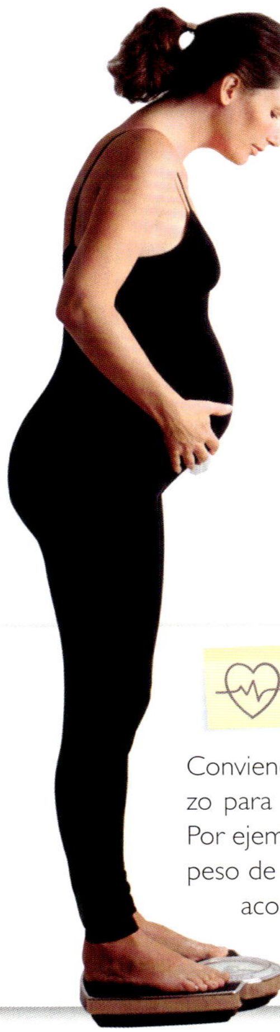

Por las dos arterias que discurren a lo largo del cordón umbilical fluye sangre venosa, de desecho, pobre en oxígeno y rica en anhídrido carbónico, procedente del feto. Al llegar a la placenta, las arterias se dividen repetidamente y se van ramificando hasta cubrir toda la superficie placentaria.

Al final, los vasos más pequeños en los que se dividen, los capilares, son los que penetran en todas las ramificaciones de las vellosidades coriales.

Estas vellosidades están «inmersas» en la sangre materna, rica en oxígeno y sustancias nutritivas, que las arterias uterinas vierten en el espacio donde se encuentran las vellosidades.

CONTROL DEL PESO

Conviene pesarse con regularidad a lo largo del embarazo para detectar a tiempo posibles variaciones anormales. Por ejemplo, hay que informar al médico de un aumento de peso de más de un kilogramo en diez días, sobre todo si va acompañado de hinchazón en manos y pies, o edema gravitacional.

Días 21-22

Una vez ya creado el blastocito, las células que lo forman comienzan a multiplicarse (a la derecha) y diferenciarse para adquirir funciones distintas. Esto permitirá la creación de todos los órganos y tejidos en el embrión.

FUNCIONES DE LA CAVIDAD AMNIÓTICA

- **Protección mecánica:** la presión por golpes o traumatismos se distribuye, gracias al líquido, por toda la superficie y no se concentra en un solo punto.
- **Termorreguladora:** mantiene constante la temperatura a la que se encuentra del feto.
- **Metabólica:** el líquido proporciona al feto algunas sustancias necesarias para su crecimiento y su metabolismo.
- **Protección inmunológica:** el líquido amniótico parece tener importancia también para la defensa contra agentes extraños.

Alrededor de las tres capas celulares que se han creado y que constituyen, en conjunto, el disco embrionario, se forma una cavidad vital para el embrión que contiene líquido: la cavidad amniótica.

De entrada, la cavidad amniótica proporciona al feto cierto espacio para moverse, aunque también desempeña otras importantes funciones para su desarrollo.

El líquido amniótico está compuesto por agua en un 98-99%. La cantidad de masa líquida aumenta progresivamente hasta la semana 33-36 para descender de nuevo, hacia el final de la gestación, hasta un volumen variable entre 600 y 1.200 mililitros.

Además, el líquido es reabsorbido o totalmente renovado cada cinco o seis horas. Los mecanismos que permiten este «reciclaje» son bastante complejos y delicados, y pueden alterarse fácilmente, lo que comprometería el desarrollo normal del embarazo.

Inicialmente, las células del embrión se multiplican y dan lugar a otras células, todas ellas iguales entre sí. Después, las células comienzan a adoptar formas y funciones distintas: se especializan.

Dentro de la masa celular del blastocito, un grupo de células situadas en uno de los polos, el embrioblasto, empieza a diferenciarse gradualmente en tres capas celulares: ectodermo, mesodermo y endodermo. Estas capas son clave para el desarrollo del feto.

ORIGEN DEL CUERPO HUMANO

- El **ectodermo** da origen al sistema nervioso y al tegumentario (epidermis, anexos cutáneos, etc.).
- Del **mesodermo** se originan el esqueleto, la musculatura y parte de los aparatos circulatorio y renal.
- El **endodermo** da lugar al aparato digestivo y a los órganos relacionados con él (hígado, páncreas, etc.), así como al aparato respiratorio.

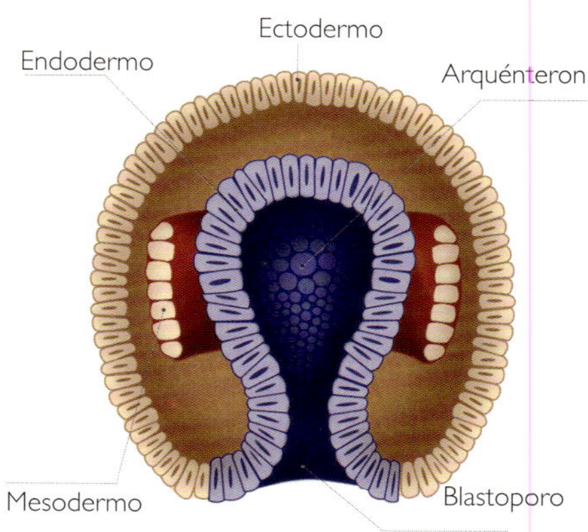

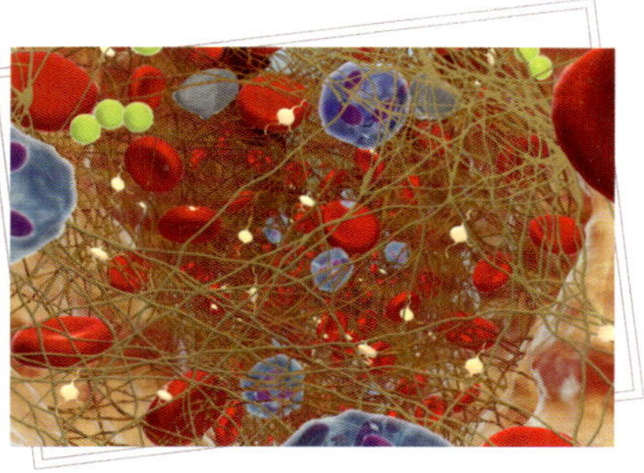

Días 23-24

Transcurrida la tercera semana, el embrión ya está constituido por tres capas celulares que darán origen a todos los órganos y tejidos. El corazón ya se ha formado, al igual que un primitivo sistema circulatorio, de tan solo 2 milímetros.

En el núcleo de las células (concretamente, en los filamentos de ADN, ácido desoxirribonucleico, que constituyen los cromosomas) están contenidos los datos suficientes para fabricar, al menos, 100.000 proteínas distintas. A medida que las células se especializan, esta potencialidad genética desaparece en parte; cuando una célula, inicialmente totipotente, se «especializa» en una función, pierde las otras capacidades.

Se piensa que el responsable de organizar y coordinar la fase inicial de esta especialización es el centro organizador primario, situado en la superficie dorsal del embrión.

A partir de aquí se forman los sistemas axiales del cuerpo y los primeros esbozos tubulares del organismo (espina dorsal, neuroeje, tubo intestinal, etc.). El desarrollo del embrión ya está engranado: sus genes tienen el patrón para desarrollarse.

Observando células de distintas especies durante su reproducción, se ha comprobado que el ADN se organiza en un número de cromosomas variable según la especie: en la especie humana hay 46 dispuestos en parejas, es decir, 23 pares de cromosomas.

Este emparejamiento no es casual: se juntan secuencias similares en cuanto a la información que contienen (cromosomas homólogos), pero derivados uno del patrimonio genético del padre y otro procedente de la madre.

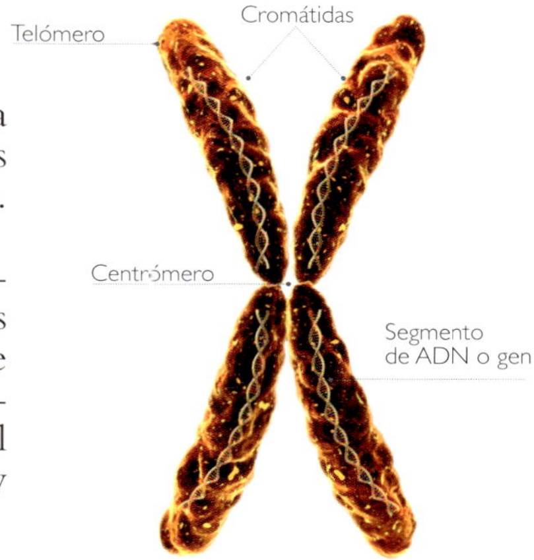

DETECTAR ALTERACIONES

Además de estudiarse el número de cromosomas del ser humano, también se analizan su forma y su estructura. Esta particular «fotografía», que recibe el nombre de «cariotipo», permite analizar el bagaje cromosómico y detectar posibles alteraciones genéticas.

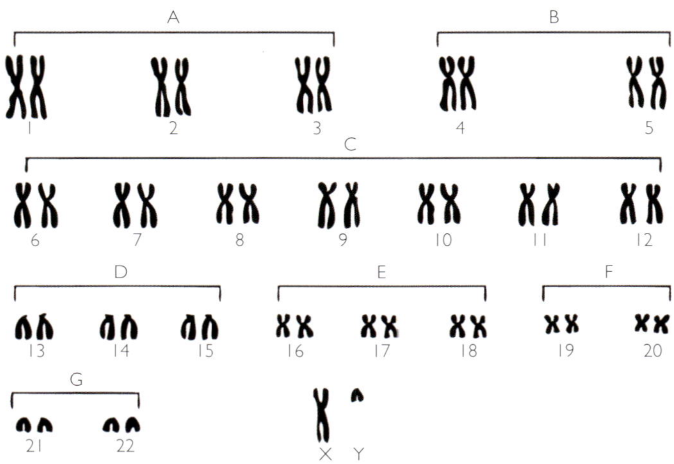

Días 25-26

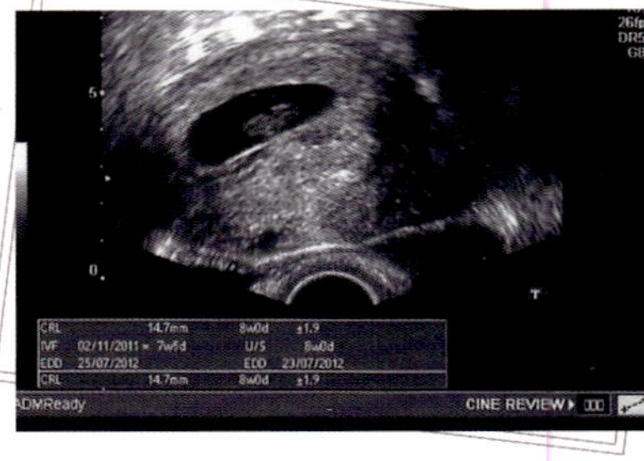

El cuerpo humano se compone de millones de células derivadas de una primera y única célula: el óvulo producido por la mujer y fecundado por el hombre. El código genético que reciba será el «mapa» sobre el que se desarrolle el bebé.

El núcleo de la célula será el que imparta órdenes e instrucciones operativas a los sectores celulares encargados de la «construcción» del nuevo ser vivo a través del código genético heredado.

Siguiendo las instrucciones del código genético, se activa la formación de los diversos tipos de «materiales» (proteínas) necesarios para la constitución del organismo del bebé.

Cada orden impartida utiliza su propia secuencia de tres bases nitrogenadas, llamada *triplete*. La lectura en sucesión de varios tripletes, distribuidos en una sucesión entre la doble hélice, establece la formación de una proteína concreta. Cada sucesión de tripletes que regula la síntesis de una determinada proteína se denomina «gen».

En la fase embrionaria se desarrollan las instrucciones genéticas del feto.

ADN E INFORMACIÓN GENÉTICA

El ADN es una larga cadena de genes. Cada célula contiene todo el ADN con la información necesaria para formar un organismo entero; sin embargo, recibe instrucciones para ejecutar solo algunas de estas órdenes. De este modo, es posible obtener, al final, un organismo compuesto por muchos tipos distintos de células, con formas y funciones diversas, y bien diferenciadas, aunque todas ellas contengan el mismo tipo de información genética.

AUMENTO DE PESO

El aumento del peso corporal suele distribuirse en el cuerpo de la madre de la siguiente manera:

Primer trimestre:
1,5-2 kg (500 g al mes)

Segundo trimestre:
4,5-5,5 kg (350-450 g a la semana)

Tercer trimestre:
2,5-3,5 kg (200-300 g a la semana)

Trimestre 1 Trimestre 2 Trimestre 3

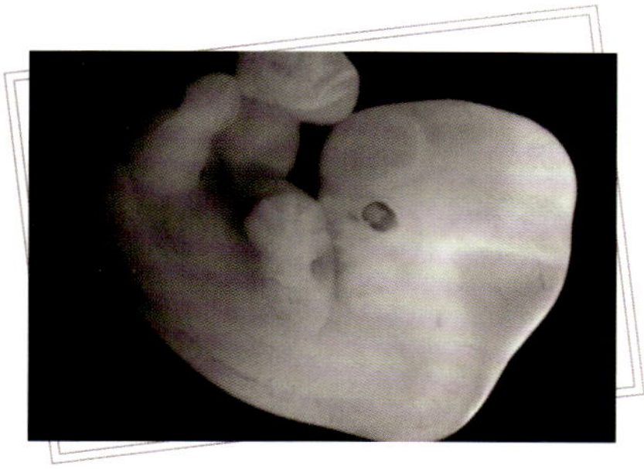

Días 27-28

Con cuatro semanas y unos días de vida, el embrión mide alrededor de unos 4-6 milímetros de longitud. Además de los primeros latidos del corazón, comienzan a formarse el hígado, los riñones, el cerebro y los ojos.

Semana *4*

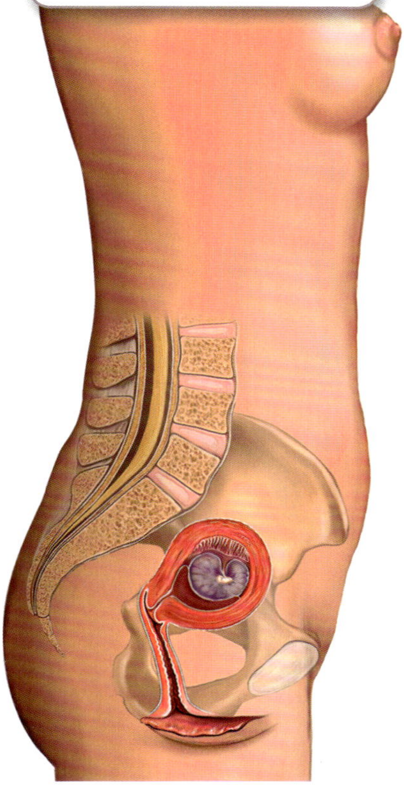

Desde la cuarta semana, el microscópico embrión adopta una postura encorvada, característica de toda la vida intrauterina, mientras sus tres capas de células van creando los diferentes tejidos.

Desde el principio, el desarrollo avanza en sentido céfalo-caudal, y se perfecciona primero la parte superior del organismo. Aparecen los brazos, en forma de protuberancias, y la zona cefálica está más desarrollada que la caudal. En la región dorsal se delinean las primeras vértebras.

Es ahora cuando empiezan a distinguirse los ojos como dos pequeños puntos negros, y una capa de tejido irá moldeando su rostro. Su diminuto corazón está formado todavía por una única cámara.

PRIMEROS SÍNTOMAS

El cansancio y el sueño constante pueden ser indicativos de un embarazo antes de hacer el test. Estos dos síntomas son consecuencia del aumento de la hormona colecistocinina en el organismo, cuyos niveles disminuyen a partir del cuarto mes.

ANOMALÍAS CROMOSÓMICAS

Una enfermedad cromosómica está determinada por la anomalía en la estructura de uno o varios cromosomas, o por una variación en su naturaleza. Se trata de alteraciones que involucran un gran porcentaje del material genético. Por ello, las anomalías cromosómicas suelen producir graves efectos y raramente permiten la supervivencia del feto.

Al llegar a la quinta semana de embarazo, la longitud del embrión se habrá duplicado hasta los 8-12 milímetros y se distinguirán mejor los esbozos de las extremidades superiores, que son las primeras en diferenciarse.

Días 29-30

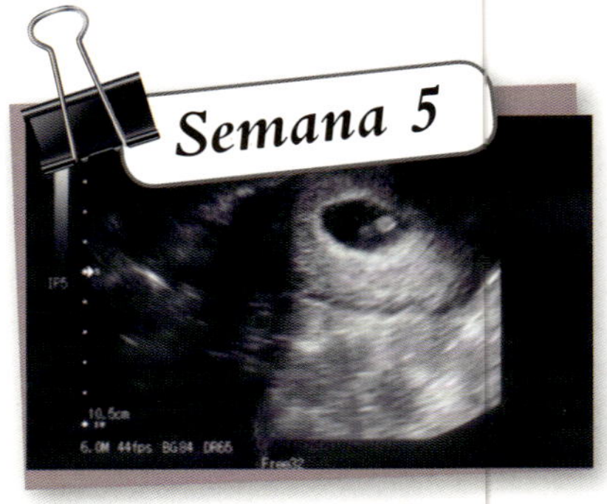

Se ha llegado al final del primer ciclo menstrual, un periodo básico para determinar la fecha en que comenzó el embarazo. Dentro de poco se podrá asegurar el estado de gestación.

Cuando no es posible basarse en la fecha de la última menstruación, o esta fecha no es totalmente segura, se puede recurrir a algunos exámenes instrumentales (concretamente, a una ecografía) para establecer con mayor precisión la fase de gestación y, por tanto, la posible fecha del parto.

Esta tabla permite calcular con una aproximación aceptable la fecha probable de nacimiento. Para ello, hay que buscar en la fila superior de los meses la fecha de inicio de la última menstruación y leer, justo en la casilla inferior, la fecha del parto correspondiente.

Enero	01	02	03	04	05	06	07	08	09	10	11	12	13	14	15	16	17	18	19	20	21	22	23	24	25	26	27	28	29	30	31	Enero
OCTUBRE	08	09	10	11	12	13	14	15	16	17	18	19	20	21	22	23	24	25	26	27	28	29	30	31	01	02	03	04	05	06	07	NOVIEMBRE
Febrero	01	02	03	04	05	06	07	08	09	10	11	12	13	14	15	16	17	18	19	20	21	22	23	24	25	26	27	28				Febrero
NOVIEMBRE	08	09	10	11	12	13	14	15	16	17	18	19	20	21	22	23	24	25	26	27	28	29	30	01	02	03	04	05				DICIEMBRE
Marzo	01	02	03	04	05	06	07	08	09	10	11	12	13	14	15	16	17	18	19	20	21	22	23	24	25	26	27	28	29	30	31	Marzo
DICIEMBRE	06	07	08	09	10	11	12	13	14	15	16	17	18	19	20	21	22	23	24	25	26	27	28	29	30	31	01	02	03	04	05	ENERO
Abril	01	02	03	04	05	06	07	08	09	10	11	12	13	14	15	16	17	18	19	20	21	22	23	24	25	26	27	28	29	30		Abril
ENERO	06	07	08	09	10	11	12	13	14	15	16	17	18	19	20	21	22	23	24	25	26	27	28	29	30	31	01	02	03	04		FEBRERO
Mayo	01	02	03	04	05	06	07	08	09	10	11	12	13	14	15	16	17	18	19	20	21	22	23	24	25	26	27	28	29	30	31	Mayo
FEBRERO	05	06	07	08	09	10	11	12	13	14	15	16	17	18	19	20	21	22	23	24	25	26	27	28	01	02	03	04	05	06	07	MARZO
Junio	01	02	03	04	05	06	07	08	09	10	11	12	13	14	15	16	17	18	19	20	21	22	23	24	25	26	27	28	29	30		Junio
MARZO	08	09	10	11	12	13	14	15	16	17	18	19	20	21	22	23	24	25	26	27	28	29	30	31	01	02	03	04	05	06		ABRIL
Julio	01	02	03	04	05	06	07	08	09	10	11	12	13	14	15	16	17	18	19	20	21	22	23	24	25	26	27	28	29	30	31	Julio
ABRIL	07	08	09	10	11	12	13	14	15	16	17	18	19	20	21	22	23	24	25	26	27	28	29	30	01	02	03	04	05	06	07	MAYO
Agosto	01	02	03	04	05	06	07	08	09	10	11	12	13	14	15	16	17	18	19	20	21	22	23	24	25	26	27	28	29	30	31	Agosto
MAYO	08	09	10	11	12	13	14	15	16	17	18	19	20	21	22	23	24	25	26	27	28	29	30	31	01	02	03	04	05	06	07	JUNIO
Septiembre	01	02	03	04	05	06	07	08	09	10	11	12	13	14	15	16	17	18	19	20	21	22	23	24	25	26	27	28	29	30		Septiembre
JUNIO	08	09	10	11	12	13	14	15	16	17	18	19	20	21	22	23	24	25	26	27	28	29	30	01	02	03	04	05	06	07		JULIO
Octubre	01	02	03	04	05	06	07	08	09	10	11	12	13	14	15	16	17	18	19	20	21	22	23	24	25	26	27	28	29	30	31	Octubre
JULIO	08	09	10	11	12	13	14	15	16	17	18	19	20	21	22	23	24	25	26	27	28	29	30	31	01	02	03	04	05	06	07	AGOSTO
Noviembre	01	02	03	04	05	06	07	08	09	10	11	12	13	14	15	16	17	18	19	20	21	22	23	24	25	26	27	28	29	30		Noviembre
AGOSTO	08	09	10	11	12	13	14	15	16	17	18	19	20	21	22	23	24	25	26	27	28	29	30	31	01	02	03	04	05	06		SEPTIEMBRE
Diciembre	01	02	03	04	05	06	07	08	09	10	11	12	13	14	15	16	17	18	19	20	21	22	23	24	25	26	27	28	29	30	31	Diciembre
SEPTIEMBRE	07	08	09	10	11	12	13	14	15	16	17	18	19	20	21	22	23	24	25	26	27	28	29	30	01	02	03	04	05	06	07	OCTUBRE

Días 31-32

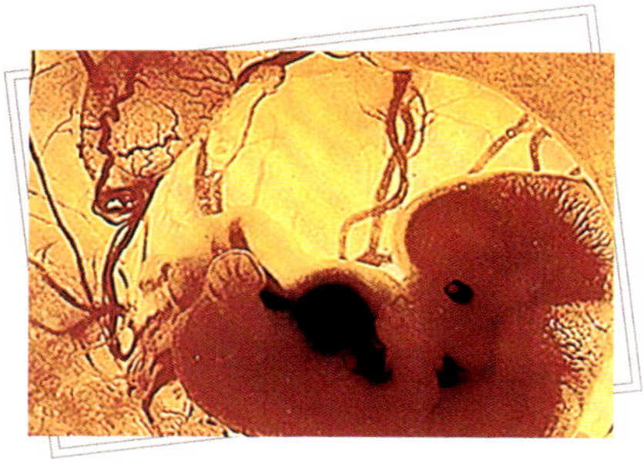

En la quinta semana, se produce un incremento del volumen de la cabeza del embrión debido al desarrollo del cerebro. Todavía no se distinguen los rasgos del rostro, pero se advierte la cabeza inclinada sobre el vientre.

XX y XY son los cromosomas sexuales de la mujer y el hombre, respectivamente.

Todos estos cambios que se van formando en el embrión se deben a que cada célula hija recibe un bagaje cromosómico idéntico al de la célula madre, que, a su vez, es igual que el de la primera célula, es decir, el óvulo fecundado. Este proceso de división celular se llama «mitosis».

Todas las células del organismo se originan con el mecanismo de mitosis, excepto las células reproductoras (gametos), que lo hacen fruto de un proceso de duplicación particular llamado «meiosis», con el que se generan células hijas con la mitad de cromosomas.

Durante la meiosis, se produce un proceso peculiar que precede a la duplicación propiamente dicha del material genético: una mezcla entre los cromosomas, que se intercambian algunas piezas.

Así, cuando se originan las cuatro células hijas, con la mitad de cromosomas, estas no tendrán solo la mitad de origen materno o la mitad de origen paterno, sino también «nuevos» cromosomas, fruto del intercambio y de la unión de piezas entre los pares.

DETERMINACIÓN DEL SEXO

Uno de los 23 pares de cromosomas del ser humano está constituido por los cromosomas sexuales. En la mujer, está combinación está formada por dos cromosomas XX, y en el varón, por un cromosoma X y otro Y.
En cambio, los gametos solo tienen uno de los dos cromosomas sexuales: el óvulo de la mujer contiene siempre un cromosoma X, mientras que los espermatozoides pueden contener uno X o uno Y. Por lo tanto, según el óvulo sea fecundado por un espermatozoide con cromosoma X o con cromosoma Y, se engendrará una niña (XX) o un niño (XY).

Días 33-34

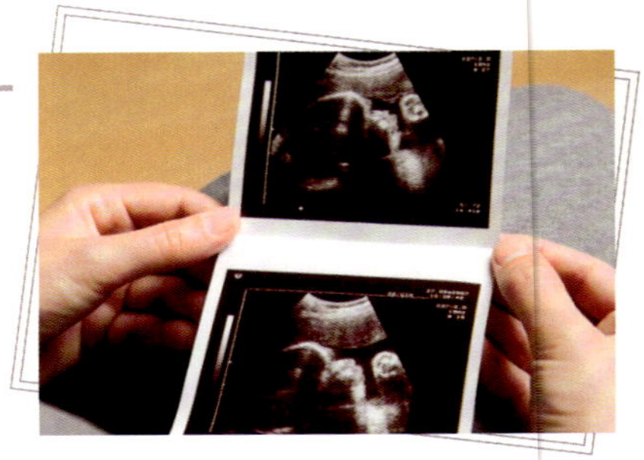

La certeza del estado de embarazo solo la proporcionan los análisis de laboratorio, la auscultación del corazón del feto y la exploración mediante ecografía de la cavidad uterina. Con todo, existen algunos síntomas que pueden llevar a sospecharlo.

Son síntomas de presunción de embarazo las náuseas y los vómitos (especialmente por la mañana), los trastornos del apetito (cambios en los gustos), la sensación de vértigo y desmayo, la tendencia a orinar a menudo y el estreñimiento. Todos estos fenómenos están relacionados con las modificaciones hormonales que se producen ya en las primeras fases de la gestación, y que tienden a desaparecer al cabo de unas semanas.

En cambio, se consideran síntomas de probabilidad los que se manifiestan en el aparato genital: la ausencia de menstruaciones (amenorrea), la tensión y el aumento de volumen del pecho (con tendencia a oscurecerse la zona del pezón), el color más violáceo de los genitales externos y el aumento de secreción de los internos (leucorrea).

Finalizado el primer ciclo menstrual, si no ha empezado de nuevo el periodo, es el momento de hacerse una prueba de embarazo. En la farmacia pueden encontrarse distintos productos que permiten comprobar, sin recurrir a un laboratorio, si se está encinta o no. Son artículos fáciles de usar y bastante fiables.

Estos dispositivos se basan en la detección en la orina de la mujer de una hormona característica de la gestación: la HCG (gonadotropina coriónica humana).

Sin embargo, las únicas pruebas que tienen valor legal y certifican el estado de embarazo son las que se realizan en el laboratorio, y se basan en el mismo principio: la cantidad de HCG que se detecta mediante un reactivo químico.

{El organismo de cada mujer es diferente; también sus síntomas.}

ALIMENTACIÓN SANA

En general, durante el embarazo se calcula una mayor necesidad de proteínas (15%), calcio y fósforo (50%), ácido fólico (100%) y vitamina D (300%), pero esto no significa que sea preciso recurrir al consumo de fármacos que contengan vitaminas y sales minerales (salvo en determinadas situaciones y bajo prescripción médica). Para satisfacer las necesidades alimentarias, basta con seguir una dieta variada que incluya productos lácteos, carne, pescado, huevos, legumbres, cereales y derivados, fruta, verdura y aceite de oliva.

Días 35-36

Mientras el embrión va desarrollándose la futura madre debe seguir manteniendo un estilo de vida adecuado. Por ello, hay que tener en cuenta cómo afectan ahora al cuerpo determinados fármacos que pueden ser incluso habituales.

MEDICINA ALTERNATIVA

Ni siquiera las medicinas llamadas «alternativas» están al margen del cuidado que hay que tener con los fármacos durante el embarazo; es más, aún no se conocen bien muchos de estos medicamentos, esto es, su absorción, las vías de eliminación y los posibles efectos secundarios.

Los cambios en el organismo materno durante la gestación conllevan también variaciones en la forma de actuar de muchos fármacos: algunos pueden volverse ineficaces y otros, en cambio, resultar perjudiciales para el feto.

Por eso, antes de tomar cualquier medicamento, conviene asegurarse de que es inevitable su administración, que su eficacia está demostrada durante el embarazo, que no tiene efectos secundarios ni en la madre ni en el feto, y que la relación beneficio-riesgo es favorable a la hora de utilizarlo; ahora bien, esta valoración de los fármacos es competencia exclusiva del médico.

Durante la gestación es oportuno aumentar el aporte de la dieta en unas 200 calorías al día. Conviene tener en cuenta que, en general, no es necesario comer más (al menos durante la primera mitad del embarazo): esas 200 calorías adicionales diarias, considerando el sedentarismo propio de la vida moderna, suelen estar cubiertas con creces.

Están contraindicadas las dietas rigurosas y monótonas. Las mujeres vegetarianas estrictas deben enriquecer su dieta con hierro, proteínas y vitaminas (sobre todo, vitamina B12). En cambio, las que consumen también productos lácteos, huevos y pescado, no suelen registrar déficit alguno, siempre y cuando su dieta sea variada y equilibrada (aunque es frecuente que, durante el embarazo, necesiten complementarla).

NUEVAS NECESIDADES

Si el resultado del test de embarazo es positivo, no dudes en pedir cita con tu médico de cabecera, pues será quien te confirme el embarazo mediante análisis de sangre y orina.

Días 37-38

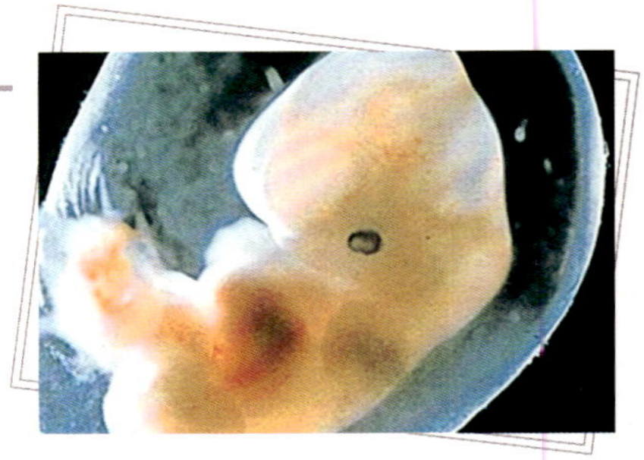

Ya entrada la sexta semana, el corazón del futuro bebé late con mucha rapidez. Comienza el desarrollo del oído externo e interno, la nariz empieza a tomar forma y las manos presentan una primera «indicación» de dedos.

ALIMENTOS QUE CONVIENE EVITAR

Se recomienda evitar el consumo de carnes y pescados crudos o poco cocidos, así como embutidos, para evitar el riesgo de contraer toxoplasmosis (una infección transmitida fácilmente por estos alimentos); si una mujer no inmune contrae la enfermedad en los primeros estadios de la gestación, puede provocar serios perjuicios al feto.
Durante el embarazo, es también oportuno reducir el consumo de bebidas excitantes, como café, té y refrescos de cola.

En este momento de la gestación, el encéfalo del embrión consta ya de cinco vesículas y dentro del corazón se empieza a formar el septo interventricular, que dará lugar a la formación de cuatro cavidades (dos aurículas y dos ventrículos).

Su longitud ya es de unos 20 milímetros y su volumen ha aumentado hasta pesar un kilogramo. A través del abdomen transparente se puede ver el abultamiento oscuro del hígado, que ya ha comenzado a formar los glóbulos rojos.

Desde la semana 5, dos puntos, las plácodas nasales, se han estado dibujando en el feto como esbozo de lo que serán sus fosas nasales. Más tarde, se irán formando alrededor de ellas una elevaciones de tejido que formarán las aletas de la nariz.

RIESGOS NUTRICIONALES

Así como es negativo un aumento excesivo del peso materno por el riesgo de complicaciones que entraña, sobre todo en el momento del parto (fetos con un peso superior a 4 kilogramos aumentan el riesgo de partos difíciles y por cesárea), también lo es su reducido incremento.
Cuando no se aumenta de peso lo necesario, ha de vigilarse atentamente porque puede ser un indicio de escasa nutrición fetal o de una patología (con el riesgo de partos prematuros y niños con poco peso al nacer).

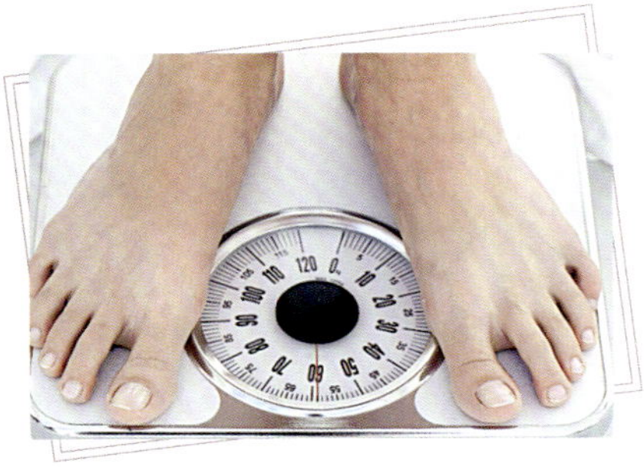

Días 39-40

Mantenerse dentro de los límites de un peso normal no solo ayuda a llevar mejor el embarazo, sino que, en general, contribuye a tener mayor calidad de vida. No obstante, una correcta alimentación es muy importante durante estos nueve meses.

El exceso de peso es el resultado de unos hábitos alimenticios desequilibrados desde el punto de vista energético: se aportan más calorías de las necesarias. El sobrepeso se ha de combatir, sobre todo, por cuestiones de salud: mantener el peso dentro de los límites normales permite prevenir la aparición de enfermedades muy extendidas actualmente, como diabetes, hipertensión y cardiopatía coronaria. El único sistema para prevenir o reducir el sobrepeso y la obesidad consiste en equilibrar la alimentación, procurando saciar el apetito con alimentos de bajo valor energético y ricos en fibras vegetales, y revisar el estilo de vida con relación a la actividad física desarrollada. El diagrama de esta página permite saber si el peso está dentro de los límites normales. Los datos de peso y altura permiten establecer una referencia para comprobar que no hemos engordado más de lo necesario ni estamos por debajo del peso adecuado.

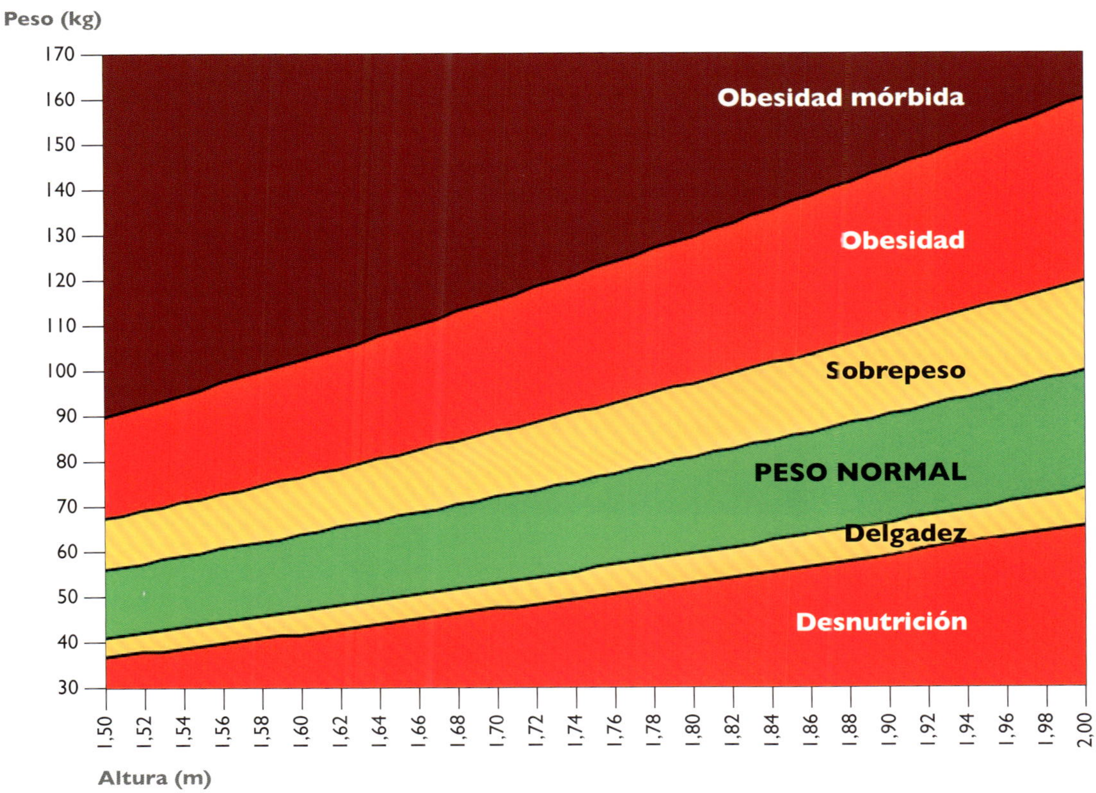

Días 41-42

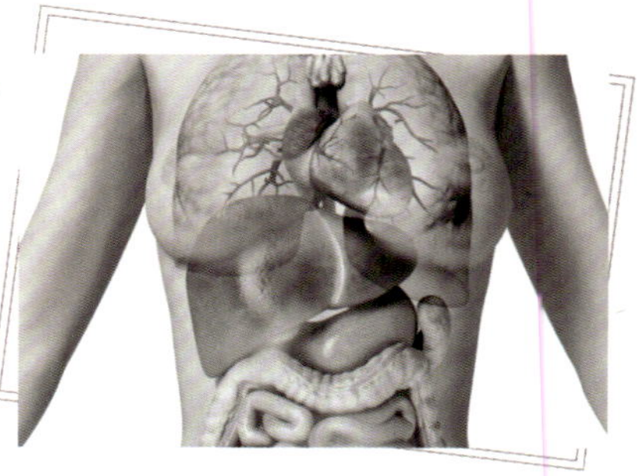

Durante la gestación se producen grandes modificaciones en el organismo materno: en cierto sentido, el cuerpo de la madre debe adaptarse para ponerse totalmente al servicio del feto y su desarrollo.

Los cambios más visibles son los que hacen referencia al útero, el pecho y el aumento de peso, pero hay otros menos evidentes, aunque fundamentales, que afectan al metabolismo y a los aparatos circulatorio, respiratorio, inmunitario, etc. Estos aparatos se modifican para adaptarse al aumento de peso, para proteger al feto mientras crece y para proporcionarle el máximo bienestar.

Los tejidos que constituyen los genitales externos y la vagina tienden a volverse más finos y blandos debido a una considerable retención de líquidos (de carácter hormonal), y a oscurecerse por el aumento de los vasos sanguíneos. La secreción vaginal aumenta considerablemente a consecuencia de la hiperestimulación que reciben las glándulas encargadas de la producción de mucosidad.

Comprobar los cambios físicos permite detectar si el desarrollo del embarazo es normal.

El pecho se endurece y aumenta de volumen. El pezón se oscurece y se vuelve más grande, y en la zona que lo rodea se aprecia la red venosa subyacente, debido a que el tejido mamario necesita un mayor aporte de sangre.

Antes del embarazo, el pecho está constituido por pocas y pequeñas vesículas glandulares y abundante tejido adiposo. En el transcurso de la gestación, el tejido adiposo se reduce progresivamente para permitir el aumento del tejido glandular mamario, que será el que ocupe casi todo el espacio disponible en el momento del parto. Así, el pecho se prepara para comenzar la producción de leche.

Corte transversal del útero (ampliación de x50)

ALTERACIONES DIGESTIVAS

Por efecto de la compresión ejercida por el útero grávido sobre el estómago y el intestino, y por la acción de hormonas típicas de la gestación (principalmente progesterona), el funcionamiento del aparato digestivo se ve alterado.

Es frecuente la reducción del tono y de la movilidad de este aparato, que ocasiona retrasos en el vaciado gástrico, digestiones difíciles y estreñimiento.

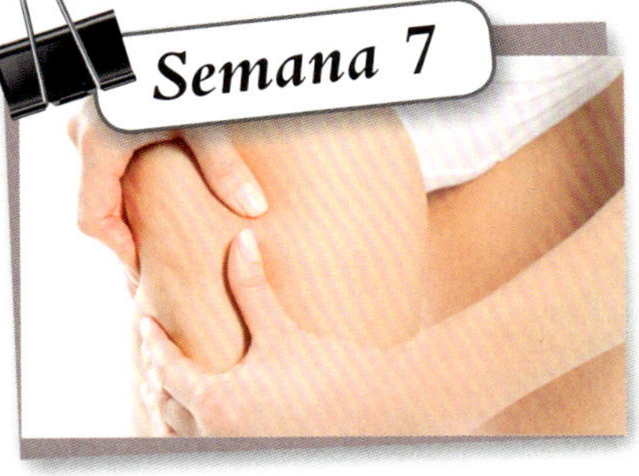

Días 43-44

Como consecuencia de los altos niveles hormonales presentes durante la gestación, que hacen que la porción subcutánea sea menos elástica y menos resistente a la distensión, es frecuente que aparezcan estrías en la piel.

En la mujer embarazada, las estrías se localizan, principalmente, en el abdomen, las nalgas, los muslos y el pecho.

Además, el estado de gestación determina un aumento de la pigmentación cutánea, sobre todo en las areolas, los pezones y la línea mediana del abdomen, o línea alba. Los pigmentos se pueden acumular también en el rostro y originar manchas (paño), especialmente evidentes con la exposición al sol.

La tensión es un parámetro que debe controlarse. Durante el embarazo, la masa sanguínea aumenta de forma considerable (aproximadamente el 40%).

El aumento de orina no se ha de compensar reduciendo el líquido ingerido.

Este aumento de la masa sanguínea permite garantizar una buena perfusión del útero y de la placenta, de los riñones y de las zonas abdominal y pélvica. También constituye un mecanismo de compensación de las pérdidas hemáticas que se producirán en el parto.

El sistema de coagulación también se altera sensiblemente, aumentando sus factores y la capacidad de agregación de las plaquetas, es decir, incrementando su capacidad coagulante. Asimismo, se registra una vasodilatación generalizada y, por tanto, un descenso de la tensión.

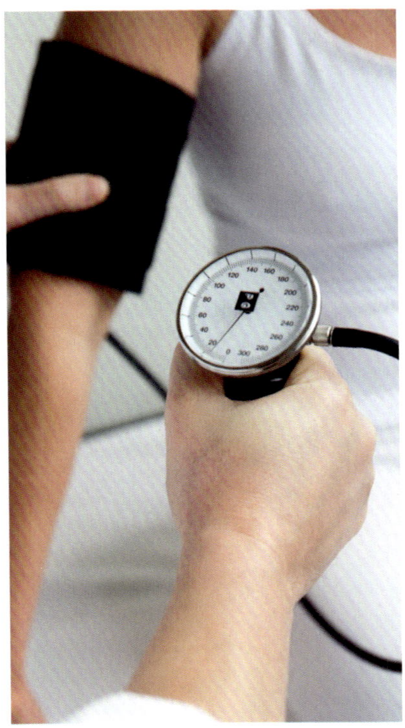

ESTRÍAS

Las estrías son líneas semejantes a pequeñas cicatrices de unos centímetros de largo y 3-4 milímetros de ancho, de un tono rojo violáceo.
Después del parto, adoptan un color blanco nacarado.

CONSUMO DE SAL

Durante el embarazo, el «equilibrio del sodio» se modifica notablemente, favoreciendo la pérdida de este elemento a través de la orina; por tanto, es un error reducir significativamente el consumo de sal en este periodo.

Días 45-46

En la séptima semana de embarazo, ya se pueden identificar en el rostro del embrión los ojos, la nariz, los labios y la lengua. En este momento, con tan solo 3 centímetros de longitud, también son bien visibles los brazos y las piernas.

Igualmente, se puede apreciar la separación entre los esbozos de los dedos de los pies y de las manos. En esta fase, también se estructuran los hemisferios cerebrales y se desarrollan los primeros músculos y los modelos cartilaginosos de los huesos.

Alrededor de la boca, el embrión comienza a mostrar cierta sensibilidad: los primeros atisbos del sentido del tacto. La lengua y las papilas gustativas ya están formadas, y el tabique nasal está en proceso.

En la mujer, el crecimiento del abdomen comienza a desplazar el centro de gravedad, lo que la obliga a equilibrar la postura con la columna vertebral, para reconducir el baricentro al interior del área delimitada por los pies y evitar caerse. Las malas posturas pueden explicar el dolor de espalda que a menudo padecen las embarazadas.

Como se puede ver en el dibujo, en el caso A, el peso del vientre provoca un desplazamiento del baricentro fuera del área de los pies y, para no perder el equilibrio, la mujer tiene que hacer trabajar toda la musculatura. Sin embargo, para evitar este trabajo adicional, puede reequilibrar las fuerzas manteniendo alineados los pies y la cabeza, y compensando la barriga con un ligero desplazamiento hacia atrás de la parte superior del cuerpo (B).

Esta readaptación del cuerpo se produce espontáneamente y de forma gradual, pero no siempre se desarrolla de modo correcto.

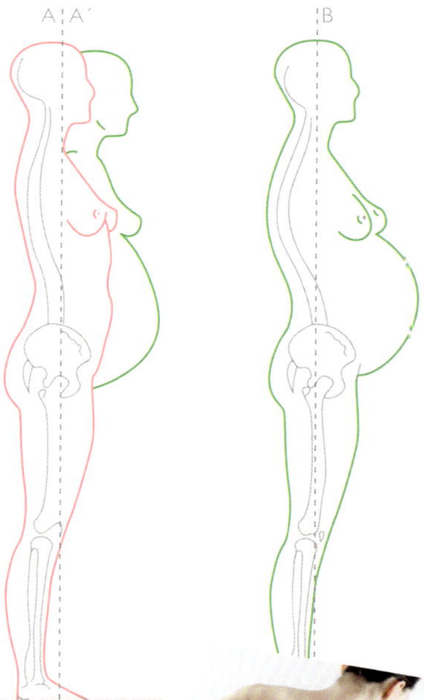

ESTIRAMIENTOS

Realizar ejercicios para estirar la espalda te ayudará a relajar la zona. Sentarse sobre las rodillas, como si se estuviera rezando, y alargar los brazos por el suelo es una buena técnica, al igual que tocar los dedos de los pies con las manos mientras se está sentada y con las piernas estiradas.

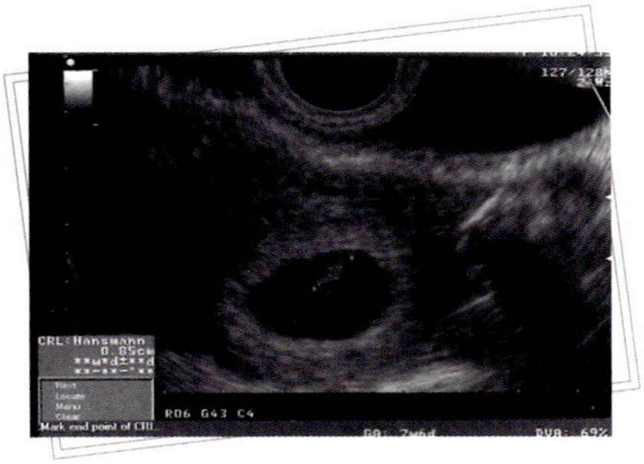

Días 47-48

Para algunas mujeres, la gestación representa un periodo de bienestar general. Sin embargo, mientras el feto sigue su crecimiento intrauterino, algunas embarazadas tienen que hacer frente a pequeños trastornos y molestias.

El primer trimestre suele ser el más molesto. Los cambios hormonales, intensos ya desde los primeros días después de la fecundación, son los que determinan la mayor parte de dichos trastornos.

Está contraindicado tomar cualquier tipo de medicamento sin consultar antes al médico: es necesaria la certeza científica de que no existen riesgos de toxicidad o de perjuicio para el feto. Conviene recordar, a este respecto, que la mayoría de los remedios alternativos (incluidos los homeopáticos) no se someten a controles científicos adecuados para verificar su total inocuidad durante el embarazo.

La existencia de náuseas y conatos de vómito se debe, fundamentalmente, a la presencia en la sangre de niveles elevados de la hormona HCG; estos trastornos tienden a desaparecer en los meses siguientes, a medida que descienden los niveles de dicha hormona.

Para aliviar las molestias, puede ser útil revisar los hábitos alimenticios: ingerir comidas menos abundantes. El fraccionamiento de las comidas, repartiéndolas en cinco al día, ofrece la ventaja de reducir otros síntomas que normalmente acompañan a las náuseas, como son el reflujo y el ardor de estómago.

{ Con 2 o 3 piezas de fruta al día aportas las vitaminas necesarias. }

EFECTOS EMOCIONALES

En muchos casos, a la acción de la hormona HCG se suman factores emocionales. En el primer periodo del embarazo, para muchas mujeres el placer de convertirse en madre se alterna con inseguridades, dudas y miedos, por muy deseado que sea el bebé. Esto se expresa frecuentemente por medio de trastornos de tipo psicosomático.

Días 49-50

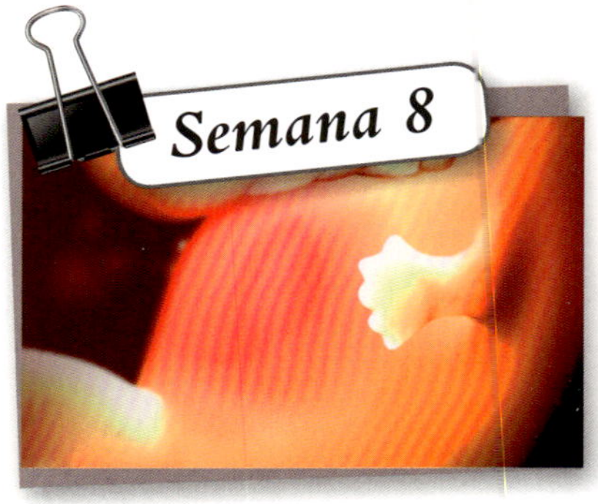

Durante el primer trimestre, el embrión desarrolla el sentido del tacto. Los receptores especializados en los distintos tipos de sensaciones táctiles están presentes desde un momento muy temprano de la vida intrauterina.

El tacto es un sentido muy complejo. De hecho, está constituido por centenares de receptores, distribuidos por todo el cuerpo, que hacen de la piel un maravilloso mecanismo capaz de percibir cualidades físicas muy diferentes: el calor, el frío, la presión (suavidad, rugosidad o dureza) y también el dolor.

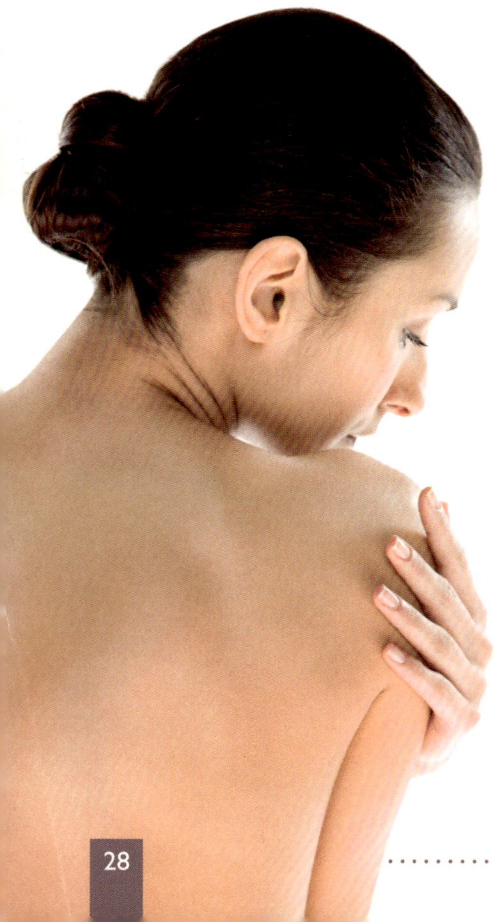

En el útero, el feto recibe gran cantidad de información de sus receptores táctiles, sobre todo la placentera: la suavidad y la regularidad de las paredes uterinas, la flotación en el líquido amniótico, una presión uniformemente extendida y una temperatura constante.

Los controles para verificar si la madre es inmune a determinadas enfermedades infecciosas se efectúan al principio de la gestación. Si la madre está protegida, no es necesario repetir estas pruebas. Sin embargo, en el caso de que el resultado sea negativo, es preciso realizar exámenes cada tres meses para cerciorarse de que la mujer no se ha infectado durante la gestación y pueda provocar daños en el feto.

El riesgo de transmisión de enfermedades como el sida y las hepatitis B y C al feto durante el embarazo es elevado. Resulta fundamental conocer el estado infeccioso porque, si el feto no se ha infectado durante la gestación, se pueden tomar precauciones que reduzcan al mínimo el riesgo de contagio en el momento del parto.

Corte transversal de la piel (imagen en 3D

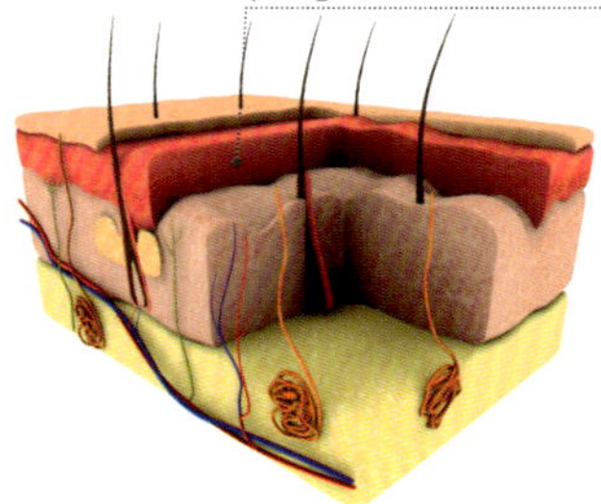

SÍFILIS

Al contrario de lo que se piensa, la sífilis es una enfermedad bastante extendida aún en nuestros días. Si se detecta al principio del embarazo, puede tratarse fácilmente, sin perjuicio alguno para el feto.

RUBEOLA

Al igual que la toxoplasmosis, es una enfermedad de bajo riesgo y, a menudo, asintomática en el adulto, pero que entraña un riesgo considerable cuando se contrae en los primeros meses de embarazo, ya que puede provocar graves malformaciones en el feto.

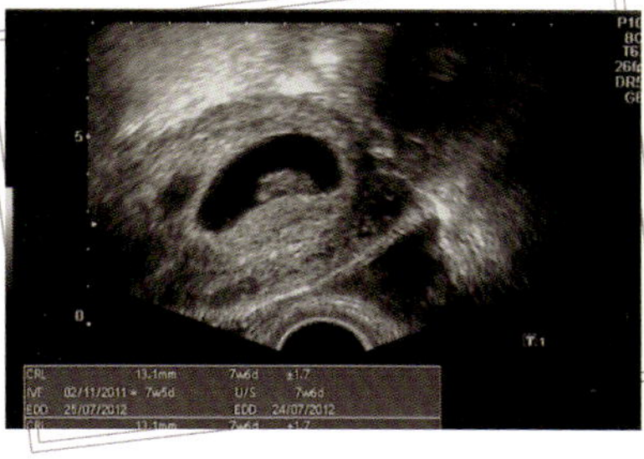

Días 51-52

El desarrollo de la musculatura permite ya los primeros movimientos. Según algunos científicos, al concluir esta semana se inicia el periodo fetal; en cambio, otros estiman que el periodo de estructuración (embrionario) no concluye hasta la semana 12.

Una vez que se confirma el embarazo, las matronas controlan la evolución del embarazo con un seguimiento cada 4-6 semanas, a lo que se suman las citas con el tocólogo.

Cuando se sabe que se está esperando un bebé, es aconsejable empezar a someterse a revisiones médicas que servirán para comprobar que el embarazo avanza con regularidad, sin riesgo de complicaciones. En la primera visita, el médico redacta un informe (anamnesis) con todos los datos que constituyen el «historial médico» de la mujer y de su compañero.

En los embarazos de riesgo las visitas al tocólogo son más frecuentes.

La primera vez se indaga también la historia de ambas familias para detectar posibles enfermedades hereditarias o tendencias familiares (por ejemplo, antecedentes de gemelos), y se estudia el historial clínico (ingresos hospitalarios, intervenciones quirúrgicas, consumo de fármacos, etc.) y el obstétrico (embarazos anteriores, edad de la primera menstruación, etc.).

Asimismo, la primera consulta es una buena ocasión para evaluar el estilo de vida de la mujer (el tipo de trabajo que desarrolla, sus hábitos alimenticios y de higiene, etc.), con el fin de detectar situaciones o comportamientos de riesgo para la gestación recién comenzada y poder rectificarlos a tiempo para que todo siga su cauce normal.

El paso siguiente a la recopilación de esta información es el reconocimiento médico general: tensión arterial, peso y posterior revisión ginecológica.

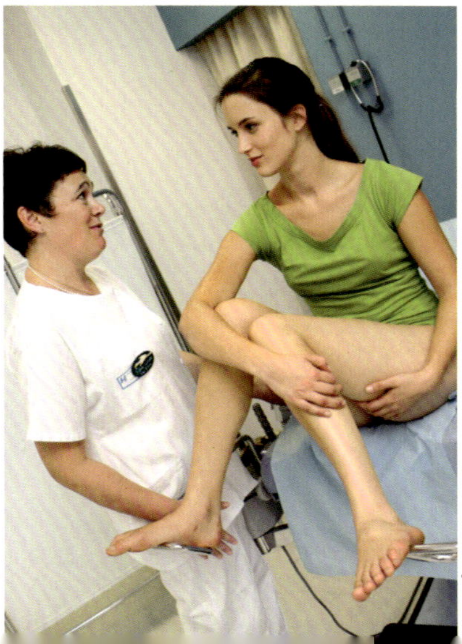

REVISIONES

Las revisiones médicas se deben realizar siempre que corresponda, con el fin de controlar el aumento de peso, la tensión arterial y el desarrollo del útero.

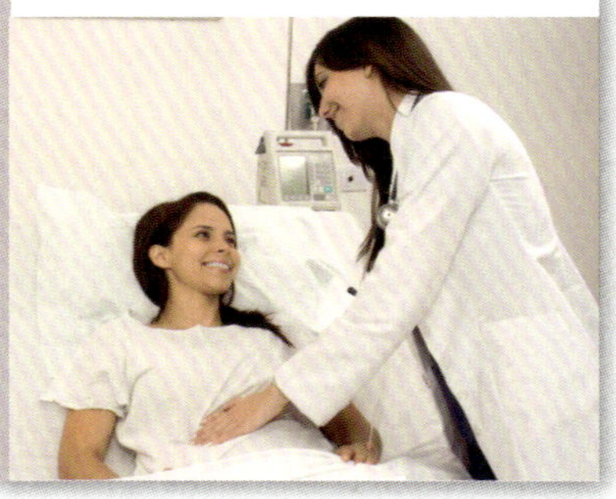

Días 53-54

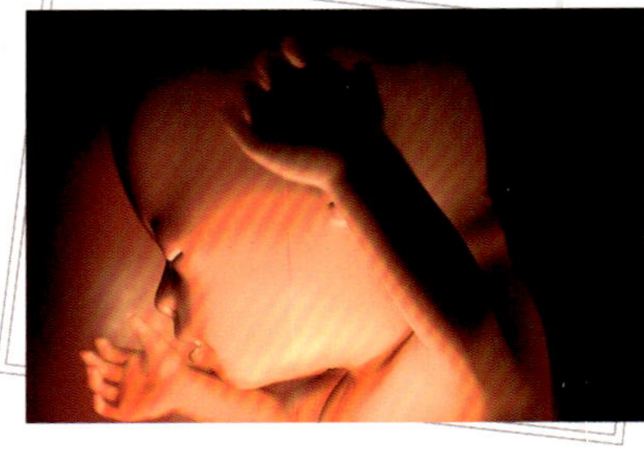

La longitud del feto, que ahora es de 4 centímetros, aumenta 2 milímetros al día. Ya ha perdido la llamada «cola de renacuajo», desde la semana 6, y tiene una diminuta forma humana. Sus capas celulares comienzan a formar la epidermis.

La valoración y la recopilación de los informes médicos de este primer trimestre permiten detectar rápidamente los embarazos llamados «de alto riesgo» y tomar las precauciones oportunas.

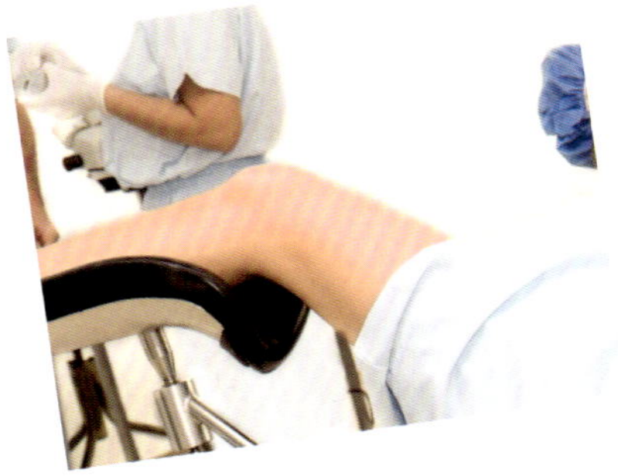

El hecho de diagnosticar un embarazo de riesgo no significa necesariamente que se vaya a desarrollar una patología, sino que es oportuno someterse a controles más exhaustivos y frecuentes que permitan detectar a tiempo posibles alteraciones.

NÓDULOS DE MONTGOMERY

Este es el nombre que reciben los pequeños bultitos que aparecen alrededor de los pezones. Durante el embarazo, pueden salir nuevos o hacerse más prominentes los ya existentes. Tranquila, es algo completamente normal.

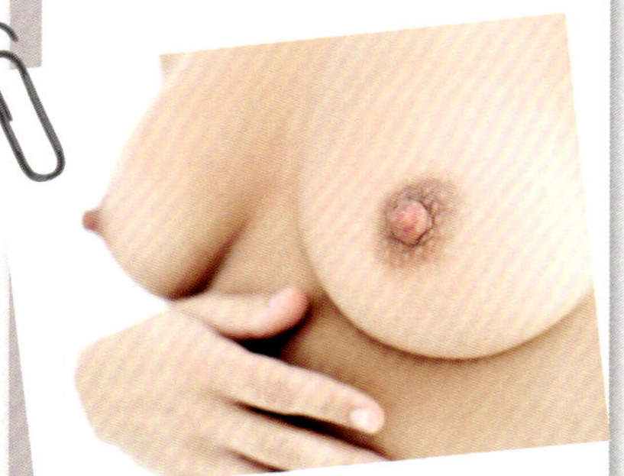

Los factores que hacen considerar de riesgo un embarazo se pueden dividir en tres grupos:

• **Factores generales de riesgo:** como son la edad de la gestante, el número de partos que se hayan tenido anteriormente, las condiciones socioeconómicas, el tipo de actividad laboral que se desarrolla o el estado nutricional.

• **Factores de riesgo obstétrico-ginecológicos:** en este grupo se encuentran aquellos embarazos que se han llevado a cabo mediante tratamientos de esterilidad o fecundación in vitro, o cuando existen anomalías uterinas, entre otros.

• **Factores de riesgo vinculados a la gestación:** son las amenazas de aborto, los embarazos múltiples, las enfermedades infecciosas, la diabetes, la hipertensión, haber tenido varios abortos naturales antes, etc.

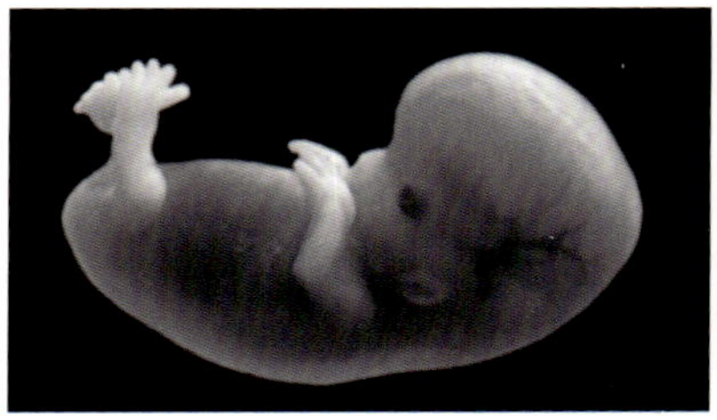

SEGUIMIENTO

Para el medio riesgo están previstas visitas ginecológicas más frecuentes y/o exámenes especiales (fluximetría, cordocentesis, etc.). Los embarazos de alto riesgo, en cambio, han de seguirse en centros especializados.

Días 55-56

En la octava semana, los párpados se han formado tanto que este tejido ya recubre todo el espacio ocular y, a través de él, solo se perciben dos puntos negros: las pequeñas retinas del embrión.

Los riesgos para las mujeres que tienen su primer embarazo a partir de los 35 años son menores de lo que se pensaba. Según estudios recientes, por lo que respecta a la inmadurez y la mortalidad prenatal, los riesgos no son mucho mayores que los que tienen las primerizas jóvenes.

En cambio, sí se ha confirmado un aumento de la frecuencia de complicaciones previas al parto, como escasa tolerancia a la glucosa, hipertensión y pérdidas de sangre en el tercer trimestre, así como del número de partos por cesárea.

Aunque ya no se consideran casos de riesgo, los embarazos en edad avanzada plantean otros problemas.

La incidencia del síndrome de Down aumenta con la edad, lo mismo que el riesgo de abortos espontáneos en fetos normales.

Los avances que se han producido en el campo de la genética, gracias a técnicas de diagnóstico precoz como son la extracción y análisis de las vellosidades coriales y la prueba de la amniocentesis, proporcionan a la mujer embarazada una información muy exhaustiva que le permite tomar decisiones prudentes y meditadas.

Hay que considerar también el hecho de que la fecundidad, entendida como capacidad de concebir, se reduce con la edad: de hecho, a partir de los 30 años se registra una caída crítica de la fertilidad. Esto ha determinado en los últimos años un incremento de los recursos a técnicas de fecundación asistida, lo cual supone un factor de riesgo añadido.

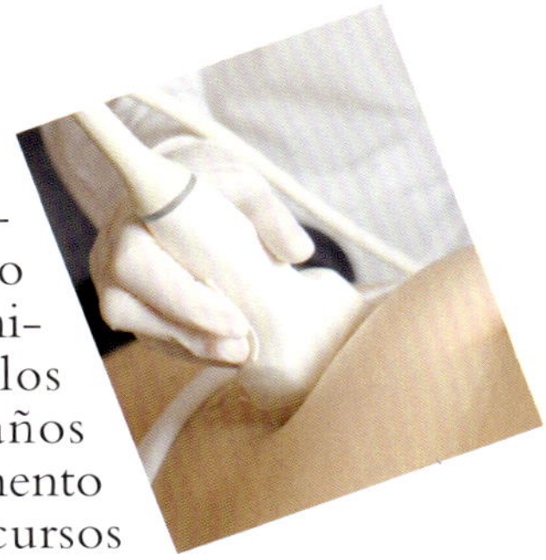

SÍNDROME DE DOWN

La incidencia del síndrome de Down aumenta con la edad, en una proporción de uno de cada 365 niños nacidos de madres con 35 años, y de uno de cada 32 en madres de 45 años.

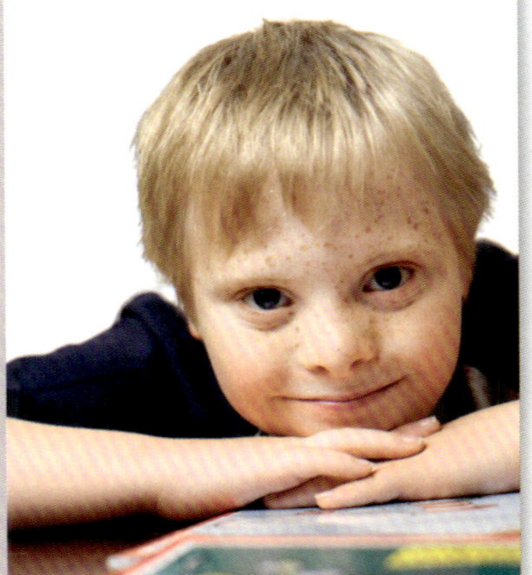

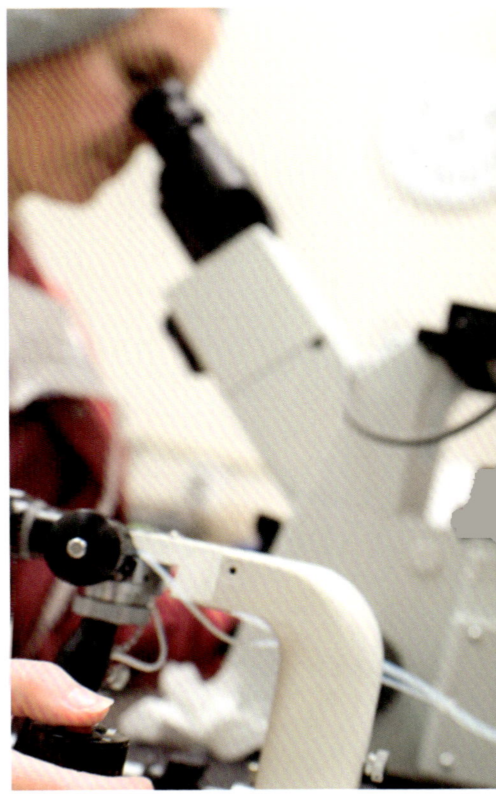

Días 57-58

En los últimos años, los casos de embarazo múltiple han aumentado considerablemente (10% más de embarazos gemelares y 400-500% más de embarazos triples), a raíz de la progresiva difusión de tratamientos contra la esterilidad.

Debido al alto riesgo que existe de no implantación del embrión en el útero, en un tratamiento de este tipo se introducen siempre varios embriones a la vez, con la esperanza de que al menos uno de ellos consiga desarrollarse. Y puede suceder que no se implante uno solo, sino dos o tres, dando lugar a un embarazo múltiple.

La fecundación asistida está actualmente muy extendida en la sociedad.

Otra técnica de fecundación asistida, basada en la estimulación de los ovarios mediante hormonas para facilitar la ovulación, hace aún más probables los embarazos múltiples, pues se produce la maduración simultánea de varios óvulos que pueden fecundarse.

El embarazo múltiple es excepcional en la especie humana, ya sea gemelar o de más embriones. Se considera una de las llamadas «anomalías de concepción» y, por tanto, un embarazo de riesgo.

Se entiende por embarazo múltiple aquel en el que se desarrollan dos o más fetos; recibe el nombre de gemelar cuando son dos, triple si son tres, etc.

El embarazo múltiple más habitual es el de gemelos idénticos; por causas desconocidas, el óvulo fecundado se divide en dos o más partes iguales al principio de su desarrollo. Cada una de estas partes comienza su segmentación, es decir, se empiezan a formar al mismo tiempo dos o más individuos del mismo sexo y muy similares entre sí: gemelos homocigóticos.

Excepcionalmente, se puede producir una ovulación doble (o triple, cuádruple, etc.). En este caso, dos o más espermatozoides fecundan dichos óvulos y llegan al mismo tiempo, o casi, a las trompas. Los hijos nacidos de este tipo de embarazo múltiple no se parecen tanto entre sí y pueden ser de diferente sexo: gemelos heterocigóticos.

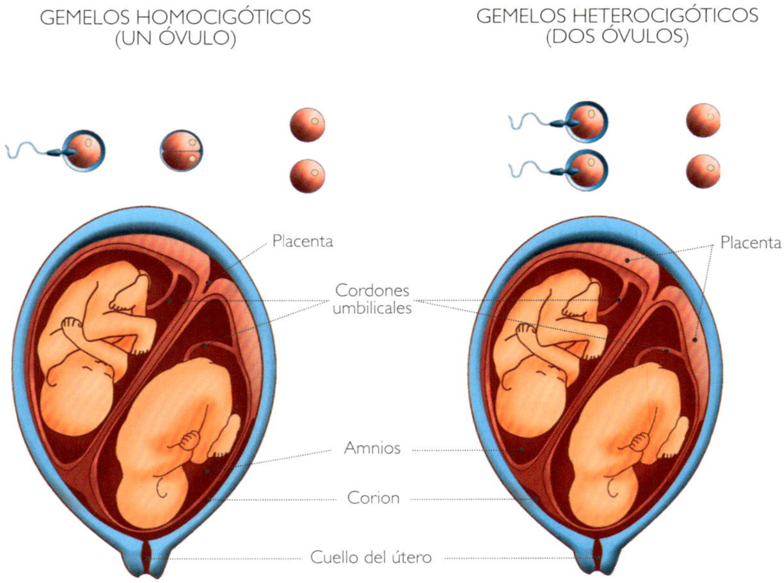

Días 59-60

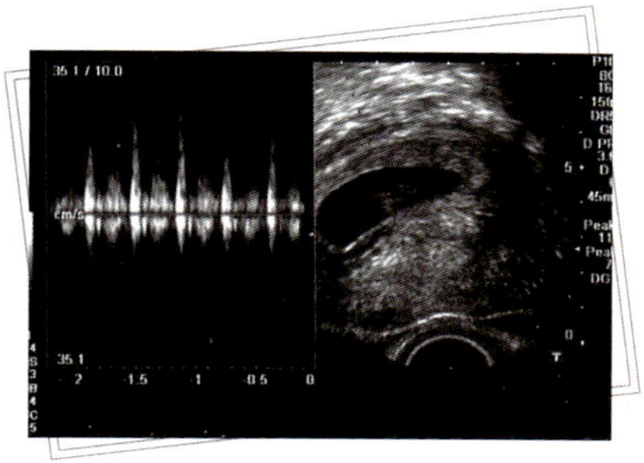

Alrededor de la quinta semana el corazón del embrión ha empezado a latir. En una ecografía realizada en la semana 9, ya se puede percibir perfectamente, con ultrasonidos, la frecuencia de sus latidos.

Para controlar que la adaptación del cuerpo materno a su nueva situación se produce de forma correcta, se han creado métodos de indagación que prevén una serie de análisis básicos a los que se someten todas las embarazadas.

Los análisis del primer trimestre son esenciales para la seguridad del feto.

Mediante estos métodos de indagación, se tiene la seguridad de que no surgen desequilibrios en este periodo tan delicado para la mujer y se pueden detectar cuanto antes posibles patologías en el feto.

Si en los análisis aparece alguna alteración, el médico solicitará pruebas adicionales.

Los parámetros normales de la sangre y la orina varían en el embarazo: valores que se consideran «buenos» normalmente pueden ser indicio de una patología durante la gestación, y viceversa. Más útil que el valor absoluto del resultado de los análisis (siempre que no esté macroscópicamente alterado) es la comparación de dichos valores repitiendo los análisis periódicamente.

PRUEBAS DEL PRIMER TRIMESTRE

- **Grupo sanguíneo y factor Rh, test de Coombs indirecto.**
- **Análisis hemocromocitométrico** completo con recuento de plaquetas; glucosa, creatinina, transaminasas, ferritina, ácido úrico; VDRL, TPHA; pruebas serológicas de toxoplasmosis y rubeola.
- **Toxoplasmosis:** si la madre no está protegida, se repite en las semanas 20 y 30.
- **Rubeola:** análisis posterior en caso de duda.
- **VCH, VIH:** la solicitud de un test de VIH debe atenerse a la ley y «solo puede ser realizado con el consentimiento del paciente».
- **Ecografía obstétrica:** semanas 10-13.
- **Análisis de orina.**

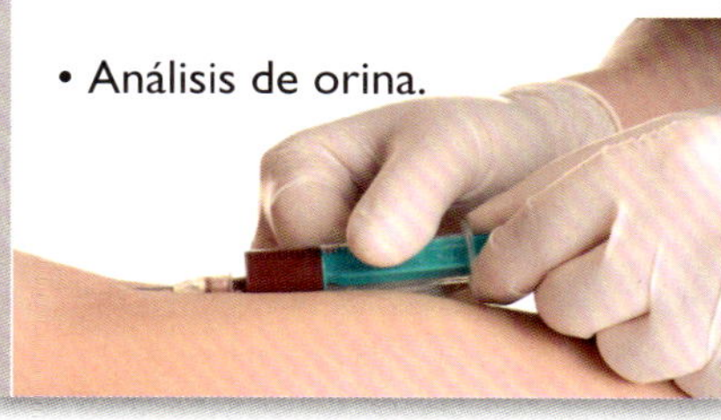

Días 61-62

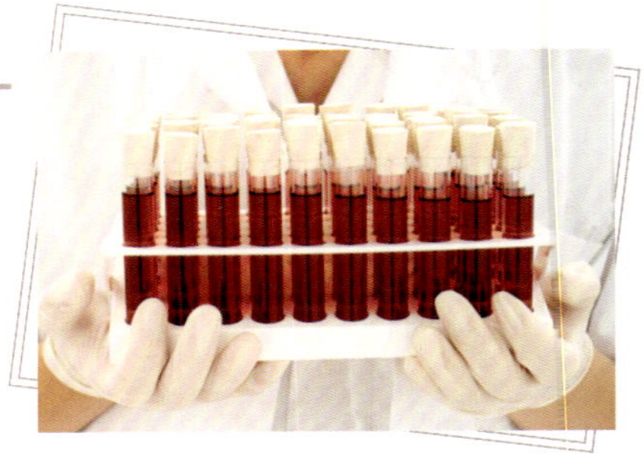

El grupo sanguíneo y el factor Rh, junto con el test de Coombs indirecto, son los primeros análisis que una mujer debe realizarse tras saber que está embarazada. Ambos están muy re acionados.

El análisis para la identificación del grupo sanguíneo y del factor Rh se solicita al principio del embarazo. Si el factor Rh es positivo, no es necesario realizar otras pruebas adicionales; por el contrario, si el Rh de la madre es negativo, es preciso que esta se someta al test de Coombs indirecto.

El test de Coombs indirecto sirve para detectar la posible presencia de anticuerpos anti-Rh en la sangre materna. Cuando el test es positivo, es necesario monitorizar atentamente al feto durante toda la gestación; en caso de ser negativo, se ha de repetir periódicamente para desechar una eventual sensibilización.

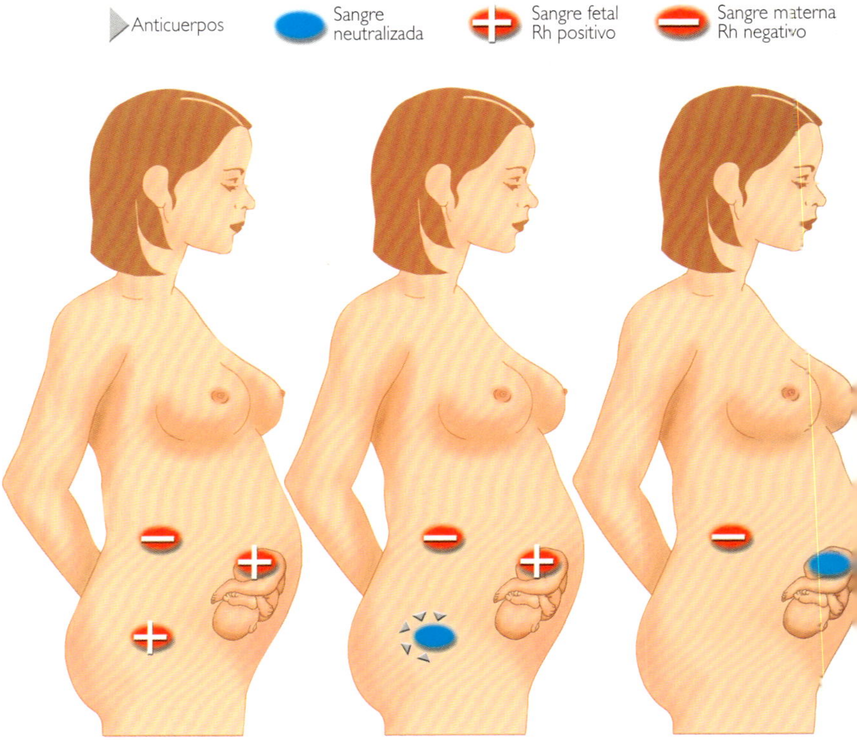

MAYOR SUDORACIÓN

Durante este periodo, aumenta notablemente la cantidad de sudor y flujo vaginal. Estos síntomas son inevitables y pueden subsanarse usando la ducha para refrescarse, sin utilizar jabones agresivos.

TEST DE COOMBS

Aunque el riesgo de producir anticuerpos contra la sangre del feto es más elevado en las mujeres con Rh–, a las mujeres con Rh+ también se les recomienda someterse a este test, ya que podrían haberse sensibilizado hacia otros antígenos. En las mujeres con Rh–, el test de Coombs se ha de repetir cada cuatro semanas. Si no se hubiera realizado con anterioridad, se prescribe a las mujeres Rh+ con anamnesis transfusional positiva.

Semana 10

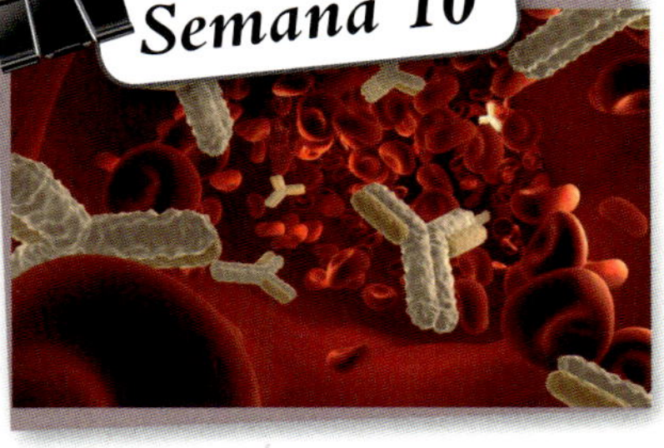

Días 63-64

Las mujeres Rh– con pareja Rh+ que presenten una producción de anticuerpos anti-Rh (detectable gracias al test de Coombs) tienen cierto riesgo, ya que puede darse una isoinmunización.

La isoinmunización es aquella situación en la que, por un contacto con glóbulos rojos distintos de los propios, el organismo empieza a producir anticuerpos contra los ajenos. Dicho contacto se puede producir durante el embarazo, en el parto, por un aborto, una amniocentesis o una transfusión de sangre.

Si la madre es Rh– y el padre Rh+, el feto puede heredar del padre el gen que determina que sea Rh+. Cuando la madre no está inmunizada, la gestación avanza con regularidad, la circulación sanguínea de la madre y del feto permanecen separadas, y es prácticamente imposible que la madre llegue a producir anticuerpos contra el feto. El problema surge cuando la madre está ya inmunizada contra el antígeno Rh, es decir, cuando la producción de anticuerpos anti-Rh se ha activado ya, y estos, atravesando la placenta, van a destruir los glóbulos rojos del feto.

Por tanto, el riesgo afecta exclusivamente a las mujeres Rh– con pareja Rh+ que presenten una producción de anticuerpos anti-Rh, detectable en el test de Coombs indirecto. Actualmente se trata de una situación rara, porque es posible prevenir la inmunización: en todas las situaciones de riesgo se suministra a la mujer Rh– un suero específico que neutraliza los glóbulos rojos Rh+ antes de que el sistema inmunitario de la madre los reconozca como extraños y active la producción de anticuerpos.

LOS ANTÍGENOS

Los glóbulos rojos de cada individuo presentan características particulares, llamadas «antígenos», según las cuales se distinguen los grupos sanguíneos A, B, AB y 0. Existe otro antígeno, el factor Rh, que hace posible diferenciar a la población en positivo (Rh+) o negativo (Rh–).

ANÁLISIS HEMOCROMOCITOMÉTRICO

Este análisis es fundamental y se realiza varias veces durante el embarazo, pues proporciona información sobre el funcionamiento de diversos órganos y aparatos. Sirve para controlar el número y el volumen de glóbulos rojos, la cantidad y las relaciones porcentuales entre los distintos tipos de glóbulos blancos, el nivel de hemoglobina, el número de plaquetas y el hematocrito.

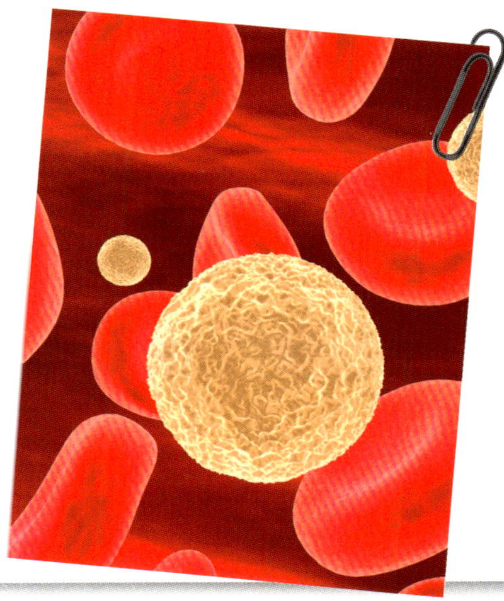

Días 65-66

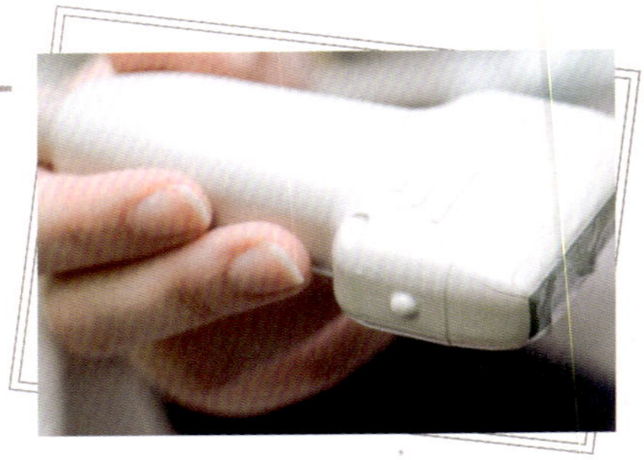

La ecografía es un examen muy fácil de realizar; se lleva a cabo en poco tiempo y no requiere hospitalización. Además, es un medio de diagnóstico muy útil, gracias a la imagen que proporciona del feto.

La ecografía es una de las pruebas rutinarias y específicas a que se somete la mujer embarazada para llevar un seguimiento de su estado. Se harán varias a lo largo de estos nueve meses, pero la primera, también denominada «ultrasonografía», se realiza en este trimestre.

A través de esta prueba se obtienen imágenes nítidas del feto que se está desarrollando. La sonda, colocada sobre el abdomen de la mujer, emite un haz de ultrasonidos que atraviesan el vientre materno y llegan al feto. Según la consistencia y la composición del tejido que encuentra, puede atravesarlo completamente o ser repelido del todo o en parte: es decir, el haz sufre absorción y reflexiones, con la consiguiente formación de «ecos».

La misma sonda que emite los ultrasonidos es capaz de recoger los haces repelidos («ecos de retorno»). Estos, transformados en impulsos eléctricos, se envían al monitor, donde se visualizan como puntos luminosos y generan la imagen que vemos.

La imagen que se forma en la pantalla es la de una sección del cuerpo que ha repelido los ultrasonidos. Los aparatos más recientes, compuestos de varias sondas en serie, proporcionan fotogramas que se suceden con tal rapidez que dan la sensación de una película y permiten ver los movimientos del feto.

La imagen que se obtiene no resulta fácil de interpretar y la debe explicar un técnico.

HEMORRAGIAS COMUNES

Durante el embarazo, se pueden producir hemorragias leves, perfectamente normales, que se deben a la rotura de alguna pequeña vena del útero o de algún tejido. En caso de que los sangrados sean abundantes, habrá que acudir al ginecólogo para comprobar que todo es correcto.

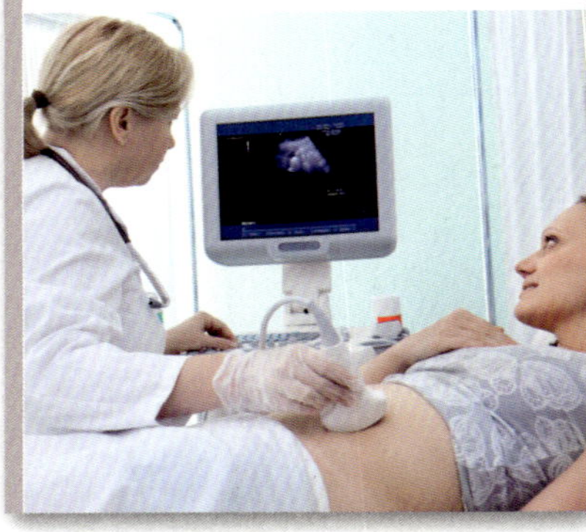

CUIDADO CON LOS RAYOS UVA

Durante el embarazo hay que tener un especial cuidado con el sol y, sobre todo, con las cabinas de bronceado; los rayos UVA pueden sobrecalentar el cuerpo y dañar al bebé. Algunas investigaciones afirman que también pueden reducir los niveles de ácido fólico. Es mejor apostar por las cremas autobronceadoras, que son seguras en este estado.

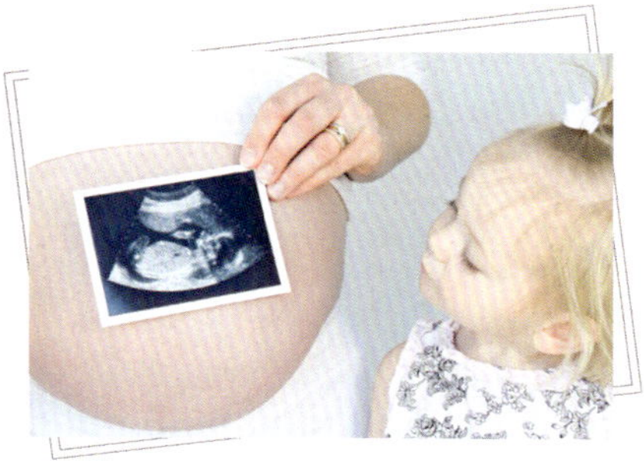

Días 67-68-69

El protocolo habitual para las pruebas diagnósticas realizadas durante el embarazo prevé que, a lo largo de la gestación, se efectúen tres ecografías: una, en las semanas 12-13; la segunda, en las semanas 20-22; y la tercera, en las semanas 30-34.

La primera ecografía tiene por objeto confirmar la presencia del feto, así como su correcta localización en el útero, excluyendo posibles implantaciones extrauterinas (embarazo ectópico).

Con esta prueba, además, se puede establecer con bastante exactitud la fase de la gestación; es decir, el tiempo transcurrido desde la fecundación.

Esta datación se efectúa sobre bases «morfológicas», a partir del grado de maduración de los distintos órganos y aparatos; de hecho, su desarrollo se produce en periodos de tiempo iguales para todos, con independencia de las medidas y dimensiones personales.

Las mediciones de la circunferencia craneal, abdominal, etc. no se utilizan para calcular la edad del feto, aunque resultan útiles si se comparan en distintos momentos de la gestación para evaluar el crecimiento.

CÁLCULO DE LA FASE DE GESTACIÓN

Hasta hace unos años, el cálculo de la fase de gestación se hacía midiendo parámetros del feto como la circunferencia craneal, la abdominal o la longitud del fémur, partiendo del supuesto de que a cada fase de la gestación le correspondía una precisa y única medida de dichos parámetros. Después se comprobó que este no era un método completamente fiable.

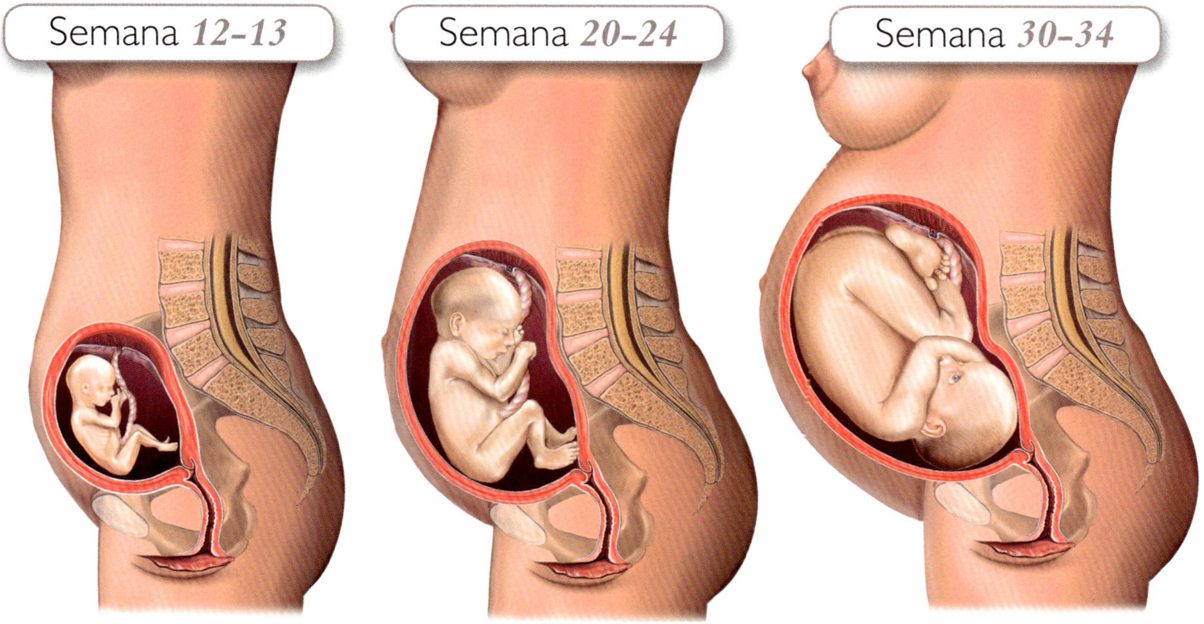

Días 70-71-72

En la semana 11, el feto ya tiene hígado, un pequeño estómago y riñones, que comienzan a producir una orina sin desechos metabólicos para no contaminar el líquido amniótico. Los desechos se expulsan a través de la placenta.

La extracción de vellosidades coriales, la llamada «vellocentesis», es otra prueba que se realiza en este primer trimestre de embarazo. Consiste en una biopsia de la placenta, pues se extrae una pequeña parte de esta. En las primeras fases de la gestación, representa la estructura más accesible y fácil de someter a biopsia sin provocar daños al feto.

La prueba se realiza en ambulatorio, sin anestesia y bajo control ecográfico. Introducida la aguja en el abdomen materno, se hace avanzar hasta la placenta y se conecta a un aspirador para recoger unos miligramos de tejido placentario. La muestra se somete de inmediato a una inspección al microscopio y, después, a la investigación citogenética, enzimológica y molecular.

INCOMPATIBILIDAD DE RH

En caso de incompatibilidad con el factor Rh en el resultado de la vellocentesis, se pasará a administrar a la embarazada inmunoglobulinas anti-D en un plazo de 72 horas desde que se realice la prueba.

La cantidad de placenta que se extrae no supera una o dos milésimas de su peso total.

La vellocentesis permite diagnosticar posibles malformaciones en las semanas 10-12 de gestación, lo cual es muy importante para decidir una interrupción voluntaria del embarazo en caso de patología fetal.

El tiempo de espera de los resultados es corto: se tiene una primera respuesta provisional al cabo de unas 24-48 horas, que se confirma definitivamente en un plazo no superior a 8-10 días.

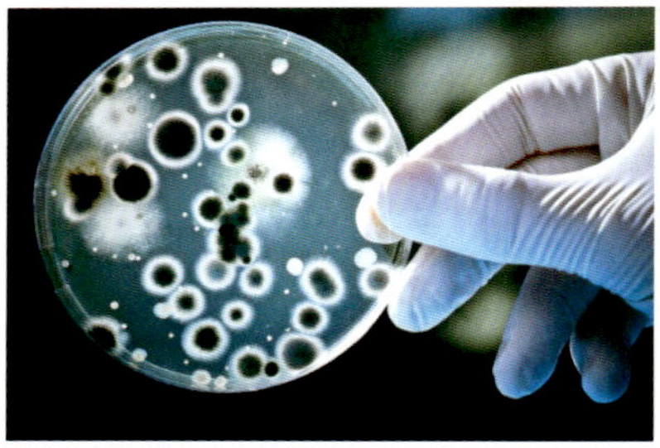

MEJORAS EN EL PROCESO

La prueba de la vellocentesis se realizaba inicialmente introduciendo un catéter en el cuello del útero. Hoy en día ese método ha sido reemplazado por la punción transabdominal, que entraña menos riesgo para el feto. Se estima un riesgo de aborto del 0,5-1 %.

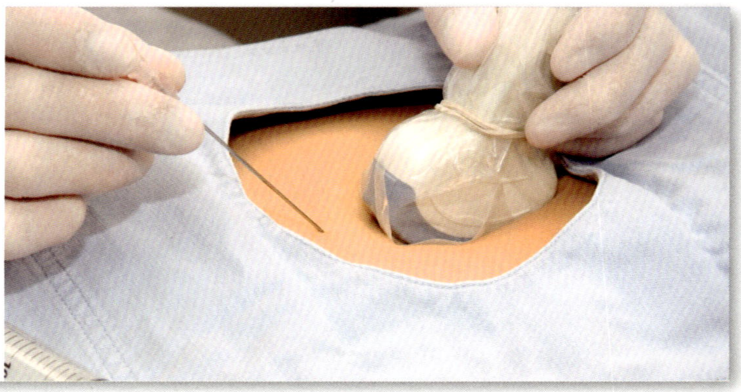

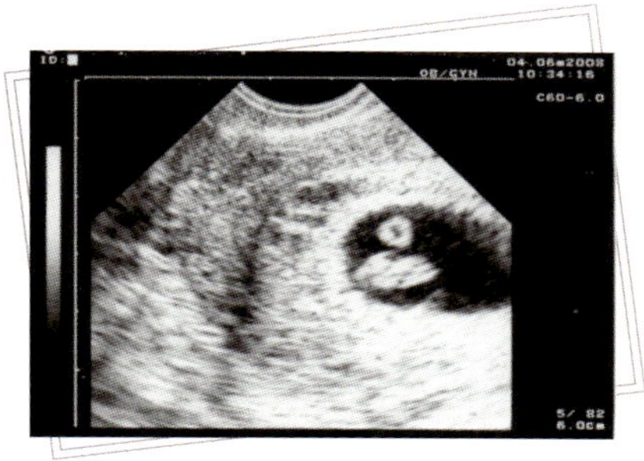

Días 73-74

Los nervios y la membrana olfativa ya están completamente formados en la cabeza del feto. Su nariz es perfectamente visible. El óvalo ocular está sellado por los párpados. Los dientes están completando su formación en el interior de las encías.

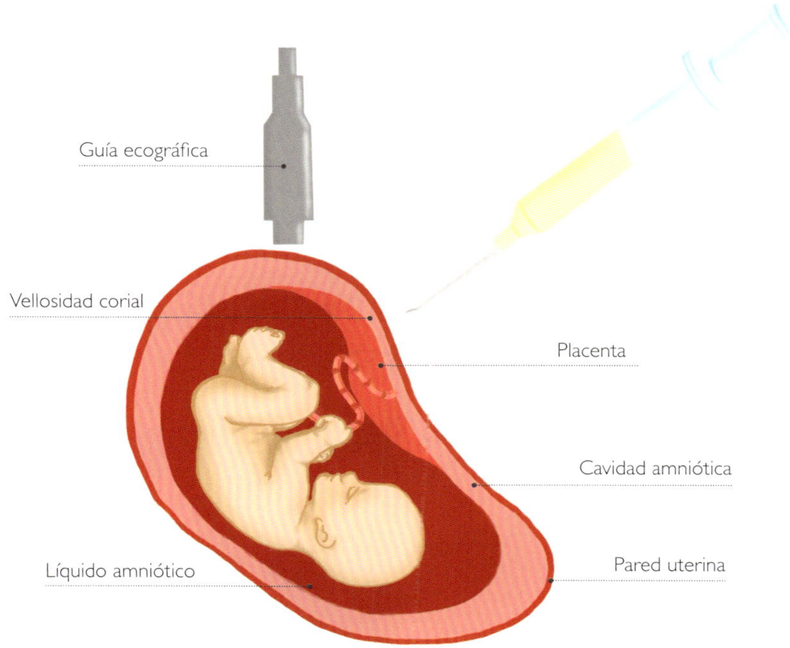

Durante el primer trimestre puede darse un aborto espontáneo, o interrupción involuntaria del embarazo. Por esta razón, muchas veces no se anuncia en público el estado de gestación hasta haber pasado este periodo de riesgo más elevado. La mayor parte de los abortos espontáneos del primer trimestre se deben a anomalías cromosómicas en el óvulo fecundado que le impiden desarrollarse con normalidad. Sin embargo, una vez que el corazón del embrión comienza a latir, alrededor de las seis semanas, las probabilidades de que se produzca un aborto espontáneo se reducen significativamente.

Aunque cualquier mujer puede tener un aborto espontáneo, algunas tienen más propensión que otras, como son las de mayor edad; las que han sufrido anteriormente un aborto; las que tienen enfermedades o afecciones como diabetes, síndrome del ovario poliquístico o problemas uterinos; las que consumen sustancias nocivas como alcohol, tabaco o determinados medicamentos.

Alrededor del 10% de los embarazos detectados terminan en aborto natural y, de estos, más del 80% tienen lugar antes de las 12 semanas. No se incluyen las situaciones en las que se pierde un óvulo fecundado durante el proceso de implantación.

HIGIENE ÍNTIMA

Durante el embarazo, el pH del interior de la zona genital se vuelve menos ácido, por lo que está menos protegida frente a los microorganismos externos. Es por esto por lo que ha de llevarse a cabo una correcta higiene íntima que no altere la mucosa ni la irrite. Para ello existen numerosos jabones específicos en las farmacias.

Días 75-76-77

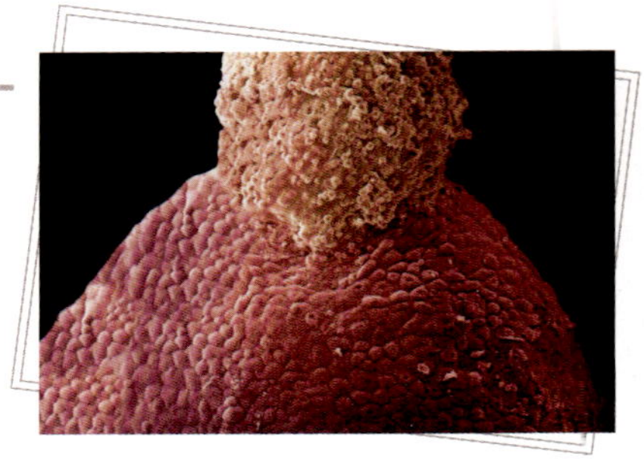

El síndrome del ovario poliquístico (SOP) es un problema que afecta a las mujeres cuando tienen demasiadas hormonas masculinas y no tienen suficientes femeninas, lo que hace que su ovulación sea poco regular.

El síndrome del ovario poliquístico impide que los folículos se desarrollen y liberen al óvulo maduro en cada ciclo menstrual, lo que hace que se acumulen en los ovarios y formen pequeños quistes benignos que liberan estrógeno.

Sin la ovulación, los niveles de hormonas masculinas existentes en el cuerpo femenino permanecen altos, por lo que este ciclo se repite.

A la hora de quedarse embarazadas, las mujeres con este síndrome necesitan que sus óvulos sean estimulados con los medicamentos de fertilidad adecuados para contrarrestar la ausencia de ovulación.

El SOP afecta a cerca de un 5-10% de las mujeres en edad fértil.

Durante la gestación, las mujeres con síndrome del ovario poliquístico son más propensas a tener un aborto espontáneo.

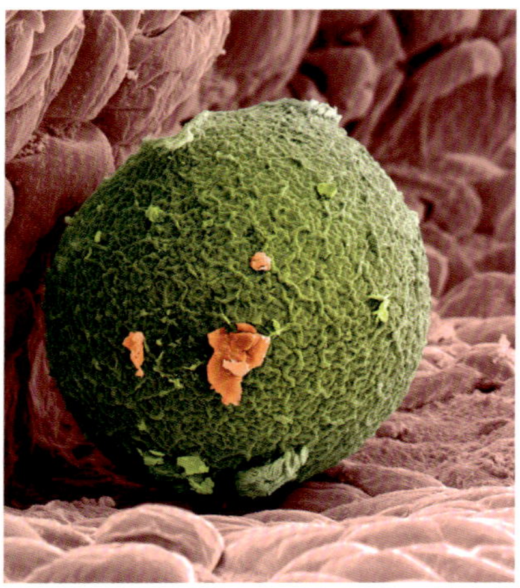

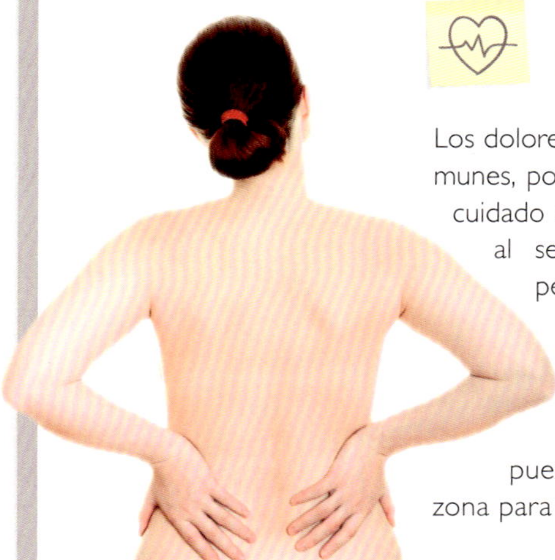

LUMBALGIAS

Los dolores en la zona lumbar son muy comunes, por lo que hay que tener especial cuidado con las posturas que adoptamos al sentarnos y cuando levantamos peso.

Para agacharte de forma correcta, hazlo flexionando las piernas, sin doblar la espalda. En caso de dolor persistente, puedes aplicarte calor seco en la zona para aliviar las molestias.

Semana 12

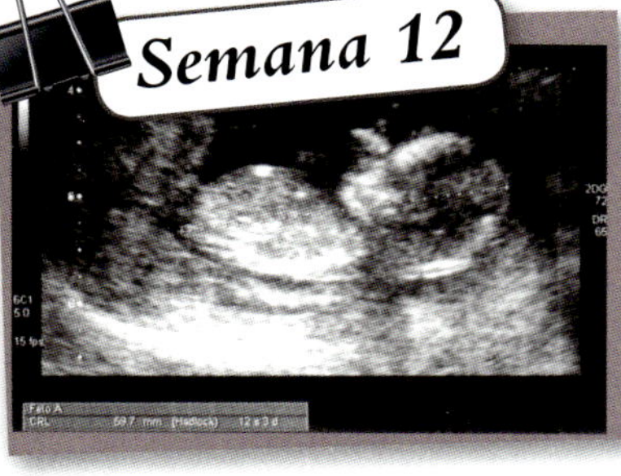

Días 78-79

Al finalizar el primer trimestre, el feto, de apenas 9 centímetros de tamaño, tiene los sistemas principales ya formados y en su lugar correspondiente, al igual que muchos órganos, aunque todavía no estén desarrollados del todo.

El peso corporal es el parámetro más práctico y fácil de valorar para evaluar el estado nutricional de la mujer embarazada, aunque un peso adecuado no siempre es indicativo de una alimentación correcta y equilibrada.

El aumento de peso durante el embarazo suele ser constante y progresivo en todas las mujeres. Actualmente, se considera óptimo un aumento de 10 kilogramos durante toda la gestación (en cualquier caso, conviene no sobrepasar los 12-13 kilos). Puesto que 4 de los 12 kilos de incremento corresponden al aumento del tejido adiposo (la grasa corporal), una mujer que comience la gestación en condiciones de sobrepeso debería «engordar» solo 7-8 kilogramos.

INTERRUPCIÓN VOLUNTARIA DEL EMBARAZO

Durante el primer trimestre, puede darse una interrupción voluntaria del embarazo, ya sea por petición de la mujer o por necesidades médicas. La Ley Orgánica 2/2010 ampara esta decisión en España, y toda mujer puede decidir interrumpir el embarazo dentro de las primeras 14 semanas de gestación, siempre y cuando haya sido informada sobre los derechos, prestaciones y ayudas públicas de apoyo a la maternidad que existen.

La interrupción del embarazo debe realizarse por un médico especialista, o bajo su dirección, en un centro sanitario público o privado acreditado. Siempre debe constar el consentimiento expreso y por escrito de la embarazada.

En el primer trimestre, la gestación no conlleva necesariamente un aumento de peso; el feto incrementa su peso a un ritmo prácticamente inapreciable en estos primeros meses. El aumento que se registra en la primera mitad del embarazo se debe, sobre todo, a la acumulación de «reservas energéticas» (depósitos de grasa) que servirán, en los últimos meses de gestación, para garantizar la alimentación del feto en la fase de crecimiento rápido, cuando más energía necesita.

Días 80-81

La semana 12 es el momento en el que muchos futuros padres deciden hacer pública la noticia del embarazo, pues se han superado los riesgos de aborto espontáneo. La familia y amigos cercanos serán los primeros en saberlo.

Si en el trabajo todavía no lo queremos contar, no hay por qué hacerlo. De acuerdo con la legislación vigente, el tiempo mínimo con el que se puede avisar al empleador es de 15 días antes de la fecha prevista para el parto. De todas formas, debido a las citas prenatales y visitas al médico, esta noticia se suele dar bastante antes.

Además, en el caso de que el trabajo que se realice requiera un ejercicio físico determinado o se manipulen agentes químicos, es conveniente notificar el estado de embarazo, para evitar riesgos innecesarios y que se tomen las medidas oportunas para adaptar el puesto de trabajo.

Si las tareas que se realizan en el trabajo requieren esfuerzo físico, hay que reducirlas.

A lo largo de este periodo del embarazo suceden muchas cosas nuevas: cambia el cuerpo, se producen alteraciones emocionales, vaivenes de autoestima... pero todo esto es normal. Para visualizar mejor cómo se evoluciona, y las diversas sensaciones que van y vienen, llevar un diario puede servirnos de guía para valorar cómo transcurre el día a día. Así, cuando tengamos dudas, podremos releerlo. Además, el diario es muy útil con tantas fechas de revisiones, estimaciones de nacimiento, etc.

Aunque pueda parecer algo trivial, llevar un diario es una gran ayuda para superar ciertos momentos tensos que se pueden desarrollar a lo largo de los nueve meses.

TOXOPLASMOSIS

Se trata de una enfermedad infecciosa que, si afecta a la madre, puede causar serias patologías en el feto.

Para prevenir el contagio, hay que evitar el contacto con las heces de los gatos, así como lavar bien las frutas, hortalizas y verduras que se consumen, y cocinar la carne.

Días 82-83

Entrada la semana 12, los genitales del embrión se diferencian con relación al sexo. El útero materno ha aumentado de tamaño y se aprecia con la palpación del abdomen; este aumento del útero es ya visible.

Si tienes un embarazo sin riesgo, las visitas al tocólogo (el médico especialista en obstetricia) serán mínimas. Él será quien solicite los controles específicos que se realizan durante estos meses. De todas formas, algunas mujeres con embarazos sin riesgo optan por acudir a un ginecólogo que ellas mismas eligen, y llevan su evolución tanto por la Seguridad Social como por la sanidad privada.

En esta semana, el feto ya pesa 125 gramos.

El ginecólogo es un médico especialista en salud reproductiva de la mujer, y no necesariamente tiene por qué atender partos y llevar el seguimiento de los embarazos; no obstante, muchos de ellos también están especializados en tocología u obstetricia, y realizan este seguimiento en su consulta.

CUIDADO CON EL MERCURIO

El mercurio es un metal presente en algunos alimentos que puede afectar al desarrollo nervioso del feto, por lo que hay que vigilar qué se ingiere.

El pescado es uno de los alimentos con los que se debe tener cuidado; algunos, como el pez espada, la aguja o el atún, pueden tener niveles muy altos de mercurio debido a la contaminación del agua.

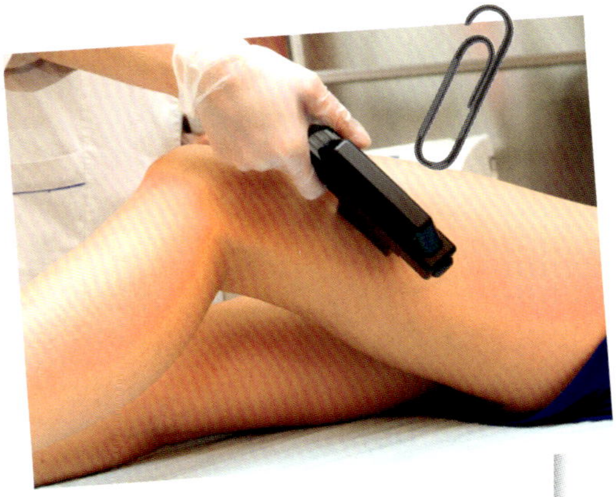

DEPILACIÓN LÁSER

Las técnicas de depilación permanente, tan demandadas actualmente, son seguras durante el embarazo, ya que no penetran en la piel más de unos milímetros. En cambio, la cera caliente no está recomendada, por sus efectos sobre la circulación.

Día 84

El feto es capaz de moverse libremente en su medio; esto resulta más fácil por el aumento de la longitud del cordón umbilical. Las extremidades adoptan la postura fetal definitiva, con el codo hacia atrás y la rodilla adelante.

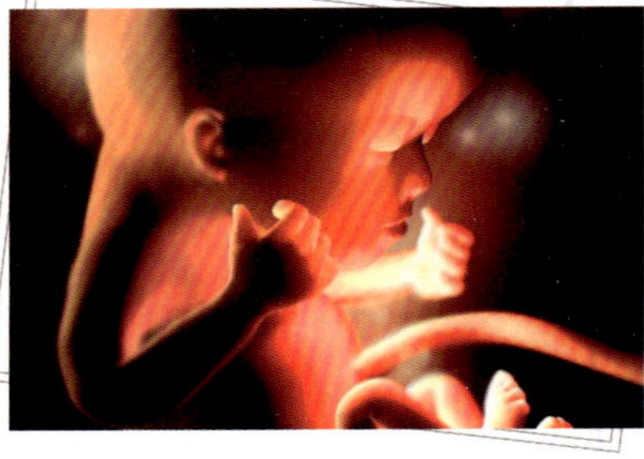

Por lo que respecta a los viajes y las vacaciones, se puede decir, en líneas generales, que está bien todo lo que le apetezca hacer a la mujer. No por estar embarazada hay que privarse de todas las costumbres anteriores, y es absurdo resignarse a un tipo de vacaciones que «beneficien al bebé»: se trata únicamente de organizar bien todos los aspectos del viaje. Por ejemplo, si es necesario someterse a controles y análisis, hay que informarse antes de partir sobre la posibilidad de realizarlos en el lugar de vacaciones, programar paradas si el viaje es muy largo, etc.

Salvo en las situaciones de riesgo que entrañan los llamados «viajes de aventura», se puede afirmar que no existen contraindicaciones para ningún tipo de clima ni de medio de transporte, aunque algunas compañías aéreas no admiten entre sus pasajeros a mujeres en el último mes de embarazo.

JACUZZIS

Algunos tratamientos estéticos y corporales, como el *jacuzzi* o las saunas, elevan demasiado la temperatura, por lo que no son beneficiosas ni para la madre ni para el bebé. Una excesiva exposición al calor durante el primer trimestre puede incrementar el riesgo de espina bífida en el feto.

INTERRUPCIÓN POR CAUSAS MÉDICAS

Siempre que no se superen las 22 semanas de gestación, el embarazo puede interrumpirse por causas médicas cuando exista grave riesgo para la vida o la salud de la embarazada, o bien se hayan detectado importantes anomalías en el feto. En el caso de que se encuentren anomalías fetales incompatibles con la vida o una enfermedad extremadamente grave e incurable, el embarazo podrá interrumpirse en cualquier momento.

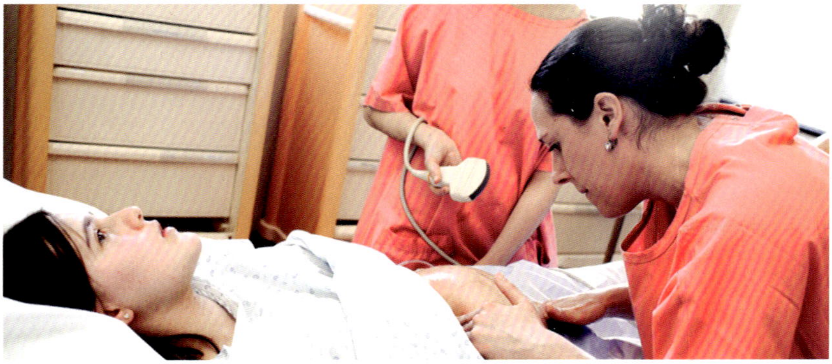

Segundo trimestre

Segundo trimestre

Cuarto mes

En este segundo trimestre, los distintos órganos y aparatos crecen, maduran y completan su diferenciación: es la fase de perfeccionamiento.

Semanas 13-14

El embarazo se hace más notorio y la percepción de los sentidos se agudiza.

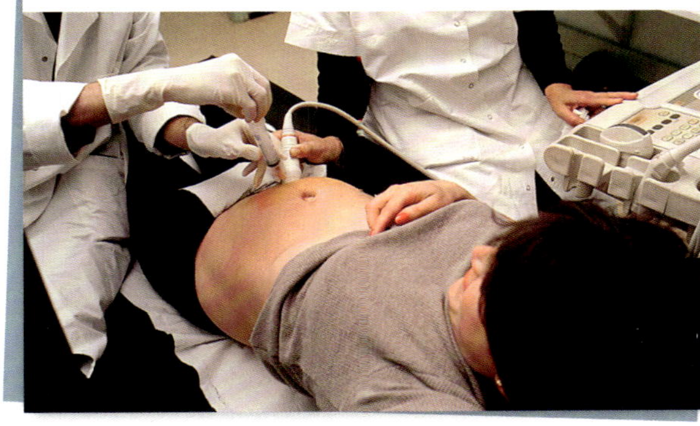

Semana 15

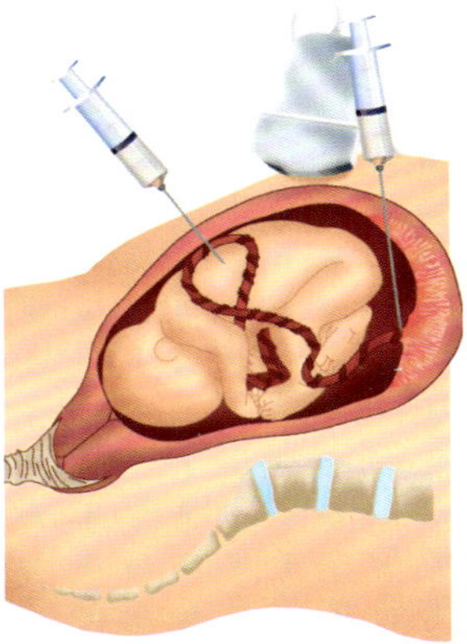

Remiten las primeras molestias del embarazo. Puede hacerse ya la amniocentesis. Aparece el lanugo.

Semana 16

La futura mamá comienza a percibir los primeros movimientos que realiza el bebé, un momento muy gratificante.

Quinto mes

La mujer se siente más vital. La cintura ha desaparecido y las caderas han empezado a redondearse, pero la incipiente tripa aún no resulta molesta.

Semanas *17-18*

Puede que cambien los gustos culinarios.

Semanas *19-20*

El ecuador del embarazo. El feto tiene apariencia completamente humana.

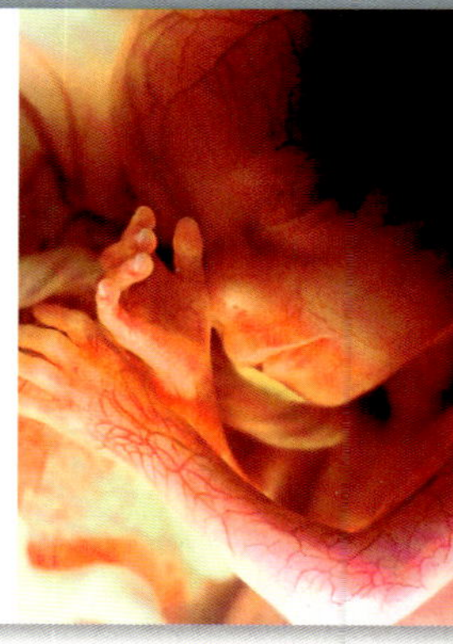

Sexto mes

El volumen de la tripa se acentúa notablemente. El útero sigue creciendo y se extiende por encima del ombligo, que puede sobresalir hacia fuera.

Semanas *21-22*

Los sentidos del feto se desarrollan con más evidencia.

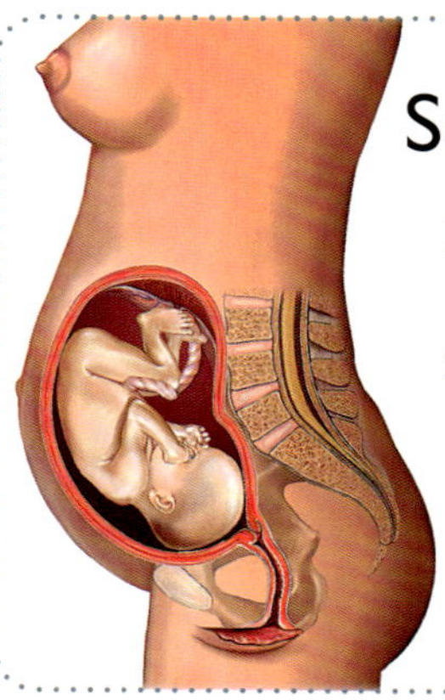

Semanas *23-25*

Las proporciones del cuerpo son más equilibradas. El feto es viable y reacciona ya a los estímulos externos.

Semana 13

Días 85-86

En este segundo trimestre, tu estado de embarazo se irá haciendo más notorio. Las molestias típicas de los primeros meses se mitigarán, pero los cambios físicos harán que necesites adoptar otros ritmos en tu estilo de vida.

El embarazo es un periodo de grandes cambios. La búsqueda de un nuevo equilibrio entre las necesidades de la madre y las del nuevo ser involucran principalmente a la mujer, con su cultura y su carácter; así pues, no hay que esperar que sea el médico quien lo decida «todo» (cómo se ha de vestir, dónde debe pasar las vacaciones, etc.).

De lo contrario, la embarazada entra en una especie de «estado patológico», fuente de ansiedad y depresión, en lugar de vivir con serenidad y plenitud su embarazo; en otras palabras, el cambio de estilo de vida no precisa de prescripción facultativa.

Ahora bien, no se trata de lanzarse a una especie de «hazlo tú misma», a base de automedicación y consejos ajenos, sino de un «hazlo por ti», cambiando el estilo de vida en función de las pautas del médico y respetando tu propia personalidad.

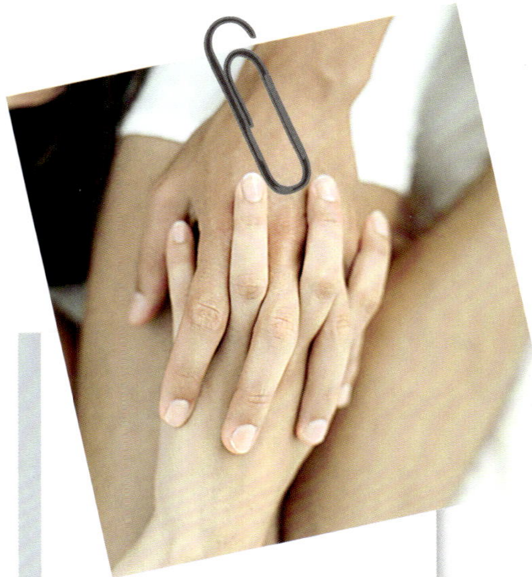

CARICIAS Y POSTURAS

Si algunas posturas sexuales resultan incómodas, debido al aumento de la barriga en este segundo trimestre, simplemente hay que probar con otras que permitan mayor comodidad a la mujer y no presionen directamente contra el abdomen. De todas formas, el embarazo puede ser un buen momento para explorar otro tipo de relaciones íntimas que no se basen solo en la penetración; el sexo puede abarcar muchos más aspectos y posibilidades en una pareja.

Días 87-88

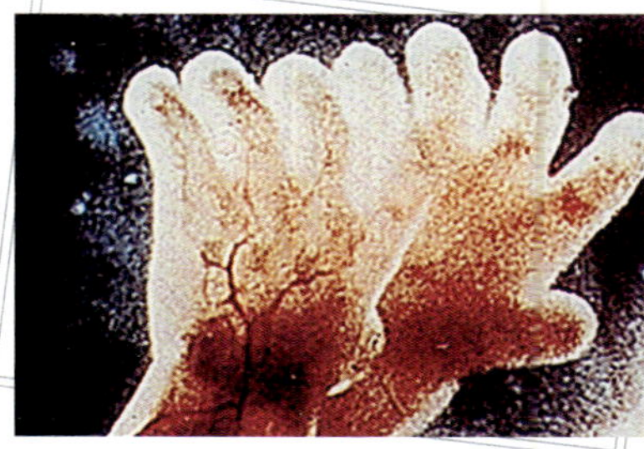

Apenas pesa 20 gramos y mide unos 7 centímetros, pero las orejas y los ojos ya se están colocando en su lugar definitivo, y las manos, que ya poseen los 27 huesos que las conforman, tienen huellas dactilares.

LIMPIEZA DEL HOGAR

Muchos de los productos que se usan para la limpieza cotidiana del hogar tienen ciertos niveles de toxicidad. Para evitar una exposición a ellos, es preciso utilizar siempre guantes de plástico y evitar aquellos que se pueden inhalar, como los aerosoles.

En general, cuantas menos sustancias químicas se manipulen, mejor. Y cuidado también con los ambientadores, pues tienen muchos productos químicos.

Las relaciones sexuales no suponen riesgo alguno para el feto. Únicamente los cambios físicos que se están produciendo, y que aumentarán con el paso de los meses, pueden hacer necesaria la búsqueda de nuevas posturas con la pareja.

Es más, en esta época de importantes alteraciones del equilibrio de la pareja, son fundamentales los momentos de intimidad y comunicación, como es el acto sexual.

Es normal que la pareja se muestre más cariñosa que pasional.

Durante el primer trimestre, el interés por el sexo puede verse reducido debido a las náuseas y al cansancio general; sin embargo, existen también otros factores que hacen que aumente el deseo, como un mayor flujo sanguíneo. Además, en este segundo trimestre, la intensidad del orgasmo puede aumentar. Dialogar con la pareja sobre nuestro estado de ánimo contribuirá a lograr un mejor entendimiento.

Suele ser al final del tercer trimestre cuando la libido puede disminuir considerablemente; esto se debe, generalmente, a la inmediatez del parto.

Solo en algunos casos específicos (amenaza de aborto, riesgo de parto prematuro, rotura anticipada de las membranas), el médico puede aconsejar suspender las relaciones sexuales, pero, si el embarazo se desarrolla con normalidad, no es necesario hacerlo.

Días 89-90

La actividad física es un hábito saludable en cualquier etapa de la vida. En el embarazo, también es útil para contrarrestar los efectos negativos del sedentarismo; un ejercicio constante y no extremo es perfecto para mantenerse en forma.

En el embarazo, como en cualquier etapa de la vida, la actividad física también es útil para contrarrestar el sedentarismo; un ejercicio constante y no violento es perfecto para mantenerse en buena forma.

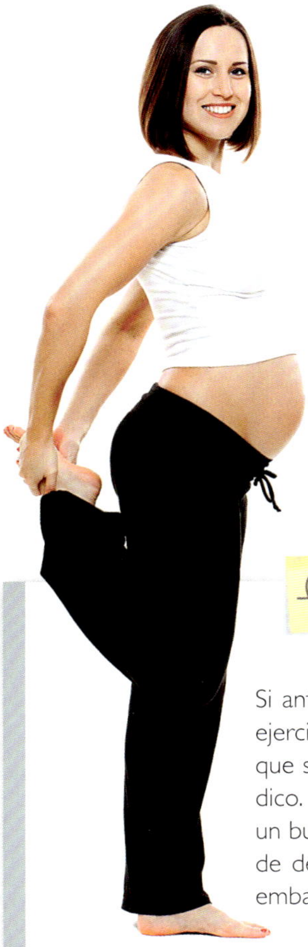

Se puede hacer deporte durante el embarazo siempre y cuando no se practique a un ritmo muy intenso y el ejercicio no implique riesgo de caídas o movimientos bruscos.

Conviene aclarar que, cuando se habla de la necesidad de desarrollar una actividad física, esto no implica necesariamente la práctica de un deporte concreto. No quiere decir que exista la «necesidad» de hacer deporte para lograr un buen estado de salud, y mucho menos durante el embarazo: lo que resulta indispensable es el movimiento regular y cotidiano, que se puede efectuar, sencillamente, paseando; se trata, más bien, de renunciar a los hábitos sedentarios, como el desplazamiento en vehículos motorizados, el uso incondicional del ascensor y el rechazo de los numerosos trabajos musculares que ofrece la vida cotidiana.

El ejercicio tonifica el cuerpo y aumenta la resistencia de cara al parto.

VIDA SALUDABLE

Si antes de estar embarazada se tenía una rutina de ejercicios, no hay por qué abandonarla ahora, siempre que se tenga el visto bueno de la matrona o del médico. Si, por el contrario, no se hacía ejercicio, este es un buen momento para empezar a realizar algún tipo de deporte, de forma suave y regular, indicado para embarazadas.

Día 91

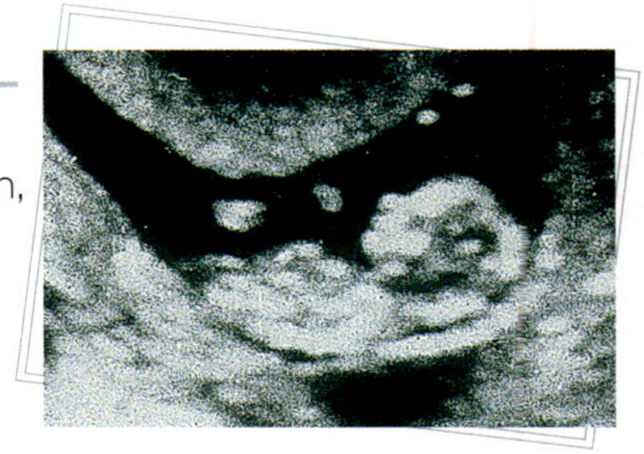

En este segundo trimestre, los distintos órganos y aparatos crecen, maduran y completan su diferenciación tanto en la estructura como en el funcionamiento. El feto aumenta de peso y de longitud: es el periodo de perfeccionamiento.

A lo largo del embarazo se puede desarrollar hiperosmia. Se trata de un fenómeno muy común durante el estado de gestación que consiste en el aumento, de forma exagerada, de la sensibilidad del olfato, que hace que se perciban de forma más intensa todos los olores. Esta alteración se debe al aumento de estrógenos propio de estos meses, y puede llegar a

convertirse en una molestia si se manifiesta como rechazo a ciertos productos, alimentos o estancias.

Por el contrario, la anosmia fisiológica, esto es, la pérdida del sentido del olfato debido a la congestión de las mucosas nasales, es un síntoma mucho menos frecuente, pero que también pueden presentar algunas mujeres embarazadas.

PARCHES DE NICOTINA

La nicotina afecta negativamente al desarrollo del feto; por ello, fumar durante estos meses es perjudicial para él. Aunque los parches o chicles de nicotina tienen menos cantidad de nicotina que el tabaco, tampoco son recomendables.

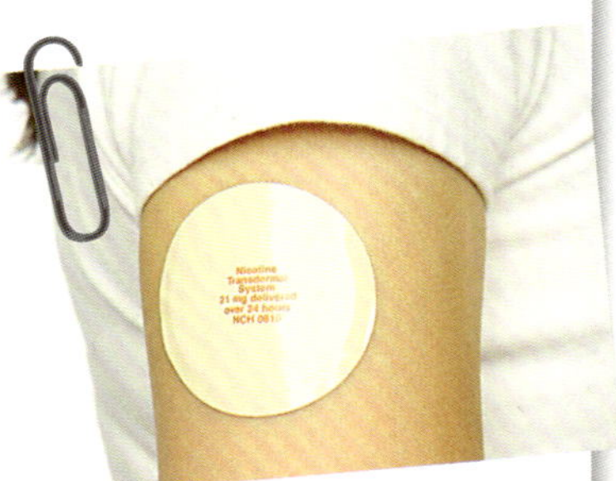

EJERCICIOS DE RESPIRACIÓN

Realizar una correcta respiración te puede ayudar no solo a la hora de dar a luz, sino también para relajarte en los momentos en los que te encuentres más estresada. Los ejercicios de respiración abdominal son un buen hábito que puedes adoptar. Para hacerlos, toma aire por la nariz profundamente hasta que notes que puedes hinchar el abdomen; colocar las manos sobre él te servirá para notar correctamente la inhalación. Después, exhala lentamente por la boca. Repite esta respiración varias veces seguidas.

Semana 14

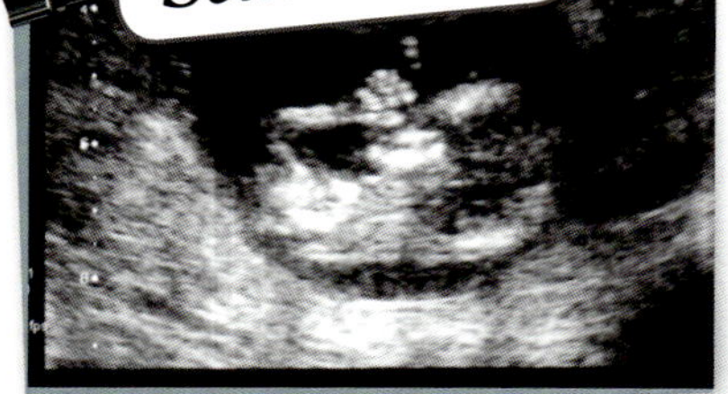

Día 92

En el medio uterino, el feto es capaz de realizar movimientos pero, al parecer, sin un significado funcional. Posteriormente, se produce una evolución hasta que dichos movimientos adquieren significados funcionales.

ATENCIÓN A LOS PRODUCTOS QUÍMICOS

Muchos pueden atravesar la placenta, llegar a la cavidad amniótica y, desde aquí, acceder a las cavidades bucal, nasal y faríngea del feto.

Los movimientos del feto en el útero facilitan el reciclaje del líquido amniótico, y tienen por objeto la búsqueda de la postura de salida (la llamada «presentación cefálica»).

En el útero, el feto vive en un ambiente con una temperatura constante de 37 °C, líquido, ruidoso y de tonos rosados. Consigue moverse y chuparse el dedo, explora con las manos y se siente abrazado por las paredes uterinas.

La acción de chuparse el dedo desde una época tan precoz, junto con los movimientos de deglución, precede y prepara la capacidad neonatal de succionar el pecho materno.

PRUEBAS EN EL 2.° SEMESTRE DE GESTACIÓN

- **Semana 16-17:** alfafotoproteína plasmática; análisis de orina.
- **Semana 20-22:** ecografía obstétrica.
- **Semana 23:** análisis hemocromocitométrico completo con recuento de plaquetas; análisis y cultivo de orina.

ESTIMULACIÓN PRENATAL

Estimular al bebé ya desde su vida intrauterina es una forma de enriquecer su desarrollo físico y mental; no hay que olvidar que sus sentidos se están desarrollando en este momento y, además, se alimenta de tus propias sensaciones.

Durante este segundo trimestre, el cerebro del feto está en pleno desarrollo, de ahí la importancia de comenzar a interactuar con él, justo cuando la estructura neuronal está formándose, al igual que el resto de sus órganos y sistemas.

Toda la comunicación y muestras de cariño que tengamos con esa pequeña vida que se está formando en nuestro interior repercutirá de forma positiva en el sistema nervioso y motor del futuro bebé.

Días 93-94

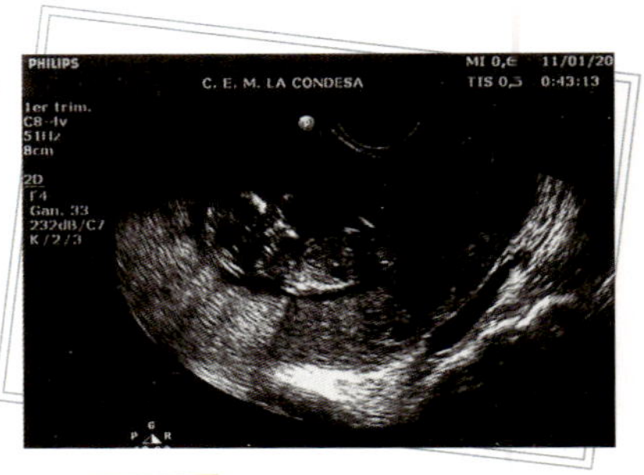

La sensación de cansancio es muy frecuente, sobre todo en el primer trimestre. También se produce en esta segunda fase de la gestación, debido, principalmente, a los grandes cambios hormonales que se producen.

El cansancio es uno de los principales síntomas del estado de gestación, una respuesta del organismo, y no hay que dejarse llevar por los impulsos negativos. Lo importante es descansar el tiempo que se crea necesario y rebajar el nivel de autoexigencia: lo primero eres tú, tu mente y tu cuerpo.

Mientras el feto se forma, el descenso de la tensión arterial que provoca el embarazo hace que el organismo de la mujer sea más frágil en el plano del control circulatorio; por esto, a veces, se pueden sufrir desmayos o mareos.

Además, el particular equilibrio hormonal que se instaura durante el embarazo determina una relajación de las paredes venosas, que tienden a «debilitarse» facilitando la aparición de varices y venas varicosas. Corren el riesgo de padecer este problema las mujeres con sobrepeso, aquellas que ya lo padecían antes del embarazo y, en general, todas aquellas con antecedentes familiares.

{ Evita permanecer mucho tiempo de pie: sobrecarga las piernas y empeora la circulación. }

NATACIÓN

Nadar ofrece muchos beneficios durante el embarazo, ya que es un ejercicio suave pero constante, sin riesgo de caídas, y que mejora todo el sistema cardiovascular. Apuntarse a natación puede ser una buena opción; además, el cloro no supone ningún peligro en este periodo.

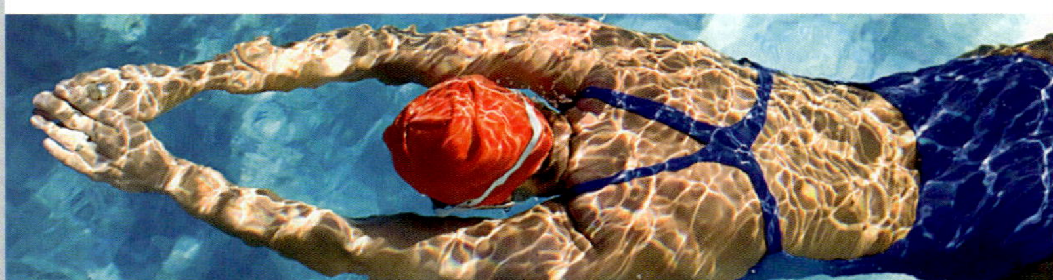

BUENAS COSTUMBRES

Durante los meses de embarazo, es bueno poner en práctica una serie de costumbres que benefician la salud general y favorecen la circulación sanguínea, como son relajar las piernas colocándolas en alto, dormir con una almohada alta bajo los pies, utilizar medias elásticas y, por supuesto, caminar. Si, por tu tipo de trabajo, debes permanecer sentada mucho tiempo, trata de rotar los tobillos, haciendo círculos hacia los lados, y extenderlos en punta tanto como te sea posible.

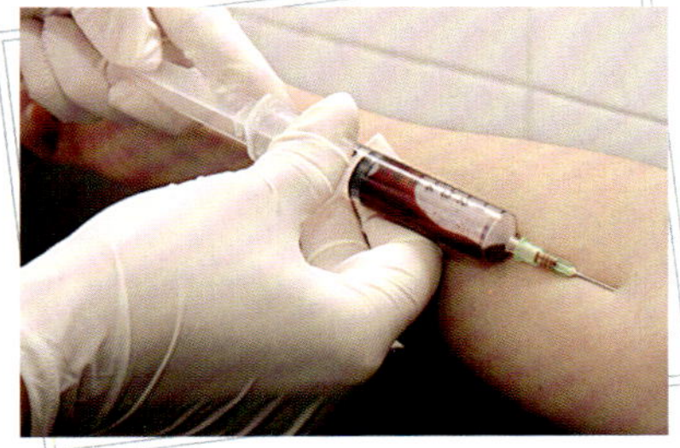

Días 95-96

En el segundo trimestre se efectúan nuevos análisis, como el test triple (o *triple screening*), prueba de sangre que se realiza entre las semanas 14 y 18 de embarazo. Según los resultados de esta prueba, puede valorarse la posibilidad de realizar una amniocentesis.

El test triple evalúa la presencia en sangre de tres hormonas: ßHCG, estriol y alfafetoproteína. Comparando los valores obtenidos con los considerados normales según la semana de gestación, se determina si existen indicios de una posible malformación genética en el feto.

Por ejemplo, permite calcular el porcentaje de riesgo de que el feto tenga espina bífida o padezca una trisomía 21, más conocida como síndrome de Down, pero no detecta otras enfermedades cromosómicas.

ADAPTAR LA ROPA

Puede que todavía sea pronto para comprar ropa premamá, pero algunas prendas ya comienzan a quedar justas. Es el momento de optar por ropa amplia y holgada que se tenga por casa, utilizar pantalones de cintura elástica o bien correr el ojal de los que se usen normalmente.

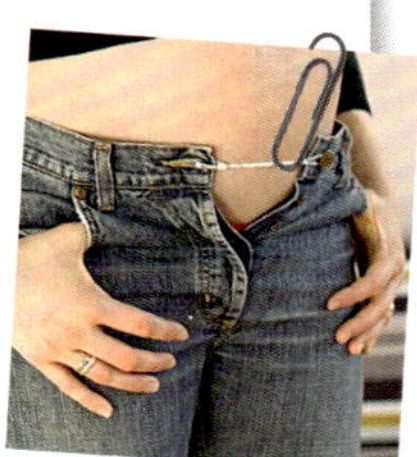

Esta técnica es totalmente segura para el feto, aunque no se trata de una prueba diagnóstica, sino estadística.

Si a raíz de los resultados, por aparecer en un porcentaje alto alguna de estas hormonas, se sospecha que pueda existir algún problema, el médico recomendará entonces practicar una amniocentesis, un examen más complejo, pero indispensable en este caso, para poder emitir un diagnóstico realmente eficaz y no probabilístico.

La amniocentesis también se emplea para el control de embarazos con isoinmunización (producción de anticuerpos maternos contra el feto), así como para evaluar el grado de madurez y bienestar fetal en el caso de una amniocentesis tardía, que se realiza de la semana 20 en adelante.

MEJORAS FÍSICAS

A medida que avanza el segundo trimestre, el cuerpo se va acostumbrando al bebé y a los cambios hormonales, por lo que las molestias de los primeros meses tienden a desaparecer progresivamente.

La amniocentesis consiste en extraer una pequeña cantidad (10-20 mililitros) del líquido en el que está inmerso el feto (líquido amniótico), que contiene células fetales. La extracción se efectúa a través de la pared abdominal, con una jeringuilla provista de una aguja especial. La aguja se introduce a la altura de la línea que va del pubis al ombligo, y atraviesa la pared abdominal materna y la uterina hasta llegar a la cavidad amniótica: de allí se extrae el líquido que se va a analizar.

Días 97-98

La amniocentesis es una técnica que permite diagnosticar la posible existencia de alteraciones cromosómicas, algunas enfermedades genéticas y malformaciones neurológicas en el feto durante los primeros meses de gestación.

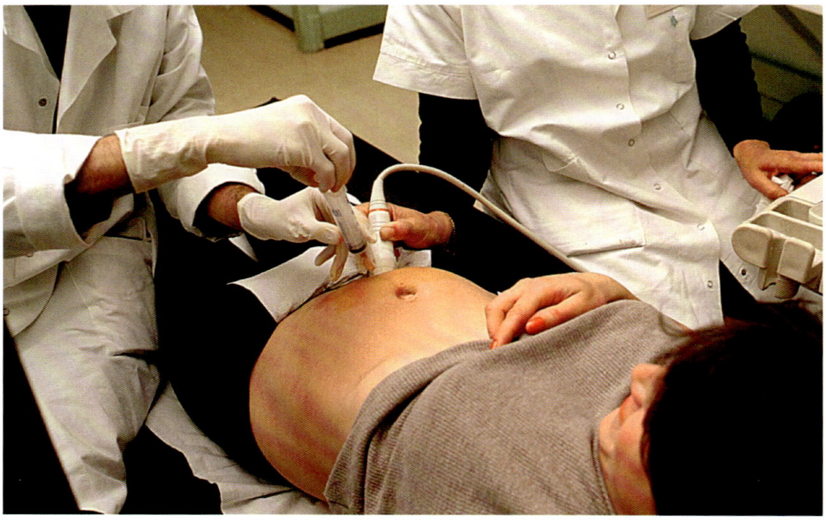

La amniocentesis precoz se realiza a partir de la semana 14 de gestación.

La prueba de la amniocentesis se realizó por primera vez en 1956, en Inglaterra. Aunque se ha ido constantemente actualizando, todavía resulta bastante compleja desde el punto de vista de las técnicas que se emplean para extraer la muestra y de los posteriores análisis de laboratorio.

Para no ocasionar daños en el momento de introducir la aguja, es necesario localizar con exactitud la posición del feto y de la placenta dentro de la cavidad uterina, para lo cual se recurre al empleo de ultrasonidos (ecografía).

La amniocentesis no requiere hospitalización y se realiza en ambulatorio, aunque la mujer ha de permanecer en observación una o dos horas después del examen.

Para evitar que, tras esta prueba, las mujeres Rh– puedan inmunizarse contra el factor Rh, se adopta siempre una profilaxis con gammaglobulinas; muchos médicos la recomiendan incluso en mujeres con Rh+, porque, aunque es más raro y menos grave, también es posible que desarrollen anticuerpos contra otros factores de la sangre.

ESMALTE DE UÑAS

No hay que pasarse los nueve meses de embarazo descuidando las uñas. Si te gusta utilizar esmaltes, puedes seguir haciéndolo sin ningún miedo; los productos de pedicura y manicura son totalmente seguros.

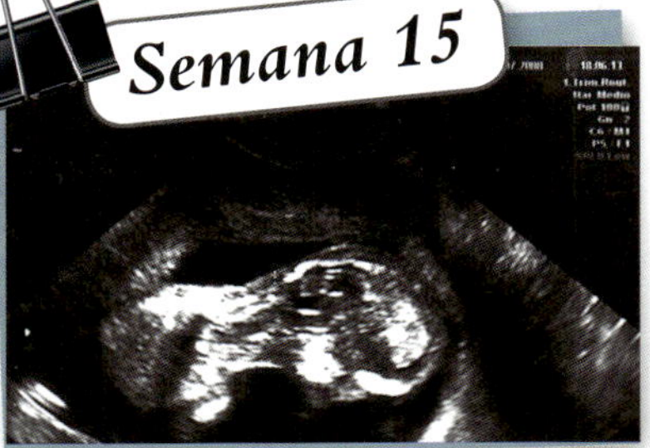

Días 99-100

En la semana 15, el feto mide entre 11,5-12 centímetros y pesa alrededor de 50 gramos. Las cejas están creciendo y tiene las orejas prácticamente ubicadas en su posición final, aunque ligeramente más bajas.

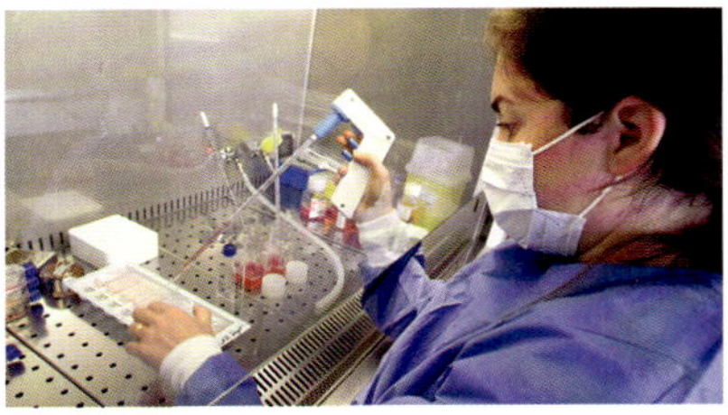

Gracias al análisis del líquido amniótico, es posible detectar también algunas enfermedades metabólicas hereditarias y defectos de estructuración del sistema nervioso del futuro bebé que se está gestando. Asimismo, la amniocentesis permite descubrir desórdenes genéticos por los cuales el niño podría carecer de ciertas enzimas indispensables para el normal funcionamiento de algunos órganos (el diagnóstico se basa en la búsqueda de productos metabólicos anormales en las células fetales).

Cuando uno de los dos miembros de la pareja tiene antecedentes familiares de enfermedades genéticas ligadas al cromosoma sexual X (por ejemplo, la hemofilia o la distrofia muscular, entre otras), la amniocentesis resulta muy útil porque permite conocer el sexo del feto.

En estos casos, si se trata de un varón, es posible que presente la enfermedad, mientras que, si es una niña, solo corre el riesgo de ser portadora. Cuando se da esta situación, no es posible saber si el feto está efectivamente enfermo; únicamente se establece la probabilidad del riesgo que existe vinculado al sexo.

CUÁNDO HACER LA AMNIOCENTESIS

La realización de este examen solo se prescribe en casos concretos:

- Parejas con antecedentes de enfermedades cromosómicas y genéticas.
- Mujeres que hayan tenido un hijo con una enfermedad metabólica, cromosómica o genética, o bien hayan sufrido abortos espontáneos.
- Mujeres mayores de 35 años; a partir de esta edad, aumenta el riesgo de tener hijos con síndrome de Down.
- Embarazos que dan positivo en el *triple screening*.
- Cuando en la ecografía surgen dudas que hacen sospechar anomalías cromosómicas.
- Ante la sospecha de una infección materna durante el embarazo, como la toxoplasmosis o la sífilis.

EL HUMO DEL TABACO

Durante el embarazo no solo es conveniente dejar de fumar, sino que hay que evitar la exposición al humo del tabaco ajeno. El humo inhalado interfiere con el suministro de oxígeno del bebé; por eso es recomendable no permanecer en lugares cerrados con humo. Si vives con algún fumador, habla con él para que respete tu estado; podéis llegar a un acuerdo que no perjudique el embarazo, como, por ejemplo, fumar en el balcón.

Días 101-102

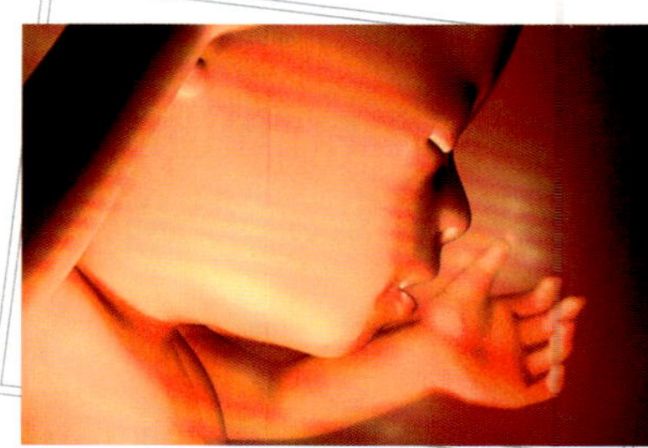

A estas alturas del embarazo, los párpados del feto están unidos, aunque ya es susceptible a la luz. Ejercita los músculos con sus movimientos dentro del líquido amniótico y, en las manos, las uñas se están formando rápidamente.

Otro de los análisis que pueden efectuarse en este segundo trimestre es la cordocentesis. Esta prueba permite extraer sangre fetal para efectuar un análisis o bien realizar una transfusión sanguínea al feto en caso de patologías graves. Se realiza mediante la introducción de una aguja en una vena o una arteria umbilical, como se puede apreciar en la ilustración adyacente.

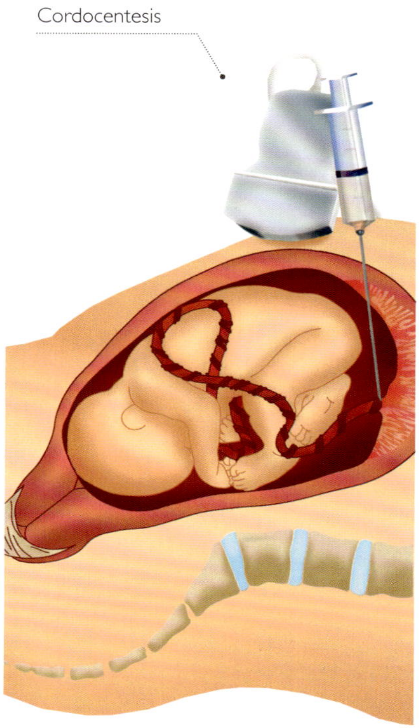

La metodología es muy similar a la de la amniocentesis: se introduce una aguja por vía transabdominal bajo el control de un ecógrafo de alta resolución. Este examen se puede realizar desde el primer trimestre y durante toda la gestación. Se trata de un método invasivo y con bastantes riesgos, al que se recurre solo en caso de severas patologías fetales.

La disponibilidad de sangre fetal permite descubrir y evaluar muchas enfermedades hemáticas y defectos congénitos del metabolismo. Además, es posible controlar los niveles de anemia fetal en los casos de incompatibilidad materno-fetal.

PERFIL ÁCIDO-BÁSICO

Otro análisis muy útil que se puede efectuar a la sangre extraída del cordón umbilical mediante la cordocentesis es el perfil ácido-básico; este será determinante para diagnosticar ciertos contagios en el feto.

TATUAJES EN EL EMBARAZO

Si estás pensando en hacerte un tatuaje a lo largo de estos nueve meses, es mejor desechar la idea. Además de existir cierto riesgo por la inyección de tinta en la piel, durante este periodo el cuerpo va a sufrir muchos cambios, lo que puede hacer que el dibujo se deforme y no vuelva a tener la misma apariencia después.

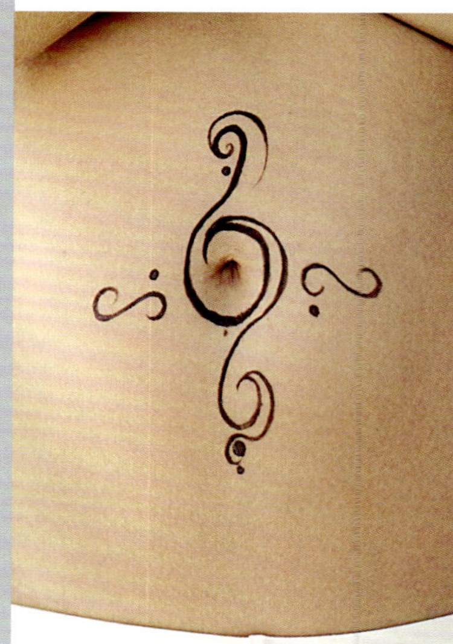

Días 103-104

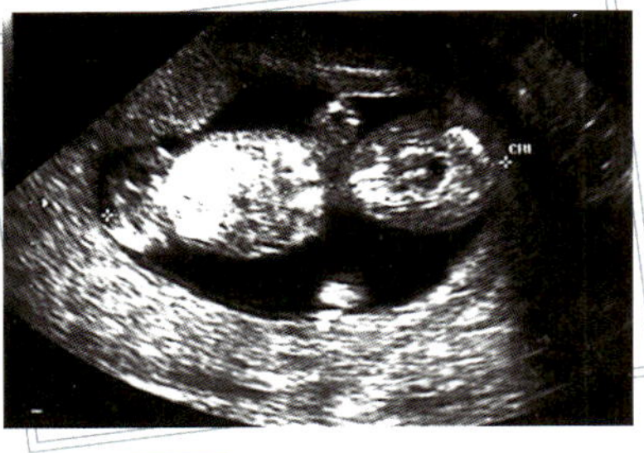

Aunque aún no ve, en este cuarto mes el feto es capaz de apreciar los estímulos luminosos intensos que atraviesan la pared uterina. Si acercas una fuente de luz al vientre, notarás cómo el feto se mueve y cambia de posición para evitar el reflejo.

CAÍDA DEL CABELLO

Durante el embarazo, puede ocurrir que el cabello se caiga más de lo habitual, o que aparezca vello o más cantidad en lugares que antes carecían de él. Estas alteraciones físicas se deben a los cambios hormonales de este periodo. De todas formas, hay que vigilar los niveles de hierro, ya que influyen mucho en los problemas del cabello.

Cuando existen dudas acerca del bienestar del feto, con la cordocentesis se puede emitir un diagnóstico seguro de sufrimiento fetal que permita decidir si se continúa con el embarazo o si es preferible optar por un parto prematuro, ya que proporciona información específica del medio intrauterino

Además, si la madre ha contraído la rubeola, la toxoplasmosis o alguna otra enfermedad infecciosa cuyos agentes son capaces de atravesar la placenta y perjudicar al bebé, este es el único método para saber con certeza si el feto se ha contagiado.

TIEMPO PARA LA PAREJA

En este periodo, lo normal es que el futuro bebé ocupe todos los pensamientos de la madre, pero es fundamental también reservar un espacio para la pareja; buscar momentos de intimidad, como anteriormente, permite mantener el vínculo de la pareja.

Días 105-106

El pecho es una de las partes del cuerpo que más va a cambiar a lo largo de estos nueve meses y, también, una vez se haya dado a luz. Con ciertas medidas y precauciones, este aumento de volumen molestará algo menos.

REENCUENTRO CON UNA MISMA

Durante el segundo trimestre, la fatiga y las emociones contrapuestas, características de los primeros meses, irán desapareciendo poco a poco. Además, en esta fase ya se empiezan a notar los movimientos del feto en el interior del cuerpo de la madre.

Lo normal es aumentar dos o tres tallas de sujetador, así que uno de los primeros pasos que hay que tener en cuenta es comprar nuevos sostenes que resulten cómodos, preferiblemente de algodón, ya que transpiran mejor.

Este es el momento de comenzar a usar cremas y lociones específicas para el pecho; es importante mantenerlo hidratado para evitar que salgan estrías y se pierda firmeza; eso sí, la constancia es la base principal para que dichas cremas resulten efectivas. También se pueden aplicar aceites naturales una vez al día, como el de rosa mosqueta.

{En las farmacias existe una gran variedad de cremas antiestrías especiales para el pecho.}

Para complementar la hidratación, es importante consumir mucha agua durante todo el embarazo, por lo menos un litro y medio diario.

Día 107

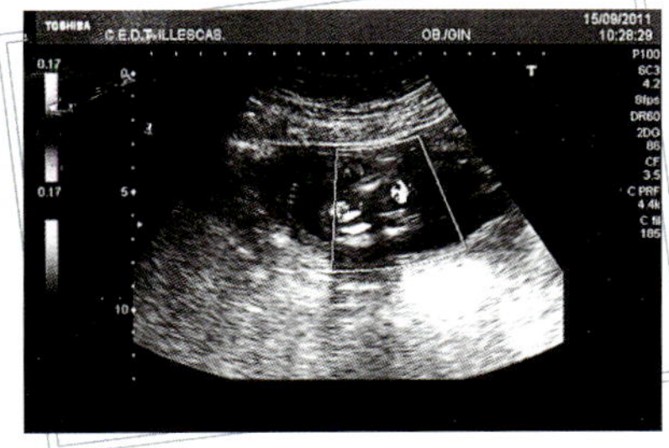

En la semana 16, el feto alcanza ya los 14-16 centímetros de longitud, efectúa los primeros actos de deglución y la madre comienza a percibir sus pequeños movimientos dentro del líquido amniótico.

La mielinización (el proceso por el cual los nervios se revisten de mielina, una especie de aislante) comienza a producirse en el feto durante esta semana; seguirá desarrollándose después del nacimiento, y se completará en los primeros años de vida. La piel ya está cubierta de un tipo de vello muy fino, el lanugo, y las uñas de los pies prácticamente han terminado su desarrollo.

En el intestino se empieza a producir el meconio, el primer excremento que expulsará el recién nacido.

Si el feto tiene sexo femenino, se completan el útero y la vagina; si es masculino, los testículos se desplazan desde el interior del abdomen hacia el saco escrotal, su emplazamiento definitivo.

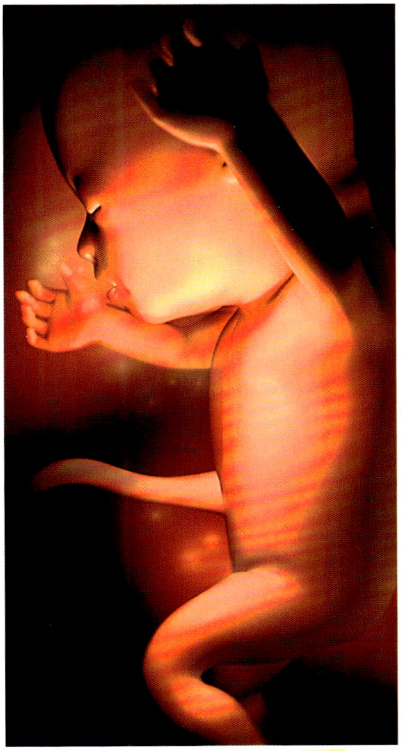

TRÍO DE ASES

- **Calcio (leche y derivados):** es fundamental para el desarrollo de los dientes y huesos del bebé.
- **Hierro (carne, pescado, huevo, legumbres):** permite la formación de los glóbulos rojos.
- **Ácidos grasos (omega 3):** ayudan a que el cerebro del bebé se desarrolle y funcione adecuadamente. Los frutos secos son un buen tentempié, porque tienen muchos de estos ácidos, sobre todo las avellanas, las nueces y las almendras.

APUNTA LAS DUDAS

A medida que pasan las semanas, surgen nuevas dudas y otras se olvidan, por lo que es una buena idea apuntarlas todas para poder planteárselas al ginecólogo o la matrona en la siguiente visita que se tenga que realizar. Nunca hay que avergonzarse de preguntar.

Días 108-109

No solo la madre va a sentir ciertas dudas y preocupaciones durante el embarazo. También el futuro padre tendrá sus temores; uno de los más habituales es el de sentirse desplazado por su pareja.

Aunque se comparta, el embarazo es un estado muy personal e íntimo para las mujeres, todo un privilegio. En ocasiones, la pareja puede sentirse fuera de lugar en este nuevo mundo al que se enfrenta. Ya no va a ser un equipo de dos, sino de tres, y no es raro que surjan temores ante la idea de verse desplazado por su compañera, así como por el desconocimiento de las nuevas responsabilidades que le esperan.

Por suerte, las 40 semanas que dura el embarazo son suficientes para resolver todas estas dudas y para que la pareja también se vaya acostumbrando a los cambios.

{ Aprovecha las revisiones con la matrona para preguntarle tus dudas o contarle tus miedos. }

Además, en cuanto el padre vea las ecografías y pueda sentir las primeras patadas y movimientos de su hijo en el vientre de su compañera, le será más fácil entregarse por completo al desarrollo del embarazo.

REFRESCOS E INFUSIONES

Las bebidas con gas no son muy recomendables; además de ser excitantes, aumentan la sensación de hinchazón y tienen gran cantidad de azúcar. Por ello, es preferible reducir su consumo lo máximo posible.

En cuanto a las infusiones naturales, aunque puedan parecer inocuas, hay que saber muy bien qué plantas se utilizan, ya que algunas están contraindicadas durante el embarazo.

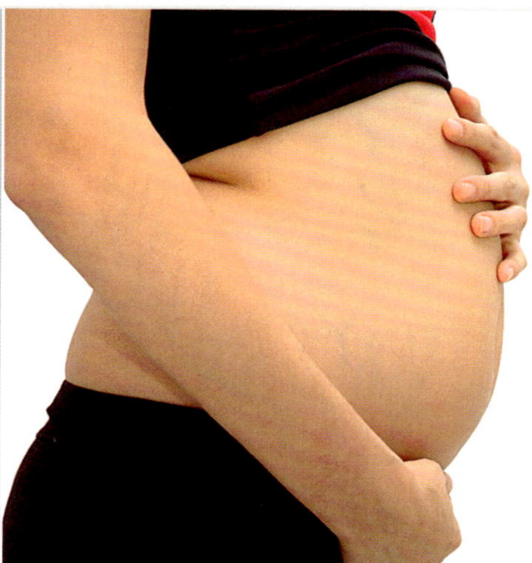

SILUETA DE EMBARAZADA

A estas alturas, en la semana 16, la cintura habrá desaparecido por completo de la silueta de la embarazada. Esto se debe a que el cuello del útero ha ido creciendo a lo largo de este tiempo hasta superar el hueso púbico.

Días 110-111

En el caso de no ser mamá primeriza, ha llegado el momento de comunicar al resto de los hijos que van a tener un hermanito. Probablemente, ellos ya habrán notado ciertos cambios en su madre, tanto corporales como en el estado de ánimo.

La posibilidad de que los hijos sientan celos ante la llegada del nuevo miembro de la familia, o se sientan como príncipes destronados, ronda siempre por la mente de las madres.

No hay que dar la noticia ni demasiado pronto ni demasiado tarde; ellos también tienen que ser partícipes de la evolución del embarazo, y es bueno hablarles de forma clara, sencilla y realista.

Si has de guardar reposo porque tu embarazo es de riesgo y tienes hijos pequeños, lo mejor es que alguien te ayude a cuidarlos, tanto por tu salud como por el bienestar de los pequeños, para que no se sientan solos. De todas formas, trata de reservar siempre un tiempo exclusivo para ellos; puedes hacer cosas como ver una película desde la cama, leerles un cuento o, simplemente, interesarte por ellos y sus actividades.

En los estados de reposo absoluto, es importante no describir a los niños ese estado obligado como «una enfermedad», sino más bien como algo necesario para que tengan un hermano sano con quien poder jugar.

GANAS DE LLORAR

La sensibilidad está a flor de piel en este periodo. Es muy normal que la embarazada rompa a llorar sin motivo aparente, tan solo por presenciar una acto emotivo o una imagen conmovedora. No hay que avergonzarse de ello.

CÓMO REACCIONAN LOS OTROS HIJOS

Con la noticia del embarazo, los demás hijos pasarán por tres etapas:

- **Protesta.** Intentar recuperar la atención de sus padres va a ser su principal misión.
- **Desesperación.** Como sus exigencias no tienen respuesta, pasarán por cierto estado de ansiedad.
- **Adaptación.** La rabia irá transformándose en resignación y, poco a poco, en ilusión y ganas de ver al hermanito.

Días 112

La gimnasia para embarazadas es una rutina de ejercicios específicamente adaptados al periodo de gestación. Su objetivo es ayudar al cuerpo a moldearse según va desarrollándose el futuro bebé.

Aunque en muchos centros imparten este tipo de gimnasia, también se puede optar por otras prácticas, como el yoga, que está considerado una de las mejores terapias durante el embarazo; el yoga se desarrolla a través de movimientos suaves, coordinados con la respiración, que movilizan muchos grupos musculares y oxigenan el cuerpo de la madre.

La natación es otro de los deportes más completos que hay; al estar flotando, tonifica la musculatura sin forzarla. El aeróbic acuático, o *aquagym,* es otra modalidad de ejercicio dirigido en piscina que, actualmente, se demanda mucho por sus beneficios para la salud.

De todos modos, si no se dispone de tiempo para acudir a un gimnasio, caminar siempre es una buena y saludable opción.

Durante el embarazo, es recomendable caminar, por lo menos, una hora diaria.

UN POCO DE MÚSICA

Muchos investigadores opinan que escuchar música relajante es bueno para el feto. No existen evidencias científicas a este respecto pero, desde luego, todas aquellas canciones que relajen a la madre o la alegren repercutirán favorablemente en lo que ocurre en su interior.

DESCAFEINADO, POR FAVOR

Los excitantes, en general, y la cafeína, en particular, atraviesan la placenta y llegan al feto, razón por la cual es aconsejable reducir el consumo de este tipo de bebidas y tomar, preferiblemente, café descafeinado.

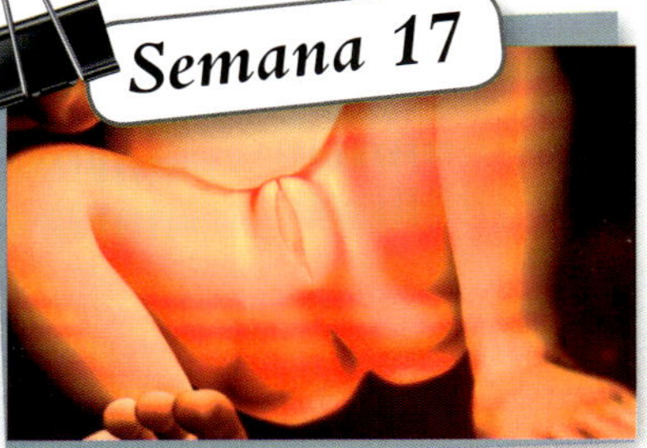

Semana 17

Días 113-114

Mediante una ecografía en la semana 17, si el feto no está ni de espaldas ni encogido dentro del útero, ya se podría saber el sexo del bebé. Los latidos ya son claramente perceptibles. Se agarra los pies y el cordón umbilical, como acto reflejo, y arruga el ceño.

Entre las semanas 16 y 17 es el momento idóneo para realizar el análisis de la alfafetoproteína plasmática, una sustancia producida normalmente por el feto y que se encuentra tanto en el líquido amniótico como en la sangre materna.

La presencia de alfafetoproteína plasmática en la sangre aumenta significativamente en algunos casos de malformación del sistema nervioso fetal.

Otro análisis que se puede realizar a lo largo de estas semanas es el del control de las transaminasas, gracias al cual se obtienen indicaciones sobre el funcionamiento del hígado de la madre; el hígado es un órgano que no sufre alteraciones especiales durante la gestación, pero su función es tan importante que hasta el más mínimo desequilibrio puede tener consecuencias a nivel general.

El feto ya alcanza los 130 gramos; por eso la tripa es cada vez mayor.

En otro orden de cosas, la tripa suele ser evidente a partir del cuarto mes. A pesar de la creencia popular, el tamaño y la forma del vientre no tienen relación con el sexo del bebé; el vientre variará en función de la constitución de la madre o de la postura del feto en el útero.

Al igual que el pecho, también hay que cuidar el abdomen para que no se formen estrías en la piel y utilizar una buena crema hidratante.

Al principio, puede que la mujer se sienta extraña con el aumento de la tripa pero, poco a poco, se irá viendo cada vez más guapa y atractiva con su nueva silueta.

En las mujeres con lordosis lumbar, la tripa puede sobresalir más y parecer más grande.

CRECIMIENTO DEL ÚTERO

A partir de la semana 12, el crecimiento del útero es tal que hace que se salga de la pelvis menor y se pueda apreciar al palpar el abdomen de la mujer. Continúa expandiéndose y elevándose a una velocidad aproximada de un centímetro a la semana; esto permite establecer con bastante aproximación la fase de gestación: con un metro, se mide la distancia entre la sínfisis púbica y el fondo del útero; al número obtenido se le restan dos, y el resultado es el número de semanas de gestación.

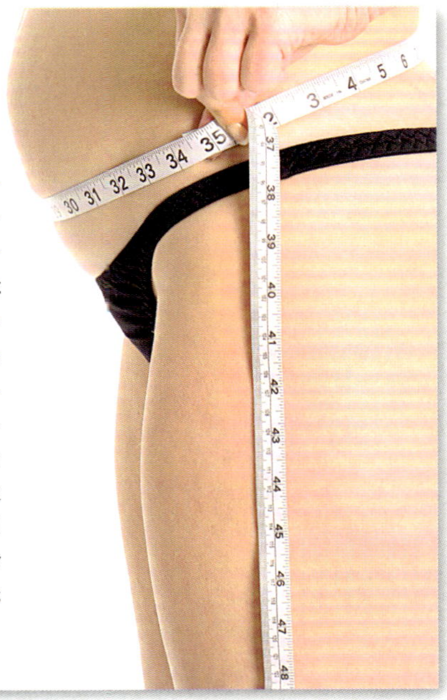

Días 115-116

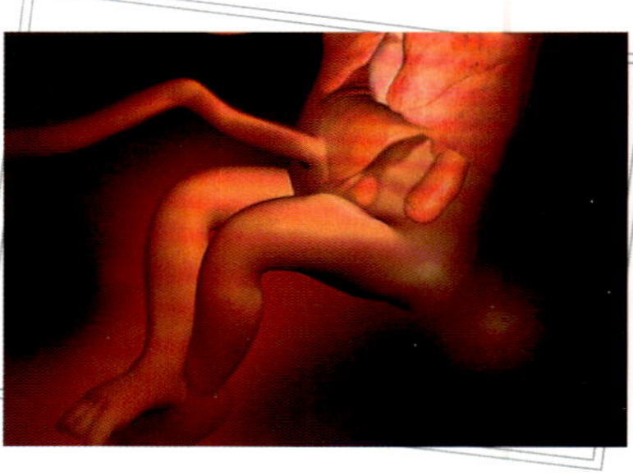

El feto, que tiene el cuerpo completamente cubierto de lanugo, posee ya unas piernas mucho más largas que los brazos, con lo que presenta mayor proporcionalidad. Los labios se han separado de las encías, así que adquieren movilidad.

El aumento de la tripa puede ocasionar pequeñas molestias al dormir, que se irán haciendo más evidentes a medida que cambia el cuerpo. Encontrar una postura cómoda para conciliar el sueño empieza a ser una complicación.

Durante el segundo trimestre no es aconsejable dormir boca arriba; al aumentar de tamaño y peso, la tripa ejerce una presión sobre el cuerpo que puede comprimir la circulación y afectar tanto a la madre como al feto, causando mareos o falta de riego en algunas ocasiones. En esta etapa, la mejor opción es dormir de lado, preferiblemente sobre el costado izquierdo, y con un cojín entre las piernas, pues esta postura amortigua la presión y facilita el riego sanguíneo.

El crecimiento del útero también puede provocar pinchazos en el abdomen, debido al estiramiento que se produce en los ligamentos internos. Asimismo, los cambios hormonales pueden producir picores en la zona.

ALIVIAR LAS NÁUSEAS

Las mañanas que se sientan náuseas, conviene tomar una buena fuente de hidratos de carbono (como pan o galletas) en la cama directamente; una pieza de fruta o lácteos completarán el desayuno, mientras que el líquido se dejará para cuando se hayan pasado.

OCIO NOCTURNO

No hay por qué renunciar al ocio nocturno y las relaciones sociales; incluso se puede bailar, con moderación y sin llegar a cansarse. De lo que sí hay que despedirse, por supuesto, es del alcohol, ya que pasa en grandes dosis al feto y, después, a la leche materna.

Días 117-118

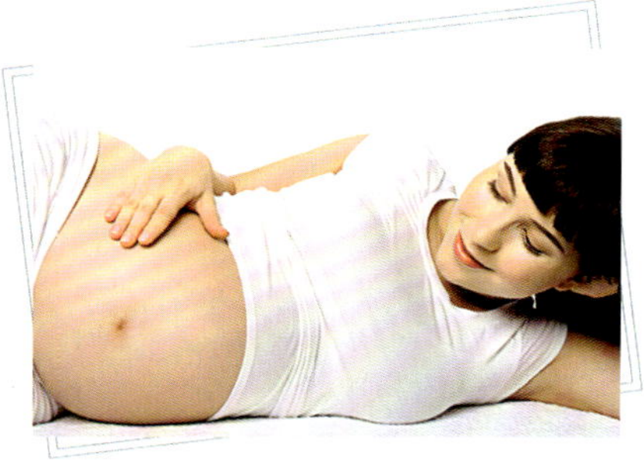

Durante los nueve meses de gestación, a la vez que se forma, el feto también se informa, pues capta los sentimientos y las ideas que ocupan el corazón y la mente de la madre. Su subconsciente, su memoria celular, se impregna de ella.

TATUAJES Y EPIDURAL

Muchas mujeres desconocen que los tatuajes realizados en la zona lumbar pueden tener consecuencias a la hora del parto: impiden que se pueda utilizar la anestesia epidural, por el peligro de que entre tinta en el cuerpo.

El vínculo que se establece entre madre e hijo es único. El cordón umbilical no solo transmite el alimento de la madre al feto, sino que también, a través de la placenta, le llegan hormonas y sensaciones. Por ello, la salud emocional de la madre va a repercutir en el bienestar del feto.

Si, por ejemplo, estás estresada, aumentarán tus niveles de cortisol, un cambio químico perceptible para el bebé. Igualmente, una subida de endorfinas, relacionada con estados de alegría en la madre, influirá en el feto. Así, los pensamientos positivos y de felicidad llegarán hasta el pequeño, del mismo modo que lo hacen los pensamientos y sentimientos negativos.

Lo mismo sucede cuando la madre se relaja y está tranquila; todas estas sensaciones tienen su espejo dentro del útero.

El bienestar de la madre se reflejará en una transmisión, a través de la placenta, de endorfinas y encefalinas. Estas sustancias generan un estado agradable en el feto, la misma sensación de satisfacción y tranquilidad que siente la madre.

{Los receptores de las sustancias de la felicidad maduran pronto en el cerebro del feto.}

Días 119-120

Físicamente, no solo se nota que todo aumenta de volumen. También en esta fase la piel se muestra resplandeciente y luminosa; de ahí esa belleza que transmiten las mujeres embarazadas.

La retención de líquidos provoca, en esta ocasión, que la piel esté muy hidratada y se torne más suave. Además, el ensanchamiento que sufren algunas embarazadas hace que la piel se estire y quede mucho mas tersa y luminosa.

Sin embargo, frente a esta belleza que irradian muchas embarazadas, también pueden aparecer algunas manchas rojizas en la cara o en los brazos de forma aislada, e incluso producirse cambios de pigmentación en zonas localizadas.

> **El cuerpo puede rechazar alimentos que antes gustaban, como el café o las frituras.**

Igualmente, en esta etapa es normal que, debido a todos los cambios físicos que se producen y a la mayor comunicación que empieza a establecerse con el bebé, muchas mujeres acaricien constantemente su vientre, la mayoría de las veces de forma no consciente. Este acto reflejo es una manifestación natural de protección hacia la vida que está creciendo en el interior.

Es normal que, en este momento, muchos alimentos que antes gustaban pasen a ser aborrecidos; algunos, incluso simplemente por su olor. De la misma forma, también es posible que aparezca una apetencia desmesurada por ciertos alimentos; son los famosos «antojos».

SIN PASARSE DE PESO

En este segundo trimestre, las calorías que se consumen al día aumentan progresivamente para cumplir con las necesidades alimenticias del feto: alrededor de 400 calorías más de lo normal. Esto no implica que el menú deje de ser equilibrado, con sus raciones de carbohidratos, frutas, verduras, proteínas y lácteos.

LISTERIOSIS

Es una infección poco frecuente que se trasmite a través de alimentos contaminados por la bacteria *Listeria monocytogenes*. Puede estar presente en productos poco tratados, como lácteos no pasteurizados, carne poco cocinada, verduras crudas, embutidos y quesos poco curados. En las embarazadas es una enfermedad muy peligrosa.

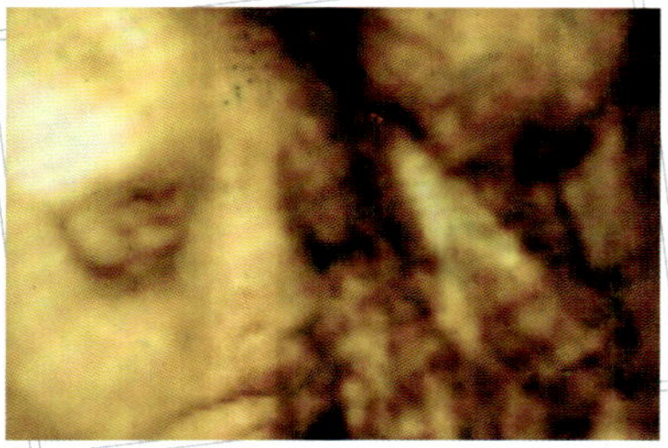

Días 121-122

En la semana 18 de la gestación, los ojos y las orejas del feto ya están colocados en su lugar definitivo y son perfectamente reconocibles en las ecografías, como el resto de rasgos faciales, que cada vez están más marcados.

Con esta semana de la gestación llega el momento más oportuno para realizar viajes; el riesgo de abortos espontáneos ha desaparecido y la tripa no sobresale todavía mucho ni resulta excesivamente incómoda.

En el equipaje no hay que olvidar incluir ropa y zapatos cómodos, así como una botella de agua que se pueda llevar dentro del bolso para poder beber cuando se precise. Por supuesto, no hay que cargar con las maletas, ya que la espalda está muy delicada y soporta cada semana de embarazo un peso mayor.

Como el mareo es uno de los síntomas habituales del embarazo, durante los viajes puede hacerse más pronunciado; no obstante, antes de tomar pastillas o chicles para evitarlo, es mejor consultar al médico.

Aunque el viaje sea corto, para prevenir sorpresas es mejor llevar consigo el historial del embarazo por si hubiera imprevistos.

LÍNEA EN EL ABDOMEN

A la mayoría de las embarazadas les aparece en mitad del vientre una línea vertical oscura, la llamada «línea negra». Esto se debe a un cambio en la pigmentación de la piel como consecuencia del aumento en la cantidad de estrógenos y melanina. Los pezones también se vuelven más oscuros, así como la parte externa de los genitales.

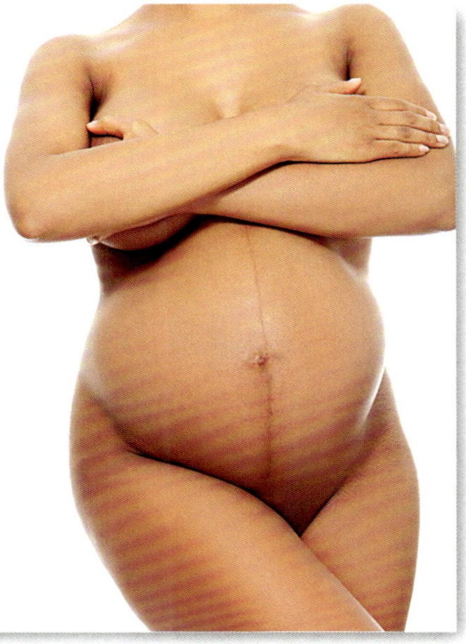

POSIBLE DEPRESIÓN

Cerca del 10% de las embarazadas experimentan depresión durante el embarazo; no es raro que, repentinamente, se alternen momentos de felicidad con otros de tristeza o enfado. Es importante saber sobrellevar estos cambios emocionales de la manera más natural posible pero, si se prolonga esta sensación durante mucho tiempo, es conveniente consultarlo directamente con el médico.

Días 123-124

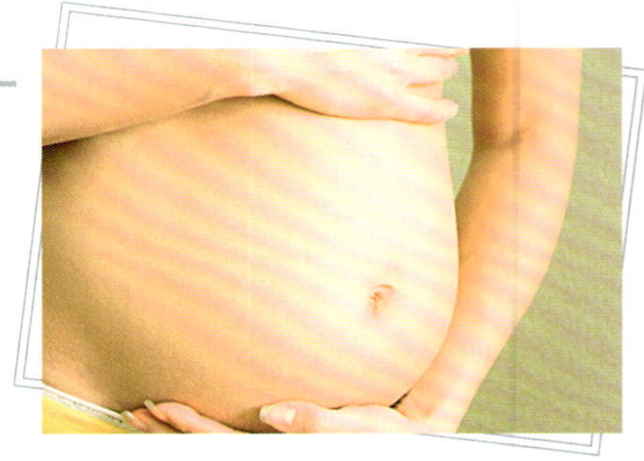

El estreñimiento es uno de los síntomas más habituales del embarazo, ya que los movimientos intestinales se vuelven más lentos. Para solucionarlo, es preciso recurrir a una alimentación y un estilo de vida adecuados.

El estreñimiento se produce como consecuencia de la presión que ejerce el útero gestante sobre el intestino, y está relacionado con la reducción de la movilidad intestinal que se origina por la relajación de la musculatura que inducen la progesterona y los cambios hormonales.

En caso de estreñimiento agudo, hay que recurrir al médico, nunca usar laxantes.

Por ello, resulta más que recomendable incluir en la dieta una mayor cantidad de alimentos que aporten fibra (verdura, alimentos integrales), así como hacer ejercicio físico, sobre todo caminar con regularidad.

Existiendo remedios alternativos tan naturales y sencillos como estos, no es conveniente tratar de solucionar el estreñimiento por medio de laxantes; estos, además de irritar la pared intestinal, pueden generar dependencia si se utilizan en exceso.

PLATOS CON SABOR

No es necesario eliminar por completo la sal en las comidas, pero sí moderar su uso para evitar una mayor retención de líquidos y el aumento de la tensión arterial. Además, hay que prestar especial atención a los platos precocinados, aperitivos y alimentos enlatados, pues suelen tener altas cantidades de sal. En su lugar, los platos pueden condimentarse con hierbas aromáticas, como la pimienta, el ajo y la cebolla frescos, o el ajo en polvo. El zumo de limón también puede ser un buen aliado a la hora de aderezar, por ejemplo, ensaladas o pescados.

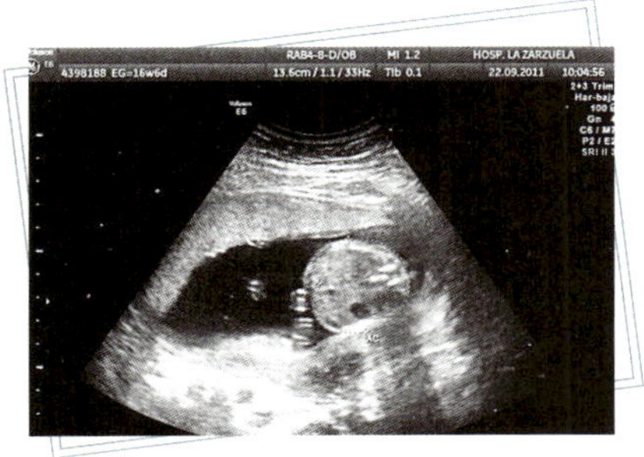

Días 125-126

En el quinto mes de embarazo, el sistema nervioso del feto es cada vez más complejo. Tiene millones de neuronas, pero todavía necesita llenarlas de información y conectar entre sí esta compleja estructura.

Este es un buen momento para plantearte todo lo referente a tu vida laboral. ¿Hasta cuándo seguirás trabajando? ¿Reducirás la jornada cuando te reincorpores? ¿Compartirás la baja con el padre? Puedes ir informándote de tus derechos.

La legislación española tiene una serie de medidas protectoras de la maternidad, como son la suspensión del contrato de trabajo por parto o por riesgo durante el embarazo, las reducciones de jornada, excedencias, etc.

El contrato de trabajo puede suspenderse en tres supuestos: maternidad, riesgo durante el embarazo y adopción o acogimiento, preadoptivo o permanente, de menores de seis años.

La consecuencia de dicha suspensión es la exoneración de las obligaciones laborales de la madre y, en su caso, del padre, y de la obligación de remunerar dicho trabajo por parte del empresario (sin perjuicio de que este siga cotizando la parte que le corresponde); esto es, se produce una interrupción temporal de los efectos del contrato.

Se trata de una situación protegida por la Seguridad Social, que abonará el 100% de la base reguladora.

LEGISLACIÓN

Los tres pilares normativos sobre los que se basan las medidas que amparan a la mujer embarazada son el Real Decreto Legislativo 1/1995, de 24 de marzo, que aprueba el Texto Refundido de la Ley del Estatuto de los Trabajadores; la Ley 31/1995, de 8 de noviembre, de Prevención de Riesgos Laborales; y el Real Decreto Legislativo 1/1994 de 20 de junio, que aprueba el texto refundido de la Ley General de la Seguridad Social. Estas tres leyes fueron modificadas por la Ley 39/1999, de 5 de noviembre, de Conciliación de la vida familiar y laboral.

Días 127-128

Los movimientos del feto, que se denominan «aceleración», se sienten de manera leve; aun así, ya puede notarse su actividad perfectamente. Habrá intervalos de quietud seguidos de otros de mayor vigor; es una señal de que se acaba de despertar.

En el supuesto de maternidad, dentro del ámbito laboral, la suspensión del contrato tiene una duración de 16 semanas, que se disfrutarán de forma ininterrumpida; en el caso de parto múltiple, dicho periodo es ampliable en dos semanas más por cada hijo a partir del segundo.

AUMENTO DEL ACNÉ

A lo largo de estos meses, es posible que se produzca un aumento de acné; las glándulas sebáceas de la piel incrementan su producción, por lo que no es raro que aparezcan algunos granitos incluso en mujeres que no suelan tener.

El periodo de suspensión se distribuirá a discreción de la madre, siempre y cuando ella disfrute las seis semanas inmediatamente posteriores al parto; estas semanas son de descanso obligatorio para la madre.

En el caso de que ambos progenitores trabajen, al iniciarse el periodo de suspensión por maternidad, la madre puede optar por que sea el padre quien disfrute de una parte determinada e ininterrumpida de este, salvo que la incorporación al trabajo de ella suponga un riesgo para su salud o la del bebé.

La Ley de Conciliación reforzó los derechos de los padres en el ámbito laboral.

Días 129-130

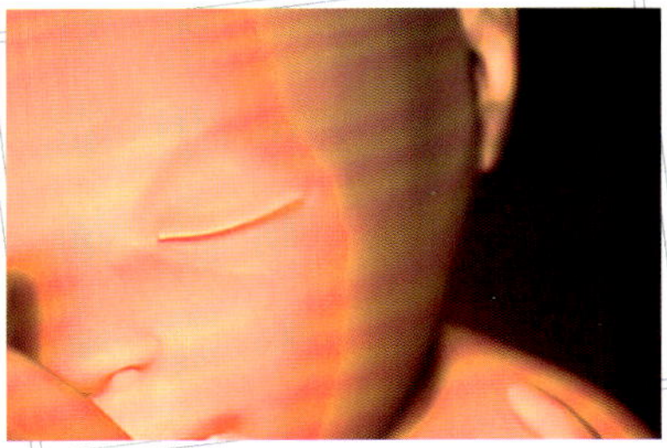

En la semana 19, el feto mide ya cerca de 17 centímetros, pesa alrededor de 240 gramos y es capaz de percibir los sonidos del exterior. Es un buen momento para ponerle música tranquila y hablarle con voz cariñosa.

El medio uterino es un mundo lleno de ruidos. Las grabaciones demuestran que en él hay constantemente un sonido muy fuerte y rítmico, como un silbido: el latido del corazón materno. A él se suman los ruidos intestinales de la madre, los causados por el aire que pasa por las vísceras, las resonancias óseas, etc.

El feto tiene sus extremidades formadas, y llegarán las primeras «pataditas».

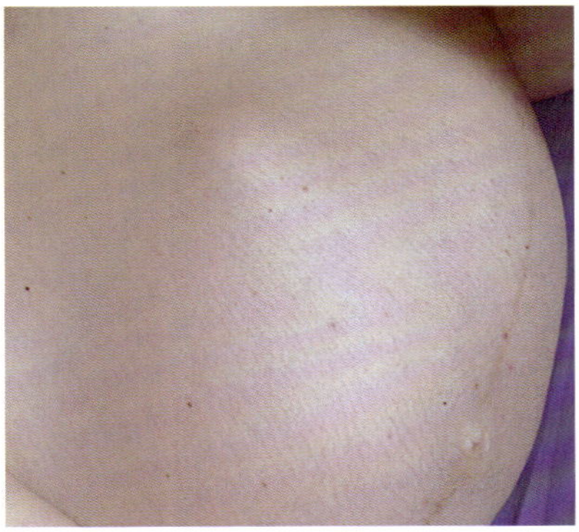

Aunque el aparato auditivo del feto se completa en torno a la semana 24, algunas pruebas realizadas demuestran la capacidad de audición del feto en la semana 16. No obstante, los ruidos internos dificultan la penetración de sonidos procedentes del exterior, cuya intensidad disminuye también por la presencia del líquido amniótico. Por tanto, el oído del feto solo puede distinguir ruidos o sonidos particulares.

El feto ya tiene desarrolladas las cuerdas vocales (está preparado para llorar) y es capaz de escuchar los latidos del corazón de su madre. En esta etapa, también comenzará a notarse como se mueve dentro del útero y golpea la pared con algunos de los movimientos que realiza.

SUSPENSIÓN LABORAL POR PARTO PREMATURO

En los casos de parto prematuro y en aquellos en los que, por cualquier otra causa, el recién nacido deba permanecer hospitalizado tras el parto, el periodo de suspensión en el trabajo tiene un cómputo diferente. Si la madre quiere, este comenzará a contar a partir del alta hospitalaria (aunque se excluyen de dicho cómputo las seis semanas posteriores al parto, que son obligatorias).

Día 131

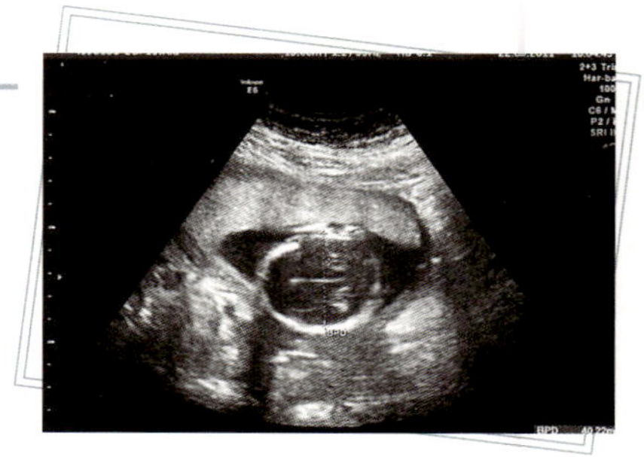

A estas alturas, el cerebro del feto trabaja sin descanso y destina espacios para cada uno de los cinco sentidos: tiene plena conciencia de lo que sucede a su alrededor gracias a sus terminaciones nerviosas.

YODO

Es un elemento muy importante durante el embarazo, ya que se necesita para que los órganos del feto, sobre todo el cerebro, se desarrollen adecuadamente. El pescado es una buena fuente de yodo.

Algunos especialistas afirman que los fetos pueden diferenciar incluso la voz de su madre del resto de los sonidos, y que oír esta tonalidad les produce bienestar.

También es importante que el padre se involucre en este proceso de comunicación con el feto; es una excelente forma de estrechar lazos y no sentirse desplazado ante la fuerte conexión que existe, de manera natural, entre la madre y el bebé.

Acostumbrar al feto que está creciendo en el interior al tono de voz de sus progenitores servirá de bálsamo en un futuro, cuando tenga momentos de llantos inexplicables o pretendamos calmarle cuando esté inquieto, pues la voz le resultará familiar. Una buena rutina es acostumbrarse a leer cuentos en voz alta o cantarle nanas.

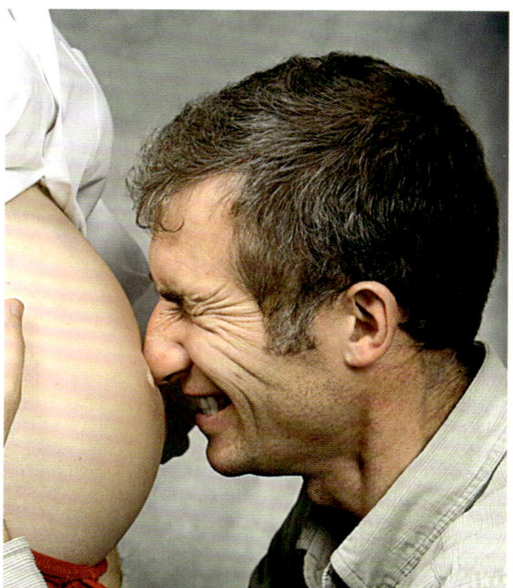

SUSPENSIÓN DE RIESGO

El empresario debe realizar una evaluación de los riesgos para la seguridad y salud de las trabajadoras y determinar si es necesaria una suspensión de riesgo durante el embarazo. Con esta evaluación se determina la naturaleza, el grado y la duración de la exposición a agentes, procedimientos o condiciones que puedan influir negativamente en la salud de la madre o en la del feto.
En el caso de que existan riesgos, se deben adoptar las medidas necesarias y adaptar las condiciones o la jornada de trabajo. Si dicha adaptación no es posible, la trabajadora desempeñará un puesto o función diferente y compatible con su estado; y, si esto no fuera factible, podrá declararse la suspensión del contrato por riesgo durante el embarazo durante el periodo que se considere necesario.

Día 132

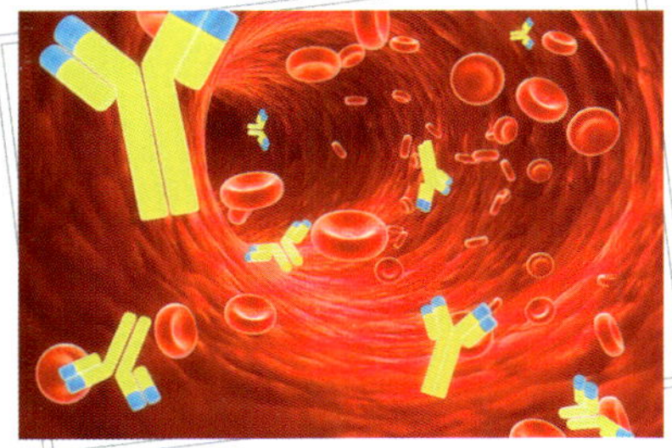

Un rudimentario sistema inmunológico (a la izquierda) está preparando al feto para defenderse ante determinadas infecciones; así, va completándose el desarrollo de su pequeño organismo poco a poco.

Además de las suspensiones de trabajo que ampara la ley, existen distintos supuestos a los que también se puede acoger una persona en cuanto a las modificaciones de su jornada laboral.

• Las madres trabajadoras, por lactancia de un hijo menor de nueve meses, tienen derecho a una hora de ausencia del trabajo que podrán dividir en dos fracciones. También se puede sustituir por una reducción de jornada en media hora.

• En el caso de nacimiento de hijos prematuros o que deban permanecer hospitalizados a continuación del parto, la madre o el padre tendrán derecho a ausentarse del trabajo durante una hora al día, periodo que debe remunerarse. Tienen también derecho a reducir su jornada hasta un máximo de dos horas, en este caso, con una disminución proporcional del salario.

• Quien tenga a su cuidado directo algún menor de seis años o un minusválido físico o sensorial, que no desempeñe una actividad retribuida, tiene derecho a una reducción de la jornada de, como mínimo, un tercio y, como máximo, la mitad, con una disminución proporcional del salario.

• Las trabajadoras embarazadas pueden ausentarse del trabajo, con derecho a remuneración, para la realización de exámenes prenatales y técnicas de preparación al parto, avisando previamente al empresario y justificando la necesidad de hacerlo durante la jornada laboral.

¿NUEVO CALZADO?

Las retención de líquido es la causa por la que los pies y los tobillos de las embarazadas sufren hinchazones. En algunos casos, puede llegar a ser necesario usar una talla mayor de calzado para evitar molestias.

Puesto que la salud es lo primero, conviene utilizar calzado cómodo, que no comprima el pie pero lo sujete bien, así como olvidar durante una temporada los tacones de aguja, que no solo hacen sufrir a la planta del pie, sino también a la espalda.

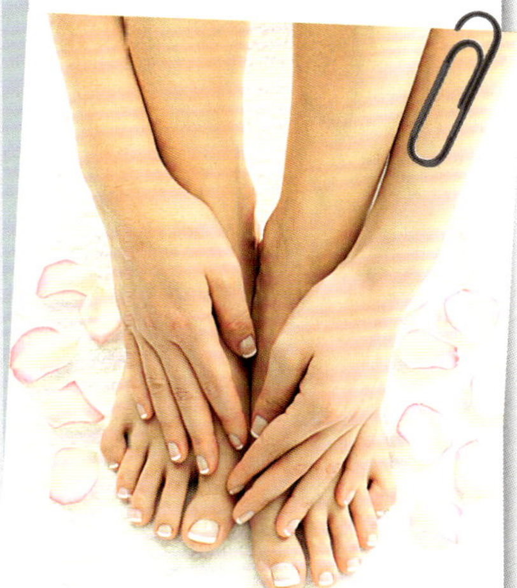

Día 133

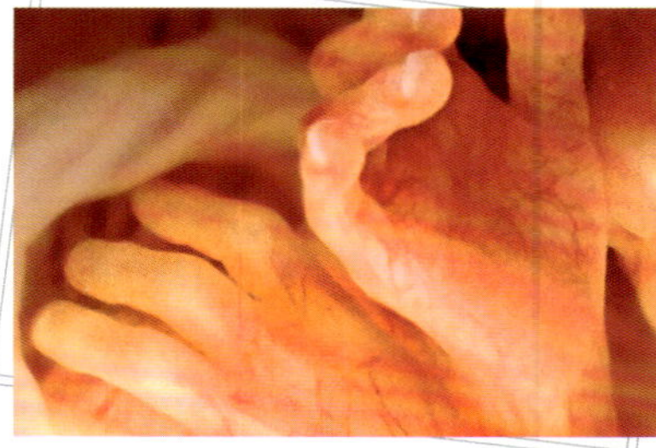

El feto tiene más de 200 huesos diminutos que se desarrollan y fortalecen cada día. Sus articulaciones se flexionan y sus extremidades se mueven mejor, lo que le facilita realizar movimientos dentro del líquido amniótico.

Si una mujer es despedida por acogerse a sus derechos de maternidad, el despido será considerado nulo, y el empresario deberá volver a admitirla inmediatamente con abono de los salarios que haya dejado de percibir.

El artículo 55.5 del Estatuto de los Trabajadores establece que el despido será nulo cuando tenga por causa alguno de los siguientes motivos:

• El disfrute del periodo de suspensión del contrato de trabajo por maternidad, riesgo durante el embarazo, riesgo durante la lactancia natural, enfermedades causadas por embarazo, parto o lactancia natural, o adopción o acogimiento, ya sea por parte de la madre o del padre.

• El propio embarazo, desde su inicio hasta el comienzo del periodo de suspensión.

• El disfrute de los permisos y reducciones de jornada referidos al periodo de lactancia y al cuidado de los hijos.

• La solicitud de un periodo de excedencia o su disfrute, siempre que esté basado en la atención y cuidado de un hijo.

CURSOS DE PREPARACIÓN AL PARTO

Ya es un buen momento para comenzar a informarse de los cursos de preparación al parto que ofrece el centro sanitario al que se acude. Normalmente, estas sesiones no comienzan hasta la semana 30 de embarazo, pero es bueno ir informándose; también se puede acudir a clases especializadas para embarazadas por cuenta propia.

• Y, por último, el despido de cualquier trabajador después de haberse reincorporado al trabajo una vez finalizados los periodos de suspensión del contrato por maternidad, adopción o acogimiento, o paternidad, siempre y cuando no hubieran transcurrido más de nueve meses desde la fecha que dio origen a la protección, esto es, el nacimiento, adopción o acogimiento del hijo.

Semana 20

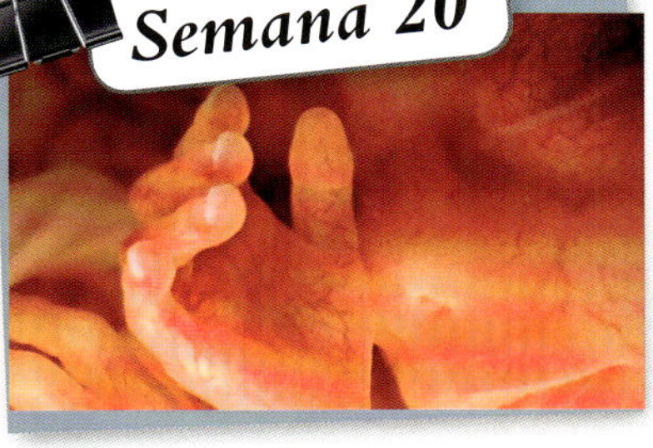

Día 134

En el feto, los músculos que regulan los movimientos oculares y el sistema visual se desarrollan muy pronto. Aunque los párpados permanecen cerrados hasta la semana 26, el feto muestra sensibilidad a la luz mucho antes.

Esta sensibilidad visual antes de la semana 26, cuando los párpados todavía permanecen cerrados, se ha confirmado tras comprobar que una luz de cierta intensidad, colocada junto al abdomen de la madre, provoca la aceleración del ritmo cardiaco del feto.

TREN

A la hora de viajar, el tren es uno de los medios de transporte más cómodos y seguros que hay; permite levantarse y pasear en cualquier momento, y sus asientos son muy cómodos. Además, para trayectos largos, es mucho más seguro que el coche.

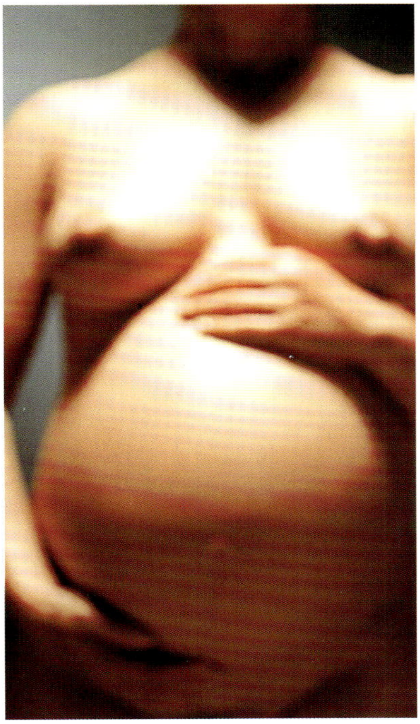

En cambio, la capacidad para enfocar imágenes, con control horizontal y vertical, aparece en torno a las semanas 31-32 y aumenta enormemente con la experiencia, acercándose con rapidez a las capacidades manifestadas por un niño nacido de una gestación completa; el recién nacido tiene la capacidad de enfocar objetos a una distancia media de 30 centímetros.

Por lo que se refiere a la «calidad» de la experiencia, hacia el final del embarazo, el útero y las paredes del vientre materno se tensan hasta tal punto que dejan penetrar un poco de luz cuando el vientre está desnudo. El tono de esta luz es rojizo; por tanto, el feto percibe a su alrededor una alternancia de oscuridad y luz rojiza o rosada.

REDUCIR LA ANSIEDAD

Realizar ejercicio contribuye a reducir la ansiedad relacionada con el embarazo, del mismo modo que llevar una alimentación equilibrada. Las calorías deben provenir de alimentos frescos y nutritivos, no de tentempiés azucarados o productos industriales. Para los ataques de hambre entre horas, se debe evitar la bollería y optar por la fruta.

Días 135-136

Muchas mujeres no se dan cuentan de los pequeños detalles de decoración y limpieza que realizan a partir de este momento. Es el llamado «instinto de preparación del nido» que desarrollan las mujeres gestantes.

Organizar espacios y, en general, preparar el ambiente que rodeará al futuro bebé constituyen uno de esos estados alterados en los que caen las embarazadas.

Este síndrome del nido obedece a la necesidad de la madre de tenerlo todo preparado para la llegada del bebé, y está acompañado de un aumento en la actividad física que, de alguna manera, prepara el cuerpo de la mujer para que, llegado el momento del parto, el organismo esté en forma y dispuesto.

{ No te abrumes por los cambios que se avecinan; cuentas con seis meses por delante. }

También es una forma de sentir seguridad y tranquilidad, pues estos son aspectos fáciles de controlar, en comparación con la serie de cambios que se avecinan.

EXCEDENCIAS

Todos los trabajadores y trabajadoras tienen derecho a un periodo de excedencia no superior a tres años para el cuidado de los hijos, a contar desde la fecha de nacimiento o de la resolución, en caso de ser adoptados. Los hijos sucesivos, naturales o adoptados, darán lugar a un nuevo periodo de excedencia que pondrá fin, en su caso, al anterior.

Todo el periodo que el trabajador o trabajadora permanezca en excedencia computará a efectos de antigüedad. Durante el primer año de cada periodo de excedencia se tiene derecho a la reserva del puesto de trabajo; sin embargo, transcurrido dicho plazo, la reserva queda únicamente referida a un puesto de trabajo del mismo grupo profesional o de categoría equivalente.

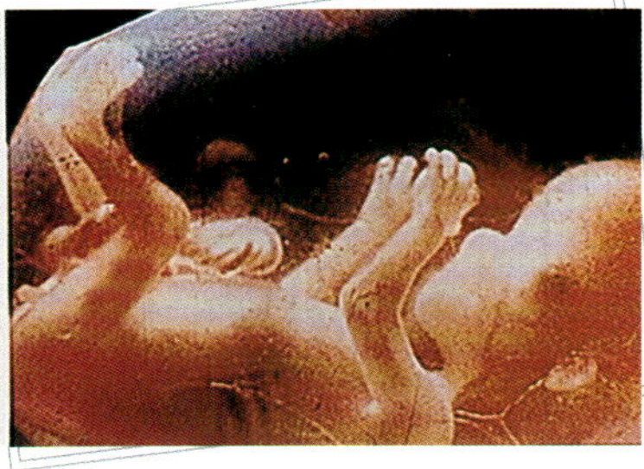

Día 137

Entrada la semana 20, se cruza la mitad de esta gran aventura que es el embarazo. A partir de ahora se gana más peso; el feto crecerá el doble y su peso aumentará diez veces más del adquirido hasta este momento.

VIGILA LA TENSIÓN

Durante el embarazo, es normal tener alteraciones en la presión sanguínea; no obstante, este es un factor que hay que tener bajo control: niveles elevados pueden ser peligrosos para el bebé y niveles muy bajos, generar mareos.

Si se tiene la tensión baja es recomendable comer algo cada tres horas e, incluso, en caso de tenerla muy baja, tomar un café al día.

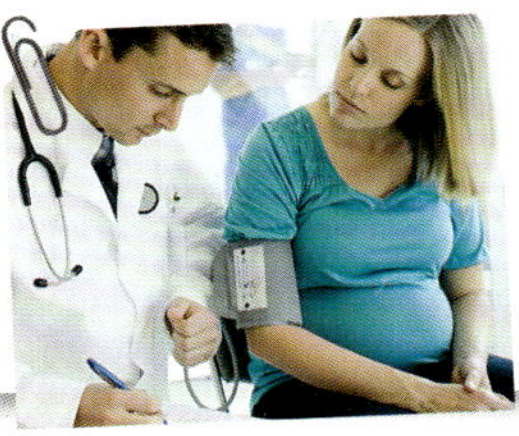

MÚSICA Y MOVIMIENTO FETAL

Existen multitud de experimentos con el empleo de música para estudiar medios apropiados que hagan llegar sonidos al feto. Los resultados reflejan que, desde el punto de vista motor, el feto reacciona menos a músicas «tranquilas» (se han probado, por ejemplo, la canción de cuna de Brahms y movimientos lentos de las sinfonías de Mozart), y se agita considerablemente con música de ritmos más marcados (por ejemplo, canciones de *rock*). A los ruidos muy fuertes y repentinos, el feto reacciona con movimientos bruscos para alejarse de la fuente sonora.

CON PAUSA EN EL TRABAJO

A lo largo de estos nueve meses, es inevitable que los mareos o el cansancio frecuente puedan afectar alguna vez en horario de trabajo. Ante estos síntomas tan habituales del embarazo, lo mejor es darse un momento de relajación, salir a tomar un poco el aire y, sobre todo, no angustiarse y llevarlo con naturalidad.

La piel del feto se encuentra envuelta en una sustancia blanca y grasienta llamada «vérnix caseoso», que se fija en la piel gracias al lanugo.

Este capa, compuesta por secreciones de las glándulas sebáceas fetales y células muertas de su epidermis, protege la piel del feto del medio acuático que lo rodea durante tanto tiempo.

Además, el vérnix caseoso es de gran ayuda a la hora del parto, pues facilita que el bebé resbale dentro del canal vaginal, lo que favorece su expulsión del cuerpo de la madre.

Día 138

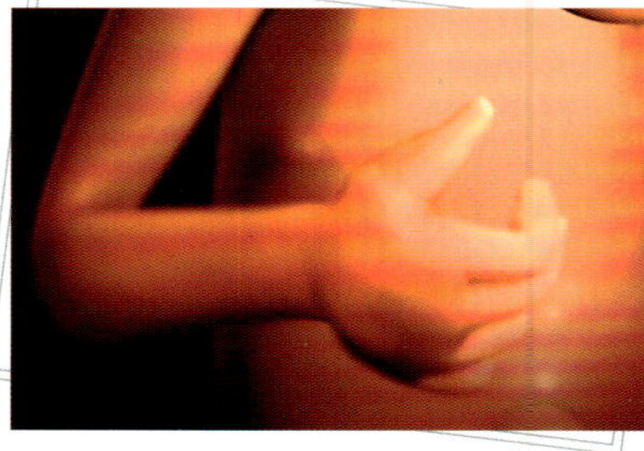

En este momento, el feto tiene sus miembros perfectamente formados y proporcionados. Los movimientos que realiza le sirven para ir desarrollando adecuadamente las articulaciones y extremidades.

Conviene recordar que es importante mantener costumbres alimentarias sanas durante el embarazo, sobre todo para evitar enfermedades como la toxoplasmosis o la listeriosis. En general, cocinar bien los alimentos que vayan a ingerirse suele ser suficiente, ya que el toxoplasma, el parásito que produce la toxoplasmosis, se neutraliza a altas temperaturas de cocción.

Hay que olvidarse de consumir carne poco hecha y, preferiblemente, dejar de lado los embutidos. En caso de tomar estos últimos, conviene congelarlos previamente; el toxoplasma no sobrevive a 20 grados bajo cero durante dos días, o a 10 grados bajo cero a lo largo de tres días. También hay que tener cuidado con los pescados ahumados o crudos; en general, es recomendable congelar incluso el pescado fresco antes de consumirlo.

Las verduras y hortalizas hay que limpiarlas muy bien, utilizando productos específicos si queremos más tranquilidad. En cuanto a los lácteos, no es recomendable consumir quesos blandos (como brie o camembert) ni los azules tipo cabrales.

GRASAS SÍ, PERO DE CALIDAD

En estos nueve meses, la mujer necesita estar fuerte, olvidarse de hacer dietas de adelgazamiento e ingerir las grasas necesarias para el desarrollo del feto. Pero las grasas no deben provenir de alimentos poco saludables, como la bollería, sino que han de ser de calidad, como la del aceite de oliva o la del pescado.

ADOPCIÓN

Las mismas condiciones de suspensión por maternidad rigen para los supuestos de adopción y acogimiento de menores de hasta seis años, salvo que las 16 semanas se pueden distribuir como elijan los padres.

Si se trata de menores de más de seis años discapacitados o que tengan especiales dificultades de inserción social (por sus circunstancias y experiencias personales, o por provenir del extranjero), también se podrá disfrutar de las 16 semanas.

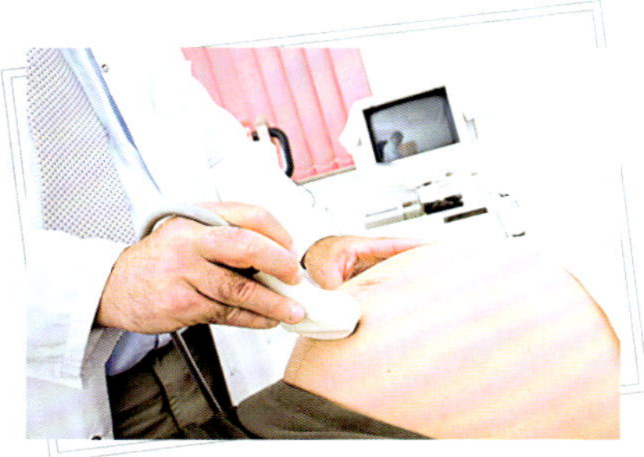

Días 139-140

Se acerca el momento de realizar la segunda ecografía, que se denomina «morfológica». Con esta prueba ya se puede hacer una amplia y precisa valoración de todas las partes del organismo del feto.

La segunda ecografía se realiza entre la semana 20 y la 22, cuando todos los órganos del feto se han terminado de formar y son lo bastante grandes para poder observarse con claridad. Con ella, se estudian las características biométricas y morfológicas del feto.

Respecto a la primera ecografía, la visibilidad ha mejorado claramente por la abundante presencia de líquido amniótico (el líquido y el feto ocupan el mismo volumen), que facilita la transmisión de los ultrasonidos. Si el examen detecta la presencia de patologías o malformaciones graves, todavía se puede realizar una interrupción terapéutica del embarazo (de acuerdo con la ley española, esta operación se permite hasta la semana 22).

En la segunda ecografía ya se puede ver si el feto se mueve con normalidad.

El aparato respiratorio está madurando y ya comienzan a producirse las primeras tentativas de actos respiratorios. A veces, incluso se puede percibir el latido del corazón, simplemente apoyando la oreja en el abdomen de la madre.

SEXO DEL BEBÉ

La mayoría de los padres descubren en esta ecografía cuál será el sexo de su futuro hijo, ya que todos los órganos se ven con claridad.
Ya se puede comenzar a llamarlo por su nombre o por algún apelativo cariñoso.

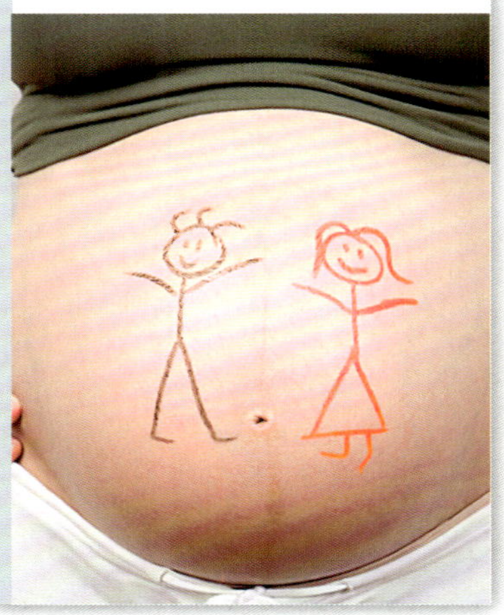

Los movimientos del feto están en relación con los de la madre: se mueve especialmente cuando ella descansa. Todavía tiene espacio dentro de la cavidad amniótica para dar volteretas, y se mostrará muy activo con sus extremidades. Estos movimientos son fundamentales para que no haya deformidades articulares ni corporales.

LA PELUSA QUE RECUBRE AL FETO

El lanugo es la pelusa fina que recubre al feto dentro del útero; desaparecerá a partir del octavo mes de gestación para que aparezca el vello normal.

Día 141

El feto ya pesa 300 gramos y mide cerca de 25 centímetros. Suele alternar sus movimientos: está más despierto mientras la madre duerme y descansa cuando está activa, aprovechando el balanceo que le proporciona.

La fluximetría consiste en la realización de una ecografía especial (Doppler). Conviene realizar esta prueba a partir de la semana 20 en todos los embarazos de riesgo y en los gemelares. Tiene por objeto medir la cantidad y la velocidad del torrente sanguíneo que atraviesa el cordón umbilical (el control del torrente fetal) y las arterias uterinas maternas (el control del flujo de la sangre materna que irriga la placenta hacia el feto).

Es una prueba fácil de realizar, pero todavía presenta alguna posibilidad de error a la hora de interpretar los datos. Aun así, es muy útil en todos los casos de retraso en el crecimiento del feto y cuando la madre padece alguna enfermedad (por ejemplo, hipertensión) que podría afectar a la función que desempeña la placenta. Es más, las alteraciones de las curvas fluximétricas se manifiestan precozmente, cuando los problemas son todavía asintomáticos, y se registran mucho antes de que se aprecien el escaso crecimiento del feto o los síntomas de la patología materna.

La fluximetría también es oportuna en caso de embarazo gemelar, para detectar una posible instauración del «síndrome de transfusión entre gemelos» y poder intervenir a tiempo. Se trata de una afección rara, muy poco frecuente, que supone una repentina transferencia de sangre de un feto al otro, con graves consecuencias en función de la cantidad de sangre transfundida.

{ Leer cuentos al futuro bebé ayudará a que se familiarice con tu voz. }

DESARROLLO ANATÓMICO

La ecografía morfológica que se realiza en este segundo trimestre tiene una duración aproximada de media hora. Con ella se estudian, sobre todo, el sistema nervioso central, el aparato circulatorio, el digestivo, etc., para conseguir un exhaustivo análisis del desarrollo anatómico del feto.

Días 142-143

En caso de tener que realizar un viaje muy largo, no existe ningún peligro por tomar el avión, un medio de transporte completamente seguro para la madre y el bebé, menos en caso de embarazos complicados o de riesgo.

Para viajar de forma más cómoda, es preferible escoger el asiento cercano al pasillo y dar un breve paseo de cinco minutos cada hora de vuelo; de esta manera, mejorará la circulación sanguínea. El cinturón de seguridad debe colocarse sobre las caderas, por debajo de la barriga.

Tanto al subir como al bajar del avión, lo mejor es ser de las primeras o esperar y quedarse de las últimas, así se evitarán empujones, aglomeraciones o posibles golpes con las maletas.

De cualquier forma, volar en el último mes de embarazo siempre va a suponer un riesgo, debido a la cercanía del momento del parto.

La matrona irá aconsejando, según la evolución del embarazo, sobre las condiciones en las que se puede viajar y hasta qué mes es conveniente hacerlo.

Los detectores de metales de los aeropuertos no son perjudiciales.

CERTIFICADO PARA LAS COMPAÑÍAS

La mayoría de las compañías aéreas, para evitar sorpresas durante el vuelo, ponen restricciones a las embarazadas de más de 35 semanas. A partir de esa etapa de la gestación, solicitan un certificado médico sobre la aptitud para volar, y es necesario firmar un documento donde se exima a la empresa de cualquier responsabilidad en caso de que surjan contratiempos durante el viaje.

Días 144-145

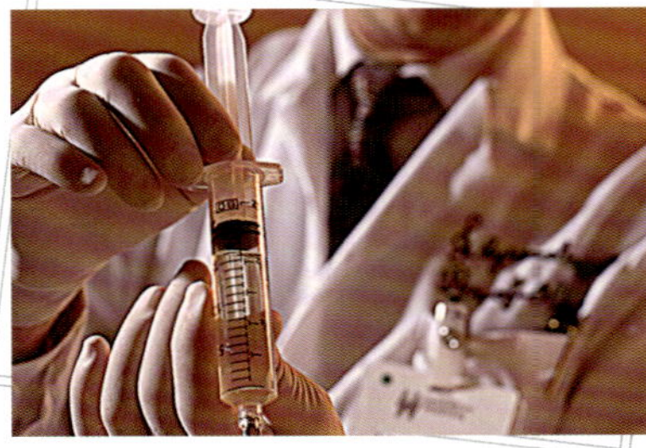

Desde esta semana, ya se puede hacer la amniocentesis tardía. En esta fase de la gestación, al estudiar el líquido desprovisto de las células, se puede evaluar el grado de madurez del feto o su estado de salud en caso de isoinmunización Rh.

Normalmente, la amniocentesis tardía se realiza para evaluar la madurez de la gestación y el posible sufrimiento fetal; por ejemplo, en los casos de isoinmunización, esta prueba sirve para valorar el grado de afectación y la madurez pulmonar del feto.

Dicha valoración se efectúa determinando la concentración en el líquido amniótico de algunas sustancias (bilirrubina, cortisol, creatinina, etc.) y estudiando la presencia de otras que contribuyen a la maduración de los pulmones fetales (relación lecitina/esfingomielina).

CONGESTIÓN NASAL

Es muy común entre las embarazadas el sentirse acatarrada o con la nariz congestionada. Este síntoma se debe a la mayor irrigación sanguínea que existe, que hace que la mucosa nasal se hinche.

Para paliar esta sensación se puede hacer vahos o colocar un humidificador en casa. Si el médico lo permite, se puede probar con un descongestionante, pero hay que tratar de no abusar de los aerosoles, ya que pueden hacer que resurja la inflamación.

CONTRACCIONES DE BRAXTON HICKS

Se denomina así a un tipo de contracciones que, aunque se desarrollan desde la sexta semana de embarazo, es a partir de ahora, después de la semana 20, cuando comienzan a sentirse (también puede pasar que nunca se perciban).

Reciben su nombre del médico inglés que las describió por primera vez, en 1872, para referirse a unas contracciones uterinas esporádicas. Aunque suelen ser poco frecuentes e indoloras, a veces es difícil distinguirlas de las primeras señales que indican un parto prematuro.

Por tanto, esta prueba solo es útil en algunos casos: cuando existe el riesgo de un parto muy adelantado o en situaciones en las que la incompatibilidad materno-fetal puede provocar la aparición de una grave enfermedad hemolítica en el bebé.

En esta fase del embarazo, los riesgos derivados del examen son limitados, pero no inexistentes; entre ellos, se encuentran las hemorragias, la inmunización materna, el parto provocado y el parto prematuro.

Día 146

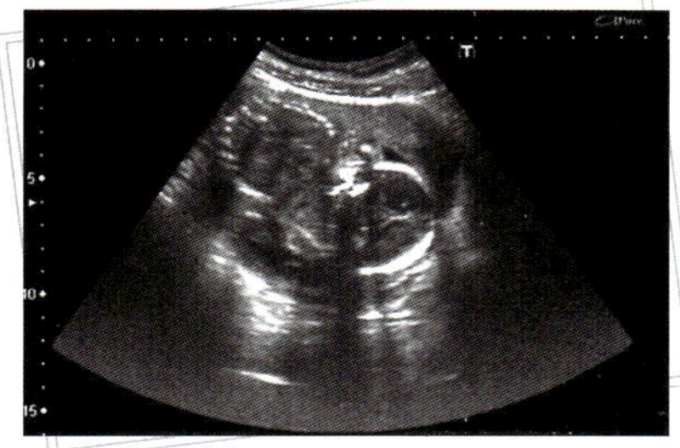

El feto comienza a tragar líquido amniótico durante este periodo; así, su sistema digestivo se va fortaleciendo y entrenando. Estas ingestas, junto con las secreciones del estómago y células muertas, formarán el meconio, su primer excremento.

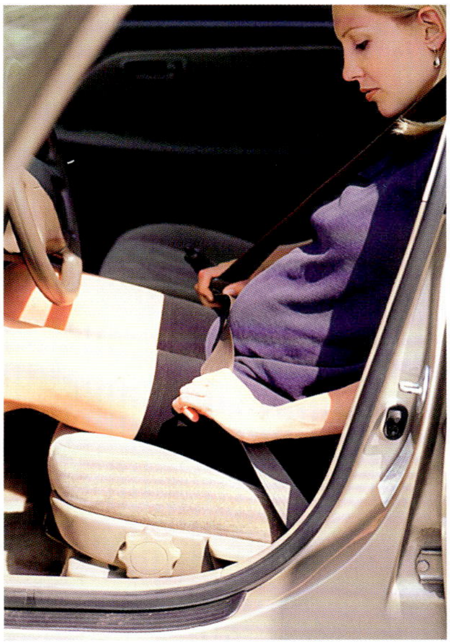

Conducir es una actividad que no está contraindicada para las mujeres embarazadas, siempre y cuando se tomen las debidas precauciones y se trate de una gestación sin problemas.

Así pues, como estar embarazada no supone ningún problema a la hora de conducir, no existe ninguna necesidad de suprimir esta actividad de las rutinas que se realizaran antes de la gestación.

Si se utilizaba el coche para acudir al trabajo, hacer la compra o desplazarse, durante el embarazo se puede seguir haciéndolo. Eso sí, si en condiciones «normales» han de cumplirse una serie de requisitos para garantizar la seguridad al volante, estando embarazada debemos seguir las recomendaciones con más motivo.

Hasta el sexto mes, se puede ir sola en el vehículo sin temor alguno; no obstante, a partir de este momento es mejor viajar de copiloto para evitar tensiones o que se pueda sufrir alguna distracción al volante.

Antes de esta fecha, únicamente si la mujer se siente especialmente cansada un día concreto o con más molestias de lo habitual, es mejor optar ese día por otro medio de transporte.

Con respecto al uso del cinturón de seguridad, aunque resulte incómodo, es imprescindible; ya no solo está en riesgo la vida de la madre, sino la del futuro bebé. Este mecanismo de seguridad debe colocarse entre el pecho y la tripa, y la parte inferior, entre esta última y los muslos.

También hay que vigilar la colocación del asiento, que no debe estar muy cercano al volante para evitar golpes en caso de frenazos bruscos.

NO DESACTIVAR EL *AIRBAG*

Aunque parezca que el *airbag* puede ser un peligro para el feto, el uso de este dispositivo es totalmente seguro. Además, en caso de colisión, su acción impedirá un tirón brusco del cinturón y amortiguará el golpe, sin ser peligroso para este estado.

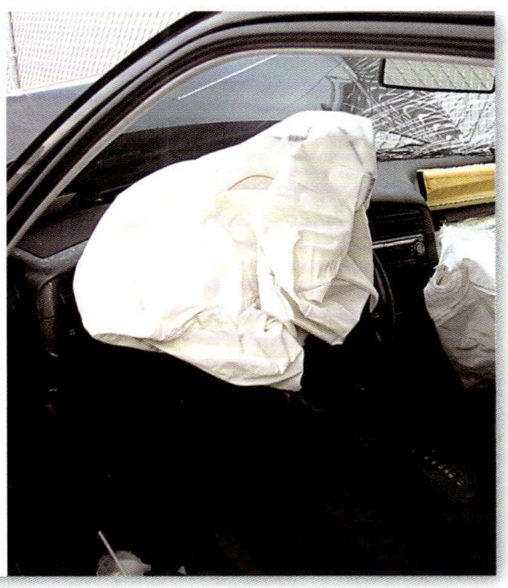

Día 147

Muchas madres inmortalizan su embarazo haciéndose una sesión fotográfica. Ahora que la tripa ya se nota, pero todavía no es excesiva, y tu rostro está descansado, es un buen momento para hacerlo.

La mayoría de los fotógrafos aconsejan no posponer demasiado la realización de este tipo de fotografías artísticas, ya que, en las semanas cercanas al parto, los signos de cansancio o la hinchazón del rostro pueden ser mayores. El ecuador del embarazo es el momento ideal para hacerse un bonito reportaje fotográfico y tener un recuerdo para siempre de esta etapa tan especial y única en la vida de una mujer.

Conviene escoger fondos neutros y sin grandes adornos, pues lo más importante de la imagen es la madre. Practicar delante de un espejo dará seguridad y ayudará a elegir las posturas más favorecedoras.

No desaproveches la oportunidad de fotografiarte embarazada.

Si decides fotografiarte con ropa, es mejor que sea ajustada para que pueda verse mejor tu estado. Si lo vas a hacer desnuda o semidesnuda, puedes utilizar una tela para cubrir las partes del cuerpo que no quieras retratar o prefieras esconder. Y, sobre, todo, olvídate de la vergüenza: saldrás más cómoda y relajada.

BRAGAS DE TALLE ALTO

En el segundo trimestre, cuando la barriga empieza a ser prominente, es aconsejable utilizar bragas de talle alto. El uso de fajas especiales no es imprescindible, a menos que aporten mayor comodidad.

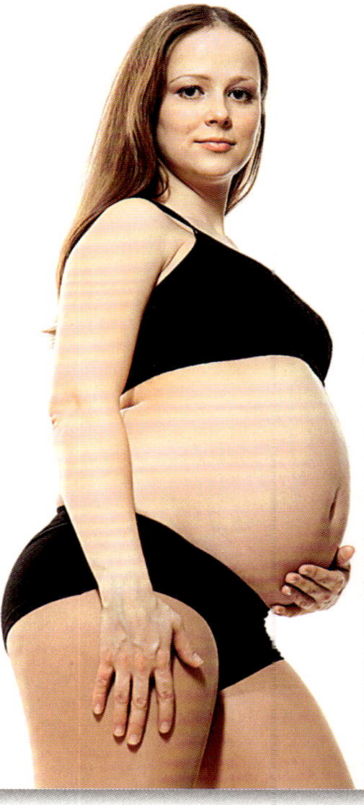

Semana 22

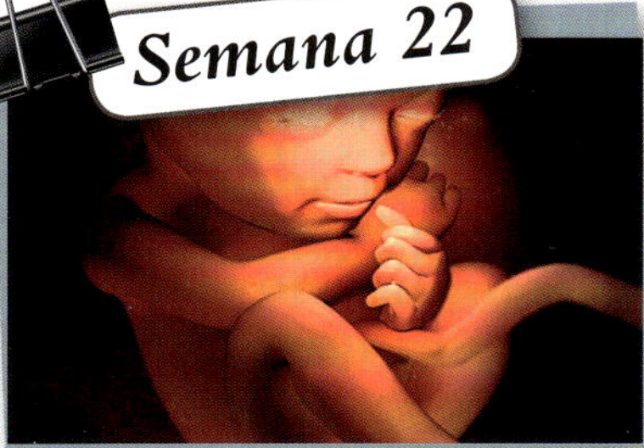

Día 148

En la semana 22, el feto ya alcanza los 26 centímetros de largo y pesa unos 350 gramos. Su sistema digestivo sigue funcionando y preparándose para alimentarse por sí solo cuando nazca, al igual que el respiratorio.

La alteración hormonal propia del estado de gestación provoca que el ardor de estómago sea un síntoma muy común entre las embarazadas, como consecuencia del reflujo de los ácidos gástricos.

La presión del feto sobre el estómago se va haciendo cada vez mayor a medida que pasan las semanas, lo que puede causar ardores y acidez.

Para minimizar esta molestia gástrica, es preciso evitar las comidas demasiado abundantes o especiadas, y masticar muy bien cada bocado. Otro buen consejo es dormir sobre el costado izquierdo (la entrada al estómago se encuentra a la derecha): de esta forma, se evita que los ácidos refluyan.

APODOS CARIÑOSOS

En el segundo trimestre el riesgo de aborto ya ha pasado, por lo que se puede empezar a poner motes cariñosos a ese pequeño ser que está creciendo en nuestro interior. Además, en cuanto se sepa el sexo del futuro bebé, ya se pueden ir barajando nombres y empezar a llamarlo por el que se escoja.

JABONES NEUTROS

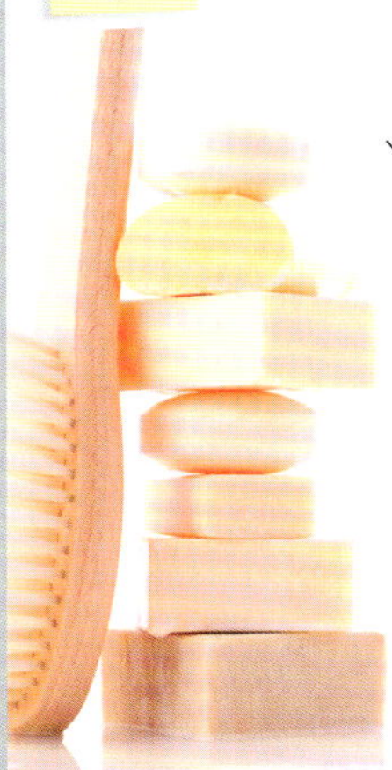

Ya que la piel es más delicada y a menudo pueden aparecer picores, lo más recomendable es utilizar geles y jabones neutros para el aseo; además de ser más respetuosos con la piel, suelen tener menos componentes químicos que los perfumados.

El ardor de estómago es una molestia que afecta a la mayoría de las embarazadas.

Días 149-150

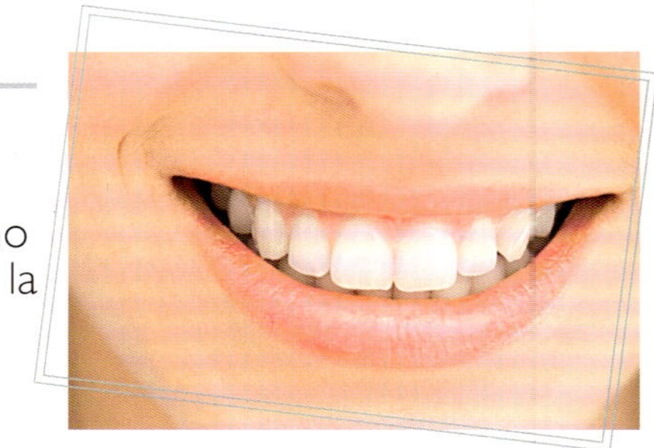

Durante el embarazo, las encías son más propensas a inflamarse o infectarse; incluso pueden darse casos de gingivitis. Si todavía no se ha visitado al dentista, este es un buen momento para revisar la salud bucodental.

Es importante mantener una boca sana durante el embarazo, ya que, debido a los cambios hormonales y al aumento del flujo sanguíneo, las encías se vuelven más sensibles, con tendencia al sangrado (sobre todo cuando se cepillan los dientes), y se produce más cantidad de saliva, lo que aumenta la acidez.

Generalmente, en esta etapa existe una mayor predisposición a que aparezcan caries. Para evitar que estos problemas deriven en una gingivitis, es conveniente realizar, al menos, un par de visitas al dentista durante estos nueve meses, para realizarse un examen dental y prevenir problemas futuros.

No obstante, la matrona suele derivar a la embarazada al dentista de la Seguridad Social. Este revisará la dentadura y observará si es necesario algún tipo de tratamiento, como una limpieza o una sesión de flúor, que sirve para mejorar la calidad del esmalte dental y proteger los dientes de las caries.

Usar hilo dental a diario es una buena costumbre para mantener una correcta higiene dental.

ROPA PREMAMÁ

A estas alturas del embarazo, ya se puede empezar a comprar ropa premamá.
Hoy en día, estas prendas son cada vez más modernas y siguen las tendencias de la moda. Además, las grandes cadenas suelen tener su propia línea premamá; incluso las firmas de ropa deportiva cuentan con una oferta específica para mujeres en estado.

Día 151

El segundo trimestre también es el momento de ir pensando en los cursos de preparación al parto. Desde el siglo XX, la proliferación de métodos y técnicas para preparar a la mujer de cara al alumbramiento se ha producido de forma continua y progresiva.

LA PAREJA

La inseguridad respecto a la apariencia física puede incrementarse durante estos meses en algunas mujeres, debido a la cantidad de cambios que se producen en el cuerpo. No obstante, una correcta comunicación con la pareja hará que se pierdan todos los temores.

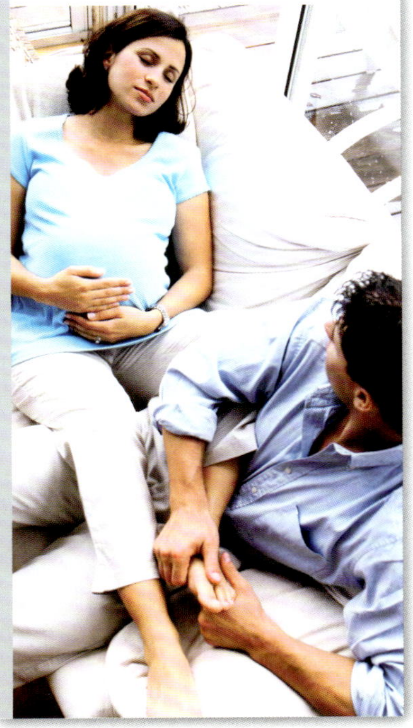

Muchas de estas propuestas metodológicas y técnicas han surgido de la necesidad de responder a eventos fisiológicos en términos de productividad: facilidad de aplicación y de aprendizaje, reducción del tiempo de contracciones y de parto, y atenuación o eliminación del dolor.

En realidad, todos los métodos de preparación al parto son claros signos de la existencia de una fractura: sería mejor hablar de preparación al nacimiento más que al parto, para centrar la atención en todo el proceso (embarazo, parto, posparto) y en sus protagonistas (madre, hijo, padre).

DESTINOS EXÓTICOS

Si se tiene planificado realizar un viaje a algún lugar exótico, hay que cerciorarse de las condiciones higiénicas del alojamiento, así como del sistema sanitario. Antes de ponerse una vacuna, conviene preguntar al ginecólogo; algunas son demasiado agresivas y no pueden administrarse a mujeres embarazadas.

Día 152

Los párpados y las cejas del feto ya están completamente formados; solo falta que aparezcan las pestañas, que empezarán a crecer dentro de poco. En cambio, el iris todavía no presenta ningún color.

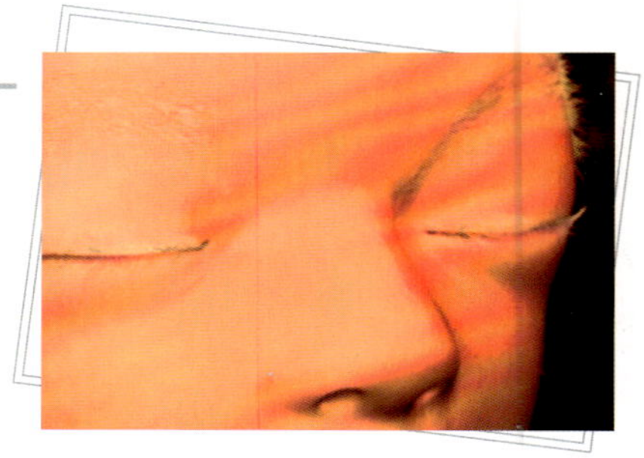

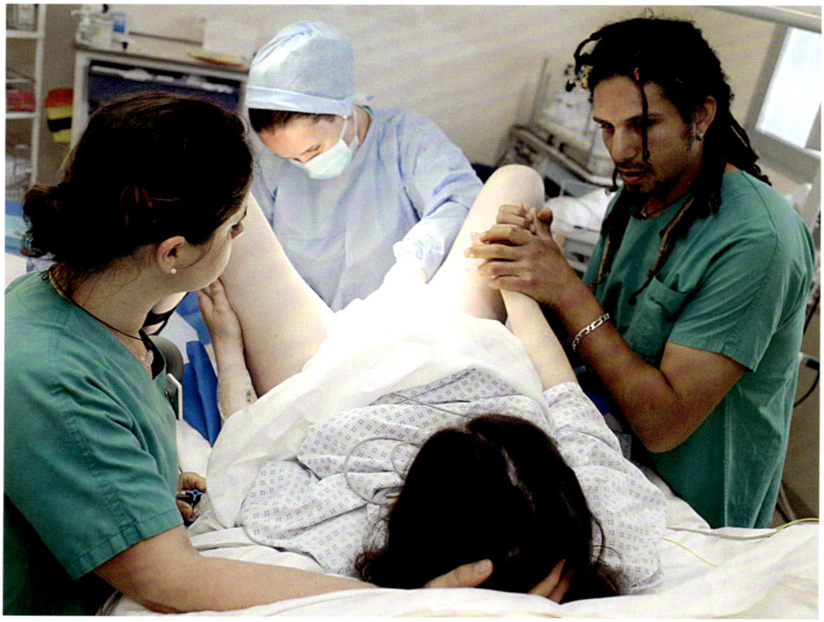

Solicitar hoy en día la participación de las personas más queridas y afectivamente importantes en el parto, el reconocimiento de actitudes y comportamientos no totalmente racionales y el respeto del cuerpo frente a la acción invasiva de los médicos y de sus análisis no significa que se pretenda revivir ningún mito.

Estas demandas indican que existe una tendencia, cada vez más generalizada, a no delegar en los médicos lo que ocurre en el cuerpo y en la mente de la madre gestante, y a adquirir conciencia de la capacidad que cada uno de nosotros tenemos para poner en práctica nuestras facultades y nuestro saber.

La fuerte demanda de preparación al nacimiento surge a raíz de una sensación, extendida entre la población, de pérdida de los valores tradicionales vinculados al parto. En la actualidad, se sigue exigiendo una mayor humanización de los paritorios.

Es cierto que muchos valores tradicionales sobre cómo se paría en otras épocas están a menudo mitificados, pero es importante observar que, por lo general, la mitificación expresa unas necesidades profundas.

LÍQUIDOS DURANTE EL VIAJE

Los viajes en coche pueden resultar muy largos y cansados. Para evitar sofocos, sobre todo en verano, hay que llevar siempre una botella de agua para poder beber durante el viaje. Cada dos horas, conviene realizar una parada para estirar las piernas, caminar y tomar el aire.

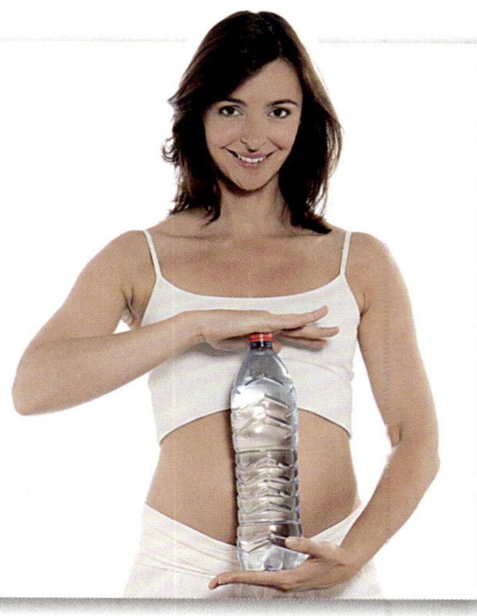

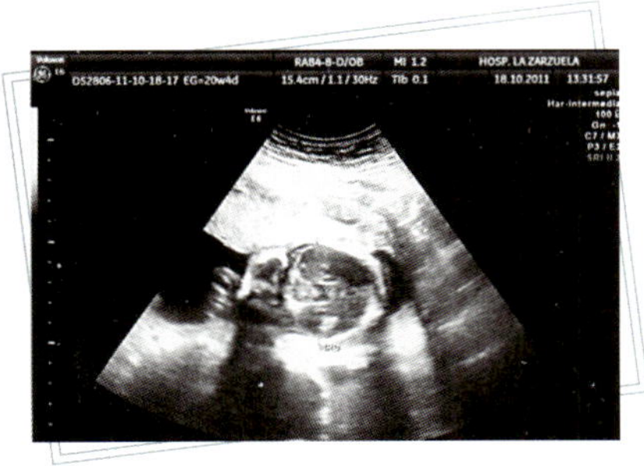

Días 153-154

A punto de entrar en la semana 23, el feto pesa unos 400 gramos y mide 27 centímetros. Sus movimientos son cada vez más pronunciados; incluso se estira cuando se despierta de sus momentos de descanso.

Las distintas técnicas de preparación al parto tratan de identificar metodologías que permitan prevenir y controlar el dolor para elevar el umbral individual; es decir, el límite más allá del cual la estimulación se percibe como «dolorosa».

El umbral del dolor de cada persona puede modificarse por algunos factores, como los siguientes:

• **El estado emocional:** en particular, el miedo, la soledad, la angustia y la ansiedad hacen descender el umbral, aumentando la sensibilidad al dolor.

• **El estado de relajación física:** el conocimiento del propio cuerpo y de lo que está sucediendo, la tranquilidad emocional y la percepción de un entorno «amigo», tranquilizador, son factores que pueden elevar el umbral del dolor y, por tanto, la tolerancia a este.

CONCEPTOS SOBRE EL DOLOR

En los distintos planteamientos de los métodos de preparación al parto subyacen conceptos compartidos:

• El **dolor** está provocado por el temor y la tensión.
• Con la **relajación,** el dolor desaparece.
• **Informar** a la mujer de lo que le sucederá reduce el nivel de ansiedad.
• Las **técnicas de relajación** y de control de la respiración ayudan a «preparar» a la mujer para el parto.

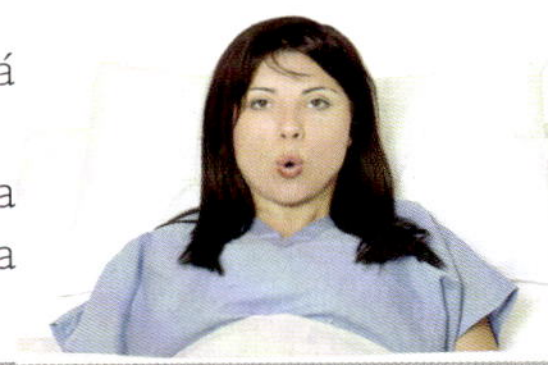

OLORES Y SABORES

Desde la semana 20, las células olfativas (los receptores de los aromas) se han ido formando en la mucosa nasal del feto.
Ahora ya puede ir familiarizándose con los olores procedentes de los alimentos que ingiere la madre. Si percibe sabores u olores dulces, el feto acelera los movimientos de deglución.

FUERA ELÁSTICOS

Todo tipo de ropa que ejerza una presión sobre el cuerpo debe retirarse ahora.
Los calcetines o medias no deben presionar en exceso ni dejar marca, para permitir una buena circulación en las piernas.

Día 155

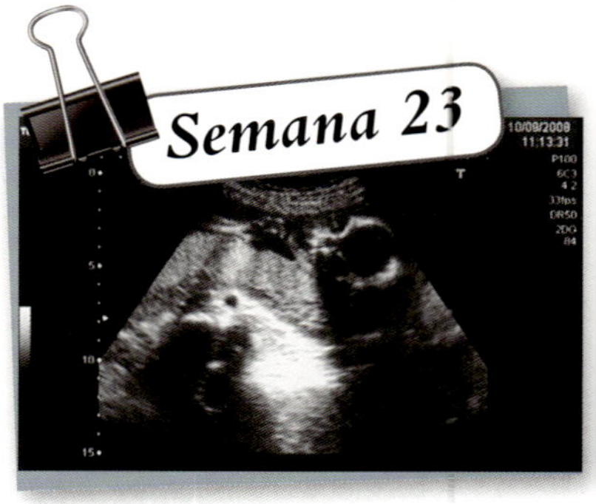

En esta semana, su piel sigue siendo muy fina y translúcida, pero comienza a adquirir un ligero tono rosado y más natural, ya que se están produciendo los pigmentos que van a ir dando color a la piel.

En los últimos años se han puesto en práctica numerosos métodos de preparación al parto. Para su éxito, sobre todo, debe haber una predisposición positiva por parte del personal que asiste a la mujer. En España, los cursos de preparación al parto los organiza la Seguridad Social y se imparten en ambulatorios, aunque también constituyen, en muchos casos, una práctica realizada independientemente del sistema hospitalario tradicional.

Ve a los cursos de preparación al parto con alguien de confianza.

No obstante, las condiciones en las que se desarrolla el parto siguen estando en función de la organización del personal y de las instalaciones, antes que de la madre y del niño.

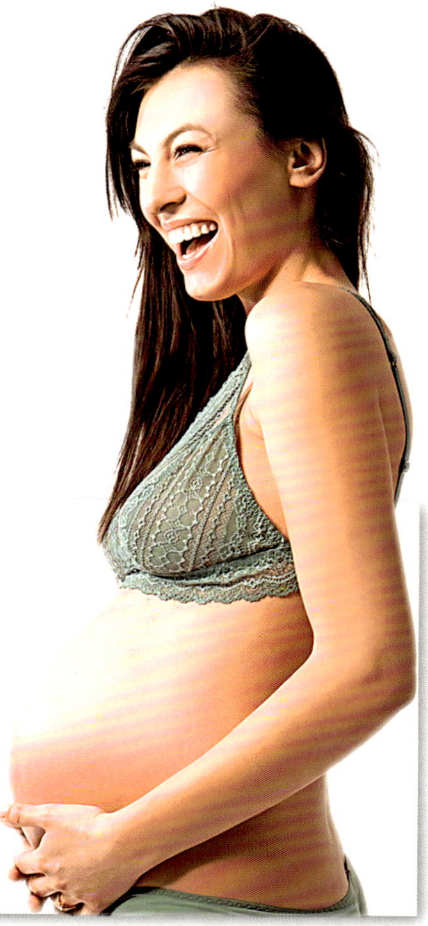

HIPO Y MOVIMIENTOS

Dentro del útero, el bebé puede tener hipo; esta es una forma de ir fortaleciendo su aparato respiratorio de manera inconsciente. Mientras le dura, la madre notará que se mueve de manera continua y rítmica.

La preparación de la mujer o de la pareja se solicita como algo complementario a la «lógica del parto», para la cual es útil que la mujer esté tranquila, relajada y preparada para controlar el dolor, no grite ni se ponga histérica, y sea en todo momento consciente y responsable.

En su mayoría, estas técnicas se centran principalmente en el autocontrol del dolor, es decir, en el comportamiento que más conviene a la mujer y al personal de la maternidad.

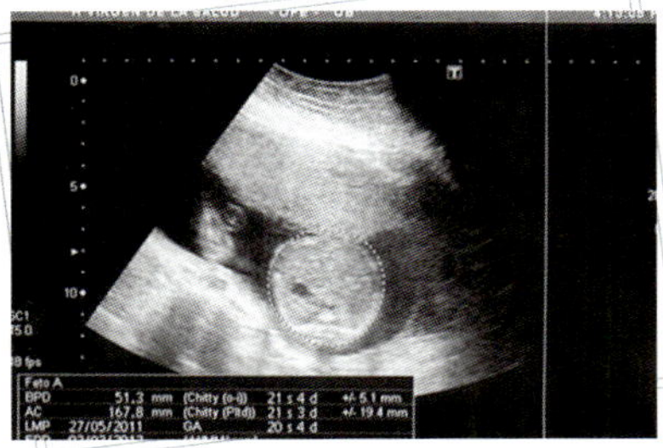

Días 156-157

Como en la semana 23 todavía se están desarrollando las venas de los pulmones, los bebés que nacen de forma prematura en este momento de la gestación necesitan asistencia médica para respirar.

En torno a 1930, un ginecólogo inglés, Grantly Dick Read, descubrió que la mayor parte de los dolores eran producto del miedo al parto y de los prejuicios que tienen las mujeres desde su infancia acerca de este, y creó el método Read.

En 1933 publicó el libro *El parto natural*, en el que describía la posibilidad de aliviar los dolores del parto. El texto recibió duras críticas y se alzaron protestas de todo el ámbito médico contra Read: se dijo que la suya era una técnica de hipnosis y condicionamiento de las mujeres.

¿PARTOS PREMATUROS?

Si en el pasado se ha sufrido alguna vez un parto prematuro, alrededor de la semana 23 el embarazo se vigilará de manera especial, para controlar que no sucedan posibles contratiempos nuevamente.

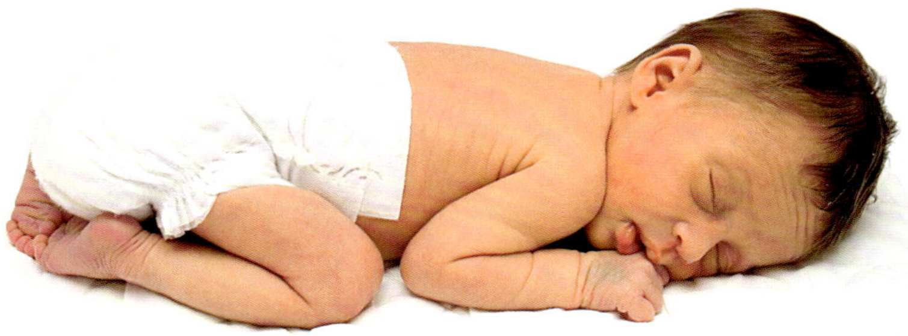

CARTILLA DEL EMBARAZO

Este documento, que acompaña desde el comienzo del embarazo, es el único que hay que preocuparse de llevar, junto con el DNI y la tarjeta de la Seguridad Social, en el momento de acudir a un hospital del sistema público para dar a luz.

Sin embargo, en 1948, un ayudante de la sección de ginecología de la universidad de Yale probó a dirigir el parto de 157 mujeres según los principios de Read, y pronto se dieron a conocer los resultados: 7 mujeres afirmaron no haber sentido dolor, y las 150 restantes expresaron distintas opiniones sobre el procedimiento y compararon los dolores que habían sentido con los de la menstruación.

El *Reader's Digest* se hizo eco de la experiencia y explicó a 50 millones de lectores que las mujeres no debían temer ya los dolores. Las embarazadas comenzaron a solicitar a sus ginecólogos tener partos «por el método Read».

Los especialistas en obstetricia tuvieron que admitir que no sabían nada de este método y las revistas de medicina comenzaron a ocuparse del tema.

Día 158

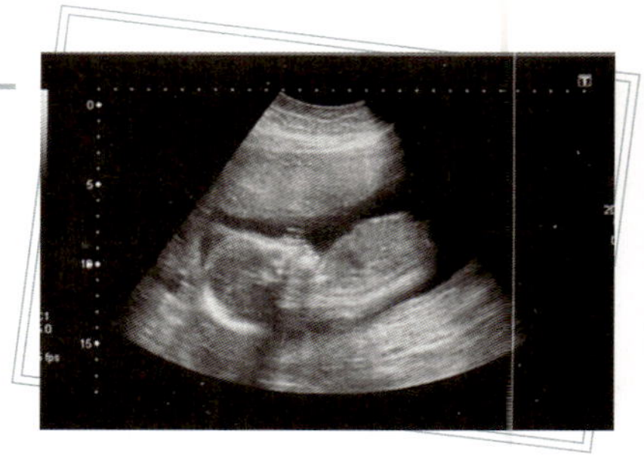

Desde el sexto mes de embarazo, el ciclo de vigilia y sueño del feto es muy parecido al que tendrá cuando nazca. En total, permanece dormido unas 18 horas al día, alternando fases de sueño profundo con otros ciclos más ligeros.

En sus publicaciones sobre el parto, el ginecólogo Read afirmaba que el dolor no se puede medir, pero que su intensidad depende de la predisposición personal a sentirlo: miedo, tensión, cansancio y agotamiento.

Si se deja sola a una mujer con sus dolores, el miedo le hará sufrir más, el desconocimiento de la dinámica del parto le hará interpretar los dolores como «algo que ha ido mal», se asustará y sentirá dolores aún más intensos.

Como explicaba Read: «Es el miedo, que, transportado a través de las fibras nerviosas del simpático, inhibe el automatismo psíquico. En consecuencia, la armonía muscular y neurológica en la fase de contracciones se altera por el miedo... Las fibras circulares se contraen bajo la influencia del miedo, se produce una resistencia en el segmento inferior y en el cuello del útero...». Read proponía un parto lo más natural posible: la mujer no debía ser anestesiada, sino educada para relajarse, para controlar sus músculos y respirar correctamente.

Durante mucho tiempo, las mujeres demandaron el método Read para sus partos.

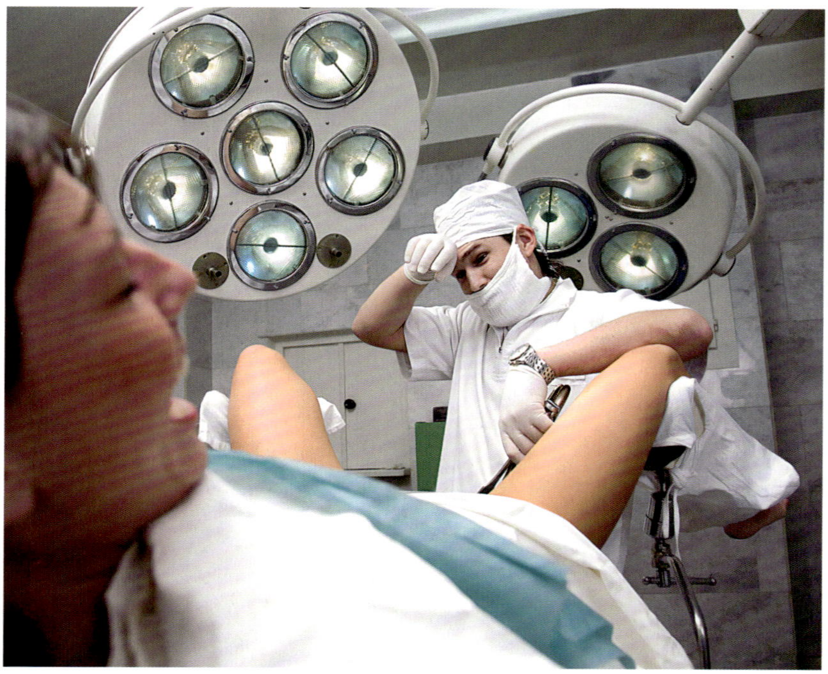

USO DE MEDIAS Y PANTIS

Las medias suelen tener unas sujeciones muy tirantes para que se ajusten a las piernas, así que hay tener cuidado para que no aprieten demasiado. En el caso de los pantis, es conveniente colocar el elástico debajo del abdomen para que no ejerza presión; también se pueden encontrar en el mercado pantis especiales para embarazadas que, además, son muy útiles para prevenir varices.

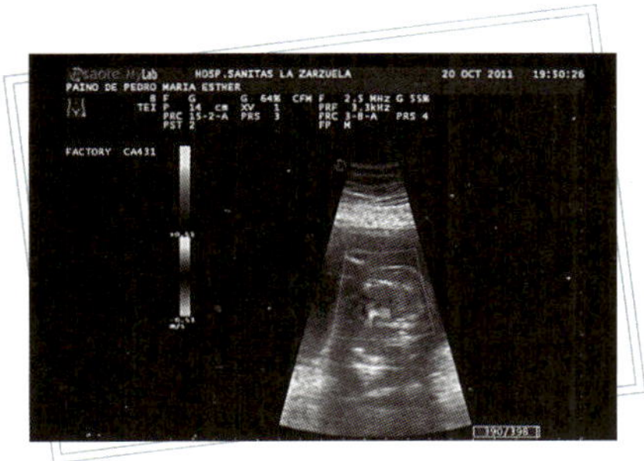

Día 159

A estas alturas de la gestación, los científicos afirman que el feto ya sueña dentro del útero. A pesar de tener los ojos cerrados, realiza movimientos oculares con energía y dirige los ojos hacia los lados.

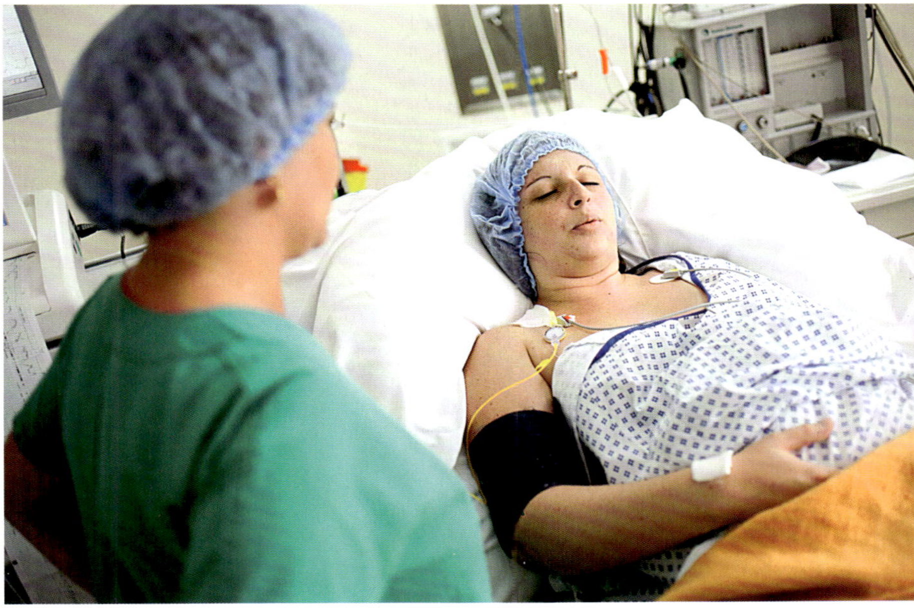

En Rusia, durante los años treinta, el parto sin dolor suscitó gran interés. Velvosky y Nicolaev, en el contexto de la teoría de los reflejos condicionados de Pavlov, elaboraron una técnica de contracondicionamiento al dolor del parto.

También ellos tenían la convicción de que el dolor del parto estaba «condicionado», en gran medida, por temores y prejuicios, así que sugirieron activar durante el embarazo, mediante técnicas de sugestión, condicionamientos «sustitutivos» que se pondrían a funcionar en el momento de dar a luz.

Los métodos de preparación presentados por los franceses Lamaze y Vellay (1952) y los italianos Malcovati y Delle Piane (1957) se basaron en esta teoría. Lamaze había estudiado en profundidad los hospitales rusos y, con algunas variaciones, aplicó su técnica en su propia consulta de París.

SUEÑOS Y RECUERDOS

A partir de la semana 23, las pruebas sobre las ondas cerebrales empiezan a registrar periodos llamados REM (*Rapid Eye Movements*, o «movimientos oculares rápidos»), que indican la presencia de sueños al dormir.
Si el niño sueña en el útero, significa que es capaz de recordar y de procesar los estímulos sensitivos.

MÉTODO LAMAZE

El método del doctor Ferdinand Lamaze, denominado «psicoprofilaxis» (prevención psicológica), se basaba en una técnica precisa de respiración para aplicar en los distintos momentos del parto, y requería una constante participación de la mujer.

Día 160

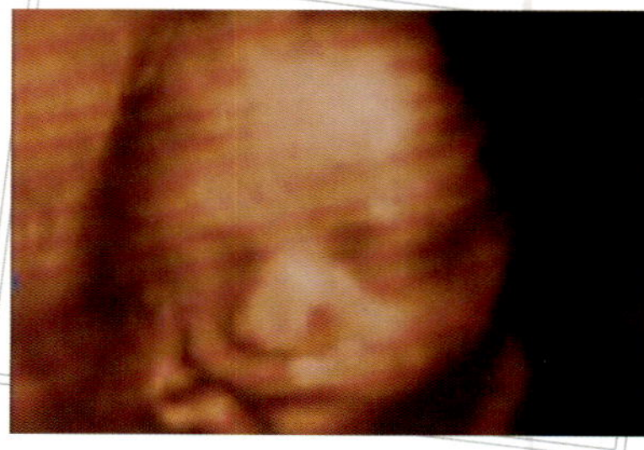

Una ecografía en 3D o 4D en este momento del embarazo permite observar un diminuto bebé con todos sus rasgos característicos y proporcionados. Su piel ya tiene color y muestra pliegues, y su peso ronda los 600 gramos.

La participación activa de la mujer es lo que diferencia el método Lamaze del método de Read. El francés era partidario de inducir en ella un estado de semiinconsciencia, especialmente en la segunda fase del parto. Las técnicas de Lamaze fueron adoptadas a finales de los años cincuenta.

La preparación psicoprofiláctica de Lamaze prevé unos cursos específicos y es precisa y rigurosa. Comienza en el séptimo mes de embarazo, y los ejercicios aprendidos se han de repetir en casa para que den resultado.

La pareja desempeña un papel fundamental en la preparación como «entrenador» para hacer los ejercicios, «cronometrador» de las contracciones y apoyo moral.

Los cursos constan de una parte inicial informativa sobre anatomía y fisiología del embarazo y del parto; este tipo de información sirve para despejar nuestros condicionamientos culturales acerca del parto.

EL PAPEL DE LA PAREJA

La participación de la pareja en este adiestramiento es fundamental: es quien ha de encargarse de controlar el nivel de relajación durante la sesión.
Una vez iniciadas las contracciones, también será quien, mediante su voz, estimule las reacciones automáticas que la mujer ha aprendido. A lo largo de todo el proceso del parto, la voz del «entrenador» seguirá marcando las etapas, condicionando la manera de respirar, soplar, empujar, tomar aliento, etc.

{Si eres madre soltera, busca un apoyo durante el embarazo. Te sentirás mejor.}

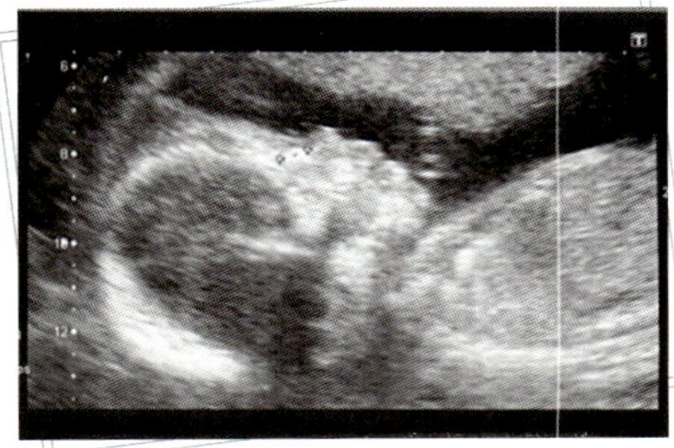

Día 161

Durante el sexto mes, el feto puede sobresaltarse con los ruidos bruscos que provienen del exterior. Si estaba dormido, se nota que se despierta por los rápidos movimientos que hace, y que se pueden sentir perfectamente.

En esencia, Lamaze afirma que estamos culturalmente predispuestos a esperar el dolor durante las contracciones y el parto. Como él mismo señala: «Uno de los objetivos de este método es aclarar a la mujer la fenomenología del parto con el fin de transformar la idea de este como situación vinculada al dolor en un conjunto de procesos aceptados por ella, cuyo fenómeno principal es la contracción del útero».

La mujer debe aprender una serie de técnicas de respiración, estudiadas para cada momento del alumbramiento, así como una serie de ejercicios de gimnasia para dar tono a los músculos y permitir el control de grupos musculares concretos.

Las contracciones uterinas son una actividad muscular involuntaria: es una forma de permitir al útero utilizar al máximo la energía disponible. Por eso, durante el parto, la mujer debe relajar el resto de la musculatura; la relajación es una manera de conservar energía y compensar el mayor consumo de oxígeno que realizan los músculos que trabajan en el parto.

En 1957 tuvo lugar en Turín el primer congreso internacional de psicoprofilaxis obstétrica. Después de este congreso, las técnicas de preparación psicoprofiláctica de Lamaze fueron adoptadas de forma generalizada en el campo de la obstetricia y la tocología.

RESPIRAR CON EL ABDOMEN

Una buena técnica para aprender a respirar correctamente de cara al parto es hacerlo con el abdomen, inhalando por la nariz y exhalando por la boca; lentamente, sin hinchar el pecho. Un buen ritmo es contar cuatro segundos para tomar el aire y tardar ocho en expulsarlo.

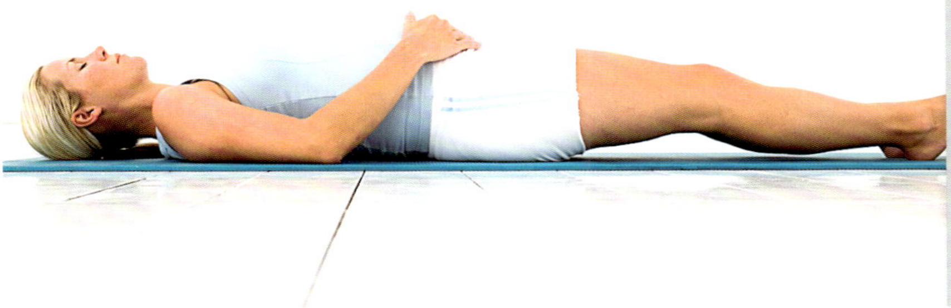

Día 162

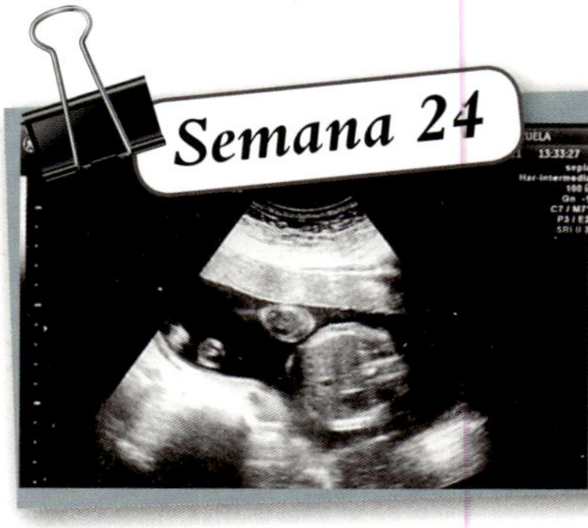

En este sexto mes de embarazo, los párpados del feto comienzan a separase hasta que pueda abrirlos y cerrarlos, y se desarrollan sus nervios visuales, pero el feto todavía no podrá ver ni dilatar las pupilas.

Siguiendo con las metodologías que minimizan el dolor en el parto, podemos citar el Training Autógeno Respiratorio (RAT), el método más utilizado en los años setenta y ochenta, basado en técnicas de autosugestión y respiración.

Propuesto por Piscicelli, el RAT pertenece al ámbito de la psicoprofilaxis obstétrica.

En palabras de Piscicelli: «La relajación con el Training Autógeno Respiratorio se propone alcanzar una información preventiva sobre el evento, el análisis psicosomático, el entrenamiento para la relajación, una predisposición a aprender más cosas y más deprisa, una serie de condicionamientos correctores y controladores de las tensiones desencadenadas por el miedo y las contracciones uterinas. Por tanto, con esta metodología, hemos podido ofrecer a la vieja fórmula de Read "miedo-tensión-dolor" una perspectiva terapéutica real».

El método prevé una parte teórica de información y una práctica para aprender distintas técnicas.

VIGILAR LAS INFECCIONES

Una de las principales causas de los partos prematuros a estas alturas del embarazo son las infecciones que pueden contraerse por la vagina y ascender hasta el útero. Normalmente se realizan citologías para controlar que no existe infección.

Días 163-164

La relajación es una manera de «ahorrar» y de compensar el mayor consumo de oxígeno por parte de los músculos comprometidos en el parto. Para aprender bien esto es necesario ejercitarse.

NUEVA VISIÓN DEL PARTO

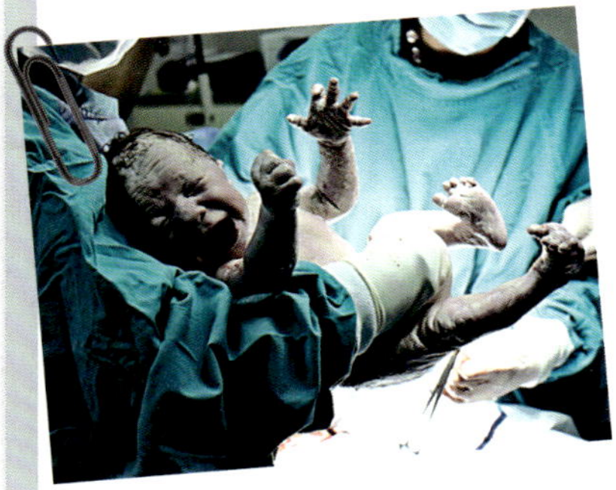

El libro de Frederick Leboyer titulado *Por un nacimiento sin violencia*, de 1978, fue el primero en aludir a la «violencia» de la sala de partos y se adoptó como punto de partida en la búsqueda de un modo diferente de dar a luz. El libro de este doctor francés marcó una época y a varias generaciones de mujeres. Según Leboyer, sería difícil inventar una manera más brutal de hacer venir al mundo a los niños que la que se practicaba en esa época en las maternidades.

El Training Autógeno Respiratorio contempla una parte teórica y otra práctica para la preparación al parto.

En la primera se dan informaciones que deberían contribuir a afrontar con más conciencia y menos ansiedad los eventos relacionados con el nacimiento (en conformidad con la teoría de Read).

En la segunda se enseñan técnicas de relajación, respiración y control muscular. Durante las últimas sesiones se procede también a la enseñanza diferenciada de la conducta respiratoria y muscular que se adoptará durante la expulsión del feto.

¿QUÉ ES EL SHANTALA?

Es el masaje que se realiza a los bebés para relajarlos y hacerles sentir afecto. Fue Leboyer quien, después de observar en la India cómo una madre masajeaba a su hijo y los beneficios que proporcionaba, decidió importar estos movimientos a Occidente.

Día 165

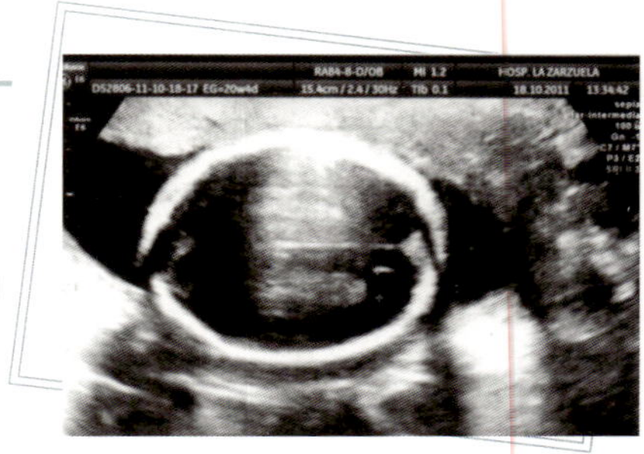

El factor más importante para la supervivencia de un bebé prematuro es la edad gestacional. El límite de esta va ampliándose cada vez más, de modo que, en la actualidad, se considera viable un recién nacido de 23 semanas en adelante.

NEONATOLOGÍA

Si un bebé naciera pasada la semana 23 de gestación, gracias a los grandes avances que se han producido en el campo de la neonatología (especialidad médica centrada en los recién nacidos), tendría posibilidades de sobrevivir.

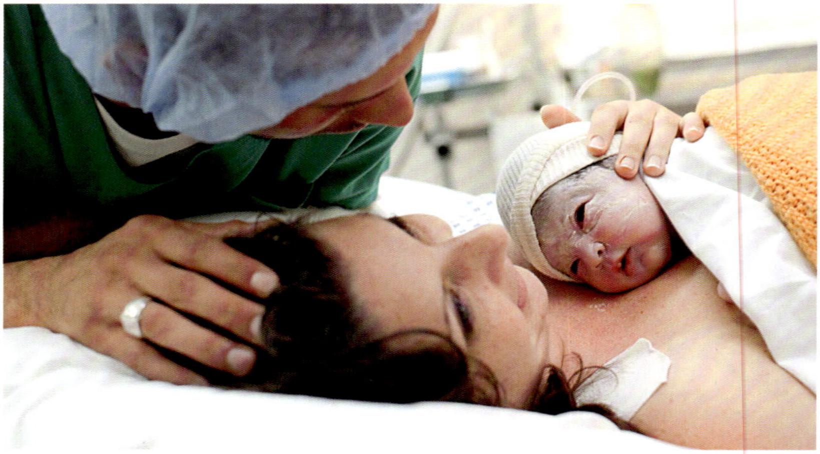

Leboyer propuso un método distinto de dar a luz; uno de los cambios que introdujo fue que el padre pudiera estar presente en el parto. Sus técnicas fueron muy solicitadas por las mujeres a partir de los años ochenta.

Este médico francés se centró, sobre todo, en el recién nacido. Afirmaba que, si el parto se producía en un ambiente exento de agresiones a los sentidos (luces fuertes, voces altas, corte inmediato del cordón umbilical, maniobras pediátricas agresivas, etc.), el bebé se presentaría afectado, pero receptivo hacia el medio y, además, «tranquilo».

La introducción de este modo distinto de parir determinó una serie de consecuencias incluso para la relación entre la madre y el hijo recién nacido, e inmediatamente después, para la madre, el hijo y el padre.

El método Leboyer tuvo muchas consecuencias, entre ellas la necesidad de revisar y reconsiderar la separación del recién nacido de la madre, hacer posible la entrada del padre en la sala de partos (o de una persona de confianza), el acercamiento inmediato del recién nacido al pecho materno y la posibilidad de una lactancia sin horarios estrictos.

Día 166

Un método de preparación al nacimiento que, en combinación con otras técnicas, cosecha un gran éxito actualmente y que desarrollan muchos profesionales es el que remite a las técnicas de la eutonía.

Eutonía significa «buen tono» (muscular) y es un método elaborado para el reequilibio general del cuerpo.

En el embarazo, este método se utiliza para que la mujer adquiera confianza en sí misma a través del tacto, el contacto físico con otras embarazadas y con su compañero, la relajación y la adopción de las posturas más acordes con el estado de embarazo.

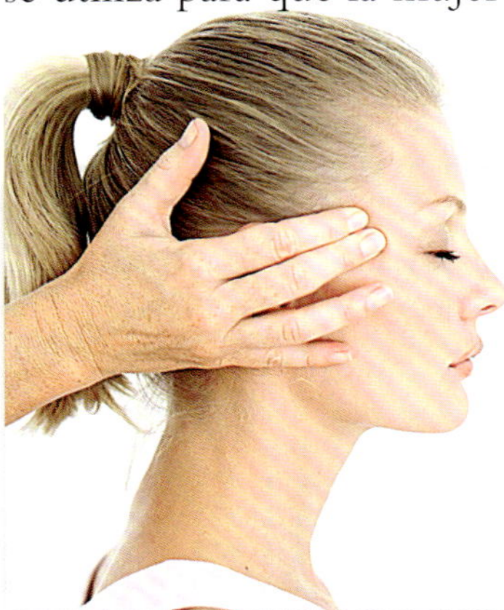

SHIATSU

El *shiatsu* es una técnica de origen japonés basada en la presión manual ejercida en varios puntos del cuerpo, que tiene semejanza con la acupuntura china.

HIPNOSIS

Esta técnica se aplicó por primera vez en Rusia, en 1925. La preparación al parto mediante hipnosis requiere cursos de unas diez sesiones semanales, de una hora cada una, en las que las embarazadas participan en grupo después del séptimo mes de gestación. Su objetivo es llevar a la mujer a un estado de relajación profundo.

Día 167

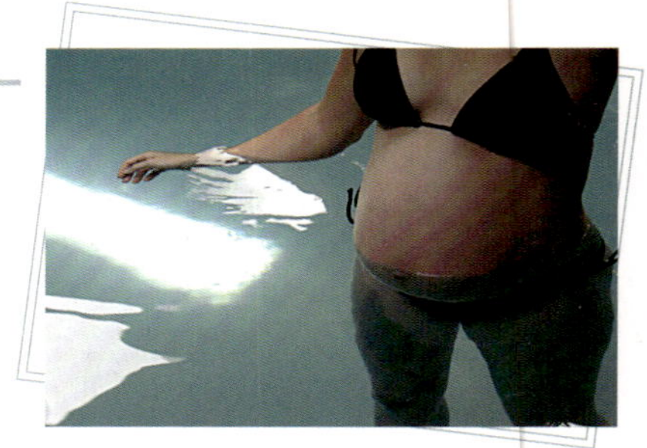

La preparación en el agua es otra técnica para facilitar el momento del parto a la mujer. Muchas piscinas ofertan este tipo de cursos con monitores especializados en realizar ejercicios para embarazadas.

Sumergirse en la tranquilidad de un medio líquido, cálido y envolvente invita a escucharse a uno mismo y facilita la relajación. La sensación de beneficio para todo el cuerpo es inmediata.

El agua, al sostenernos, nos lleva a probar nuevos equilibrios sin derrochar energía, y, al variar la carga sobre las articulaciones, permite una mejor distribución del peso. Asimismo, en ella se pueden experimentar movimientos tanto activos como pasivos que relajan los músculos y son beneficiosos para las articulaciones, especialmente para la columna y la pelvis.

Ralentizando los movimientos, el agua es un medio completamente seguro que permite estudiar detenidamente las posturas que pueden adoptar la columna vertebral, la pelvis y el perineo para afrontar de manera eficaz las distintas fases del parto.

AUMENTO DEL FLUJO

Es normal que el flujo vaginal se muestre más intenso; de esta forma, potencia su función protectora contra bacterias e infecciones procedentes del exterior.

OTRAS TÉCNICAS

Aunque menos comunes, también se utilizan métodos de vegetoterapia, derivados de los conceptos y las técnicas de W. Reich (1973, 1975), y bioenergéticos, basados en el sistema terapéutico de A. Lowen (1975), discípulo de Reich.

También se practican ejercicios gimnásticos diversos (pectorales, abdominales, perineales) y *stretching* (estiramiento muscular).

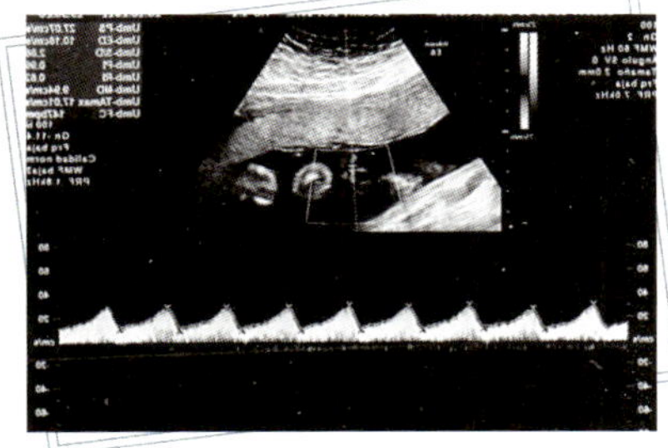

Día 168

El feto no solo reacciona a los sonidos que vienen del exterior, sino que es capaz de percibir y reaccionar cuando la madre acaricia o presiona su tripa, al sentir los movimientos que se realizan sobre el vientre.

Debido al crecimiento del feto, es muy normal que a muchas mujeres el ombligo se les «dispare» hacia fuera, aunque volverá a su lugar una vez que se haya dado a luz.

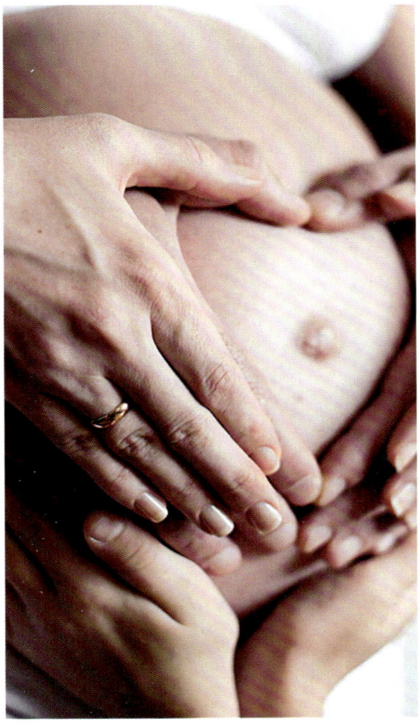

Otra consecuencia del aumento del volumen propio de estas semanas es que el útero, al llegar más allá de los límites de la pelvis, presiona algunos órganos internos, como los intestinos o el hígado, y el músculo del diafragma, por lo que a veces se experimenta cierta sensación de ahogo.

La presión que también se realiza sobre la vejiga hace que se sienta la necesidad de orinar con mayor frecuencia.

El feto cambia de posición y su espacio es cada vez menor; se sienten mejor los movimientos.

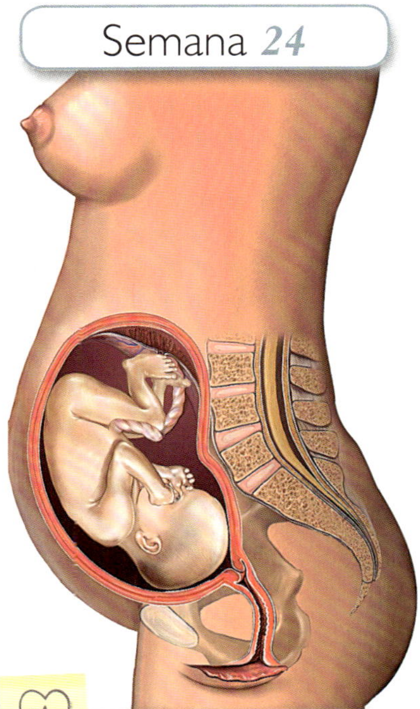

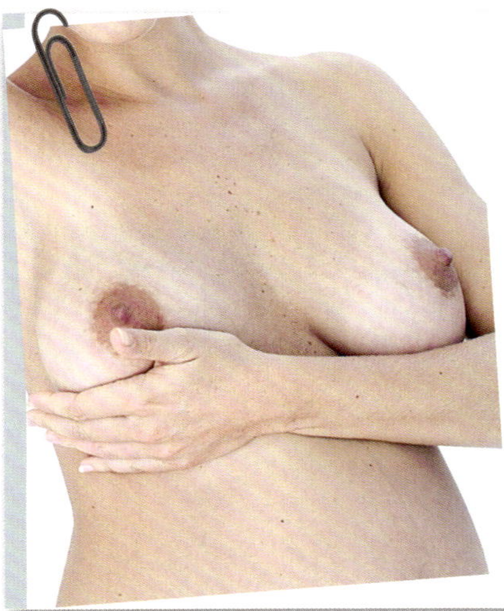

PEZONES SENSIBLES

Llegado este momento, el cuerpo se va preparando para la lactancia. El organismo de la mujer comienza a producir prolactina, la hormona que estimula la síntesis de leche materna. Una de las consecuencias de esto es que los pezones están más sensibles de lo normal.

Día 169

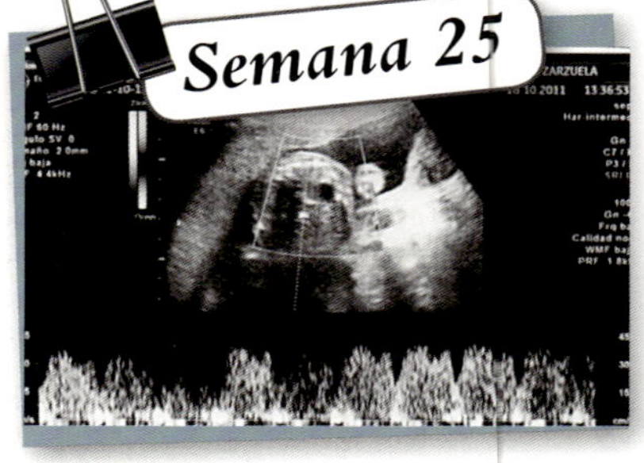

Semana 25

¿Cuándo comienza la reelaboración «psíquica» dentro del útero? En el sexto mes de gestación, el feto es un ser que reacciona a los estímulos sensoriales de manera compleja, recuerda y tiene capacidad de aprender.

Con respecto a la fecha en la que aparece la «memoria» en el feto, las investigaciones realizadas apuntan al periodo comprendido entre el sexto y el octavo mes de gestación.

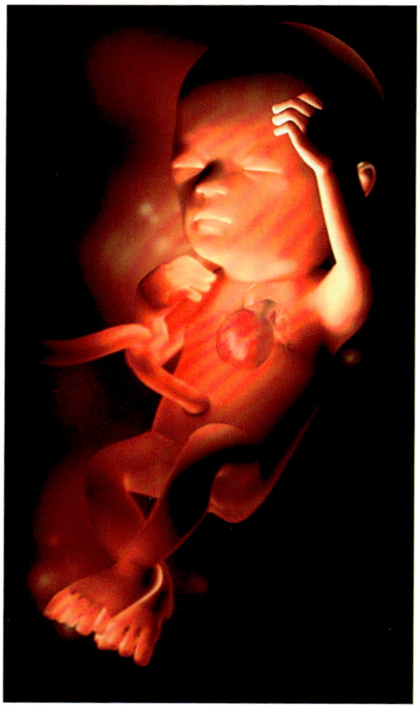

Cuando se habla de «conciencia», de «memoria» o de «expectativas», se emplean términos que tienen una interpretación distinta de la habitual.

Conciencia no significa conocimiento de uno mismo; esta es una conquista que hace el niño después del nacimiento, en torno a los 18 meses de edad.

En este momento de la vida intrauterina, la conciencia hace referencia a las acciones claramente encaminadas a alcanzar un objetivo, pero que no están vinculadas a saber que «soy yo» quien ha decidido hacer algo determinado.

NUTRIENTES

La placenta, el órgano que elimina los desechos del feto y permite la entrada de nutrientes y oxígeno, sigue creciendo.
Está formada por miles de vasos sanguíneos, y el cordón umbilical tiene una mayor dimensión que en los primeros meses de embarazo.

MEMORIA Y LENGUAJE

La comprensión del lenguaje hablado, en cuanto «lenguaje de signos» (es decir, la lengua creada por un grupo de individuos para comunicarse utilizando palabras en lugar de objetos, contactos, gestos, etc.), no la alcanza el niño ni en el útero ni al nacer. Harán falta meses de relaciones continuas con otros seres humanos para entender y aprender la lengua de la cultura en la que el niño haya nacido.

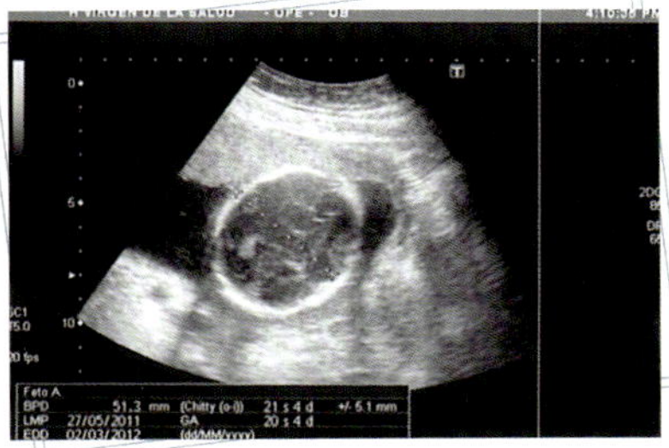

Días 170-171

Dentro del útero, lo primero que empieza a memorizar el feto son las «secuencias motoras», en una especie de programación encaminada a obtener los máximos resultados con la menor inversión de energía.

El feto comienza a memorizar también los datos que le servirán para distinguir sensaciones sonoras, olfativas, gustativas, táctiles, visuales o propioceptivas (las sensaciones que proceden del interior de nuestro cuerpo: equilibrio, tensión visceral, etc.).

Más tarde, entre las semanas 28 y 32 de vida intrauterina, los circuitos que permiten la conexión entre las células nerviosas del encéfalo (circuitos neuronales) alcanzan la complejidad y la maduración del nivel neonatal. A través de estos circuitos, los mensajes procedentes de la periferia (los datos sensitivos) se transmiten al cerebro y, desde allí, a las distintas partes del cuerpo. Al mismo tiempo, la corteza cerebral (que puede definirse como la «base» de la conciencia) madura de tal manera que podemos suponer un inicio de vida consciente.

PREFERENCIAS Y GUSTOS

Con la inhalación y la deglución, el feto experimenta, aparte del sabor, el olor de los compuestos que ingiere. Las asociaciones gusto-olor que se forman en el útero permanecen durante el periodo posterior al nacimiento y determinan el comportamiento de preferencia o de rechazo hacia ciertos sabores y olores.

BUENOS DÍAS

Además de la unión que se produce en lo hormonal, se pueden transmitir afectividad y pensamientos positivos a través de la voz, haciendo partícipe al feto de nuestras actividades cotidianas, hablándole de las cosas que hacemos para él o, simplemente, haciéndole partícipe del mundo exterior al darle los buenos días cada mañana.

Días 172-173

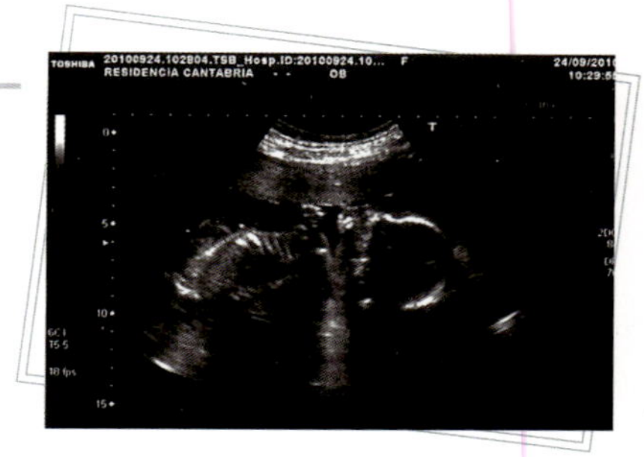

En la actualidad, cada vez hay más centros hospitalarios que establecen un diálogo con la madre gestante a la hora de «diseñar» un parto a su medida, pero anteponiendo siempre su seguridad y la de su futuro hijo.

NIVELES DE AZÚCAR

A lo largo de este segundo trimestre se habrá realizado el conocido test de O´Sullivan, a través del cual se mide el nivel de azúcar en la sangre. Esta prueba sirve para detectar la diabetes gestacional; si el nivel de concentración de azúcar que resulta de la prueba es alto, normalmente se realiza otra prueba adicional: la curva de glucemia.

Retomando al tema de ir pensando en el momento de dar a luz, hay que señalar que, en los hospitales, la tendencia actual es que el parto y el nacimiento vuelvan a tratarse como acontecimientos totalmente naturales.

Esta tendencia no se ha de interpretar en el sentido de un mítico retorno a lo natural ni en el de un desconocimiento de las aportaciones que la ciencia y la tecnología han hecho para reducir las tasas de mortalidad tanto materna como infantil.

Al movimiento de las mujeres en los años setenta se le debe el mérito de haber denunciado las prácticas «médicas» del nacimiento y haber solicitado un decisivo cambio de rumbo, a menudo experimentando en su propia piel modalidades alternativas.

Tras la aparición de libros que marcaron una época (como el ya mencionado de Frederick Leboyer, en 1978), la proliferación de las técnicas de preparación al parto, y en vista de que algunas mujeres se planteaban la opción de volver a dar a luz en casa, la rígida organización hospitalaria comenzó a abrirse a nuevas modalidades de desarrollo del parto. En la actualidad, se eligen técnicas poco invasivas para la madre y se interviene lo menos posible en el proceso.

SIN RAZAS

En este mes de gestación, todavía no se puede determinar el color de la piel del bebé; este distintivo racial es aún imperceptible en el feto.

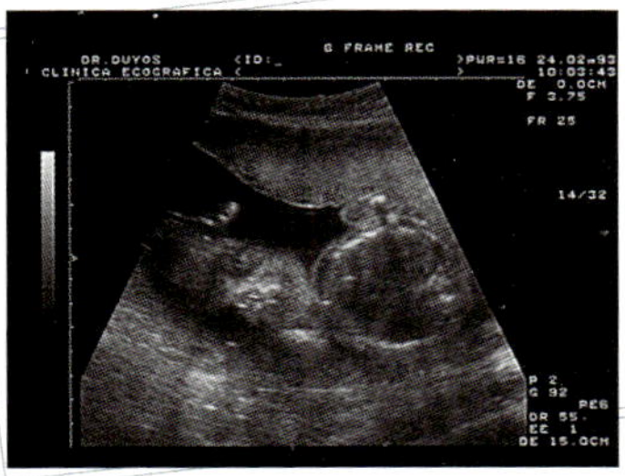

Día 174

En los últimos años, se han ido adaptando las salas de parto para que las mujeres puedan adoptar posiciones más verticales, ofreciéndoles instrumentos para mitigar las molestias durante la dilatación o facilitar la libertad de movimientos.

Está aumentando la tendencia a dar a luz en casa, y existen algunos especialistas que asisten a la mujer durante el parto en su domicilio. Sin embargo, también son muchos los obstáculos que se interponen en el parto en casa: dificultades ambientales, estructurales y también históricas y económicas. Los costes y los riesgos que esta actuación implica la hacen difícilmente practicable.

En cambio, resulta más lógico y productivo (sobre todo pensando en la gestión de grandes cifras, y no solo en asegurar a pocos «elegidos» soluciones privilegiadas) afrontar la revisión de la organización hospitalaria, con sus espacios, técnicas y procedimientos, sin dejar de conservar las garantías tecnológicas y profesionales que ofrecen. Afortunadamente, este paso ya se ha dado.

RELAXINA PARA ESTIRAR

Es la hormona que producen las embarazadas para relajar los ligamentos y preparar la zona púbica para el parto. Gracias a esta mayor facultad para estirarse, el cuerpo también es más proclive a sufrir lesiones, sobre todo en la pelvis y la parte inferior de la espalda; por eso no hay que hacer movimientos muy bruscos cuando se levantan objetos o se realiza ejercicio.

MIEDOS Y PESADILLAS

¿Seré una buena madre? ¿Podré afrontar todas las responsabilidades que se me vienen encima? ¿Nacerá bien mi hijo? Estas preguntas y muchas más se presentan en todas las embarazadas a medida que evoluciona su gestación. Es normal tener estas preocupaciones, que pueden manifestarse en pesadillas por la noche. Hablar con otras madres puede ser de ayuda y tranquilizar mucho.

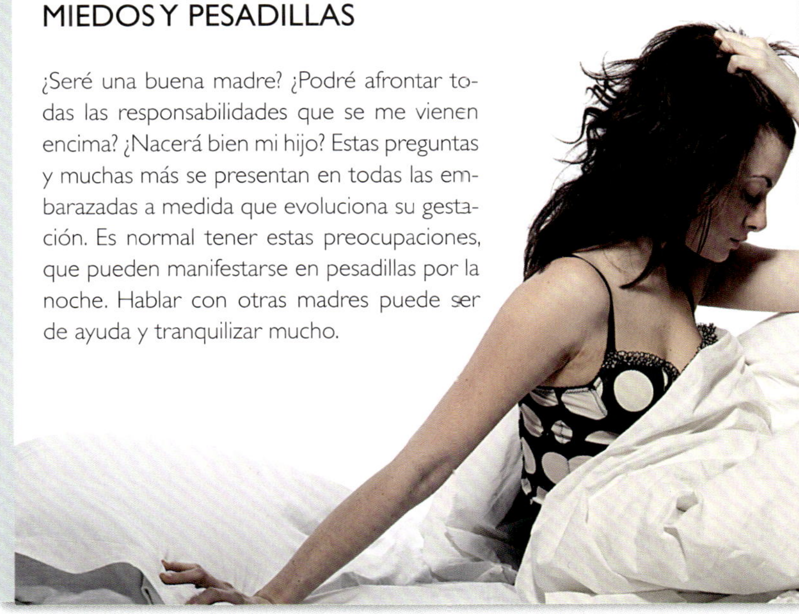

Día 175

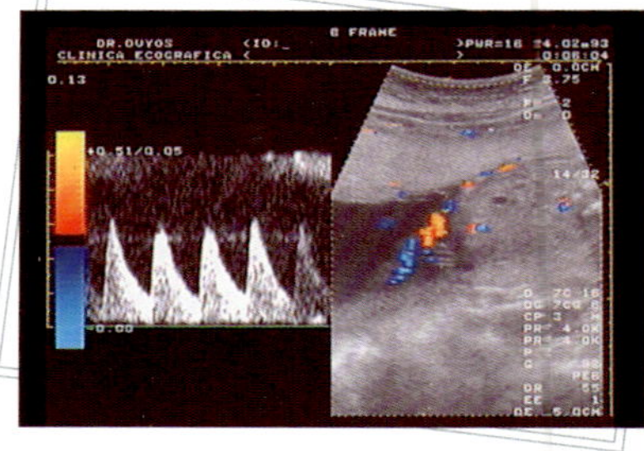

El feto va ganando volumen rápidamente: ya pesa unos 900 gramos y cada vez llena más el espacio en el útero. Se oscurece el lanugo y aumenta el vérnix caseoso. Su piel crece y se forman arrugas por la falta de grasa debajo de esta.

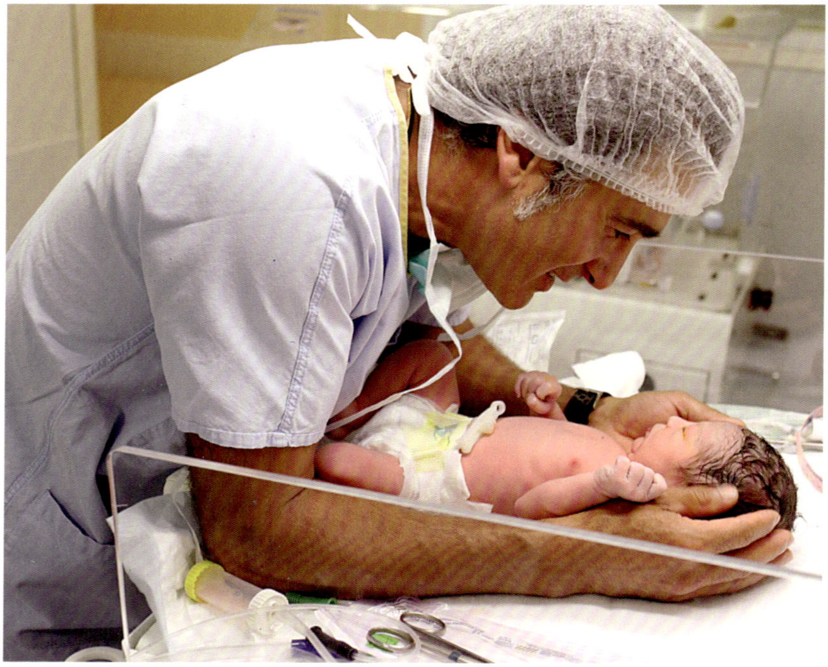

COMPARTE LOS MOVIMIENTOS

A punto de acabar el segundo trimestre, ya no serás la única que nota cómo se mueve tu futuro bebé, sino que podrás compartir estas sensaciones. Ahora, cuando los demás tocan tu tripa, pueden sentir también los movimientos del feto.

La hospitalización ha permitido reducir enormemente los niveles de mortalidad materna e infantil. Una vez alcanzadas estas garantías de seguridad, resulta indispensable asegurar también el respeto de otros parámetros que también son importantes.

Así, cada vez es más usual garantizar la intimidad y la compañía de un familiar durante todo el proceso de parto.

También aumenta el tiempo en que la madre y su hijo recién nacido están juntos, así como con el padre (al que antiguamente se tomaba en consideración en raras ocasiones).

Poco a poco, comienzan a cuidarse más los aspectos emocionales, a los que no hay por qué renunciar si se opta por una mayor cobertura médica durante el alumbramiento.

Se ha comprobado la necesidad de ceder a la madre protagonismo, darle información y hacer que se sienta capaz de parir, y, en cuanto a la atención médica, esperar y no tratar todos los partos como si fueran de alto riesgo.

Tercer trimestre

Tercer trimestre

Séptimo mes

Comienza la recta final del embarazo.
A partir de ahora, los controles de salud son más frecuentes y el aumento de peso, considerablemente mayor.

Semanas *26-27*

Es el momento de valorar el metabolismo de los azúcares con la pequeña curva de glucosa o GCT.

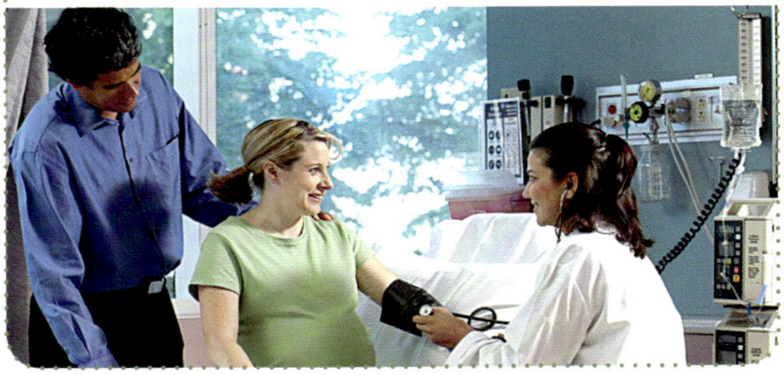

Semanas *28-29*

Comienzan a sentirse las contracciones de Braxton Hicks, que preparan el útero para el posterior trabajo de parto.

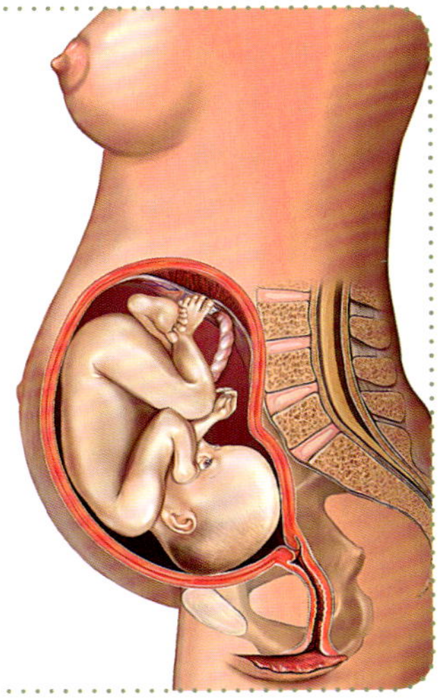

Semana *30*

El feto empieza a buscar su posición de cara al parto; generalmente, cabeza abajo.

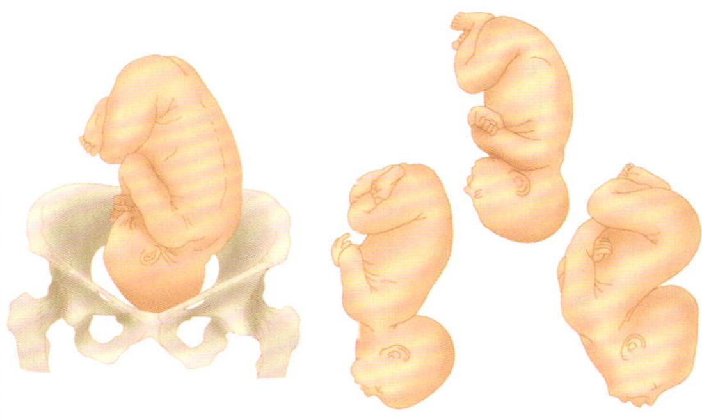

Octavo mes

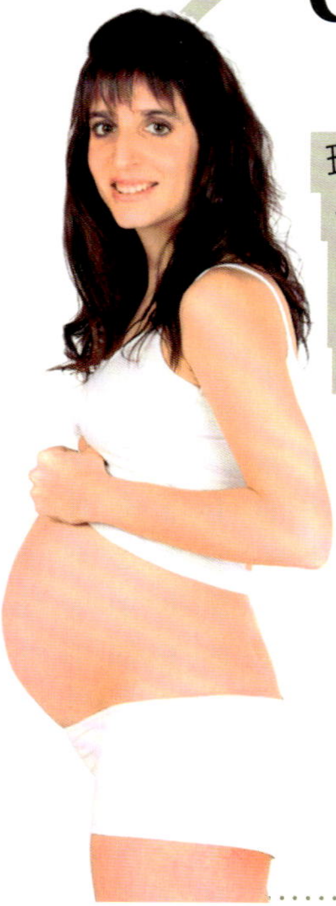

El feto va aumentando de tamaño y cada vez tiene menos espacio libre para moverse. Durante este mes, el útero alcanza el máximo de su tamaño, unos 40 centímetros.

Semanas *31-33*

El feto percibe los estímulos y reacciona ante ellos más que nunca.

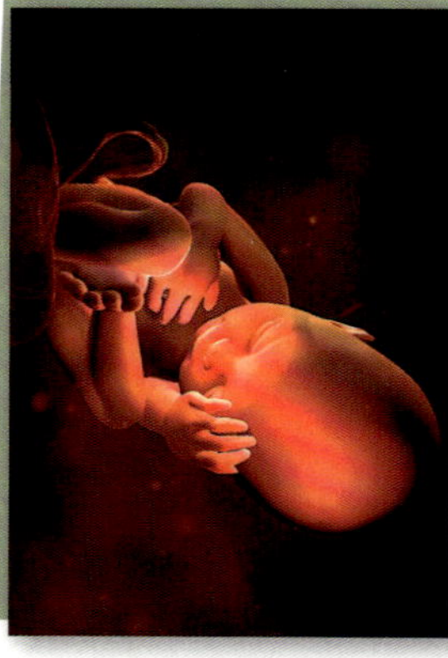

Semanas *34-35*

Ya ha desarrollado todos sus sistemas fundamentales, a excepción de los pulmones.

Noveno mes

El momento del parto se acerca. Durante este mes, el feto engorda hasta llegar a los 3.500 gramos y 51 centímetros, al final de la gestación.

Semanas *36-38*

El control de la etapa final del embarazo incluye una monitorización fetal semanal.

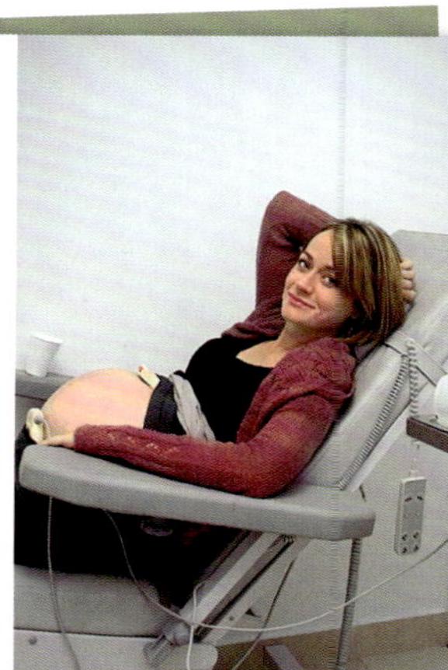

Semanas *39-40*

El feto está preparado para vivir fuera del útero.

Semana 26

Día 176

Te encuentras ya en la recta final del embarazo. A lo largo de estos tres últimos meses, los controles sobre tu salud y la del bebé serán más frecuentes. Cada vez está más cerca el momento de dar a luz.

Sin embargo, no hemos de olvidar que el hombre también puede sufrir cambios ante el nuevo estado de su compañera. En algunas ocasiones, incluso llega a padecer el llamado «síndrome de Couvade» y manifiesta los síntomas propios de una embarazada: náuseas, vómitos, antojos, dolores abdominales, etc.

Normalmente, no es hasta pasado el tercer mes cuando aparece, y los síntomas se intensifican a medida que se acerca la fecha del parto.

Para minimizar esta situación, el hombre debe involucrarse más activamente en el embarazo de su pareja, perdiendo así el temor a la paternidad y dejando de actuar como un mero espectador.

Mantener los encuentros sexuales es otro factor que puede reducir esta afección, en caso de darse.

El síndrome de Couvade afecta a entre un 10 y un 65% de los hombres.

PRUEBAS DEL TERCER TRIMESTRE

- **Semana 26-28:** análisis hemocromocitométrico completo con recuento de plaquetas; creatinina sérica; análisis de orina; GCT *(Glucose Challenge Test)*.
- **Semana 30-34:** ecografía obstétrica.
- **Semana 32:** análisis hemocromocitométrico con recuento de plaquetas; transaminasas; proteínas plasmáticas totales y fraccionadas; PT (tiempo de protrombina); PTT (tiempo de protrombina parcial); fibrinógeno; colinesterasis; análisis de orina.
- **Ecografía.**
- **Semana 35-37:** frotis vaginal.
- **Semana 36:** análisis hemocromocitométrico con recuento de plaquetas; glucosa y creatinina (sangre); análisis de orina.

Días 177-178

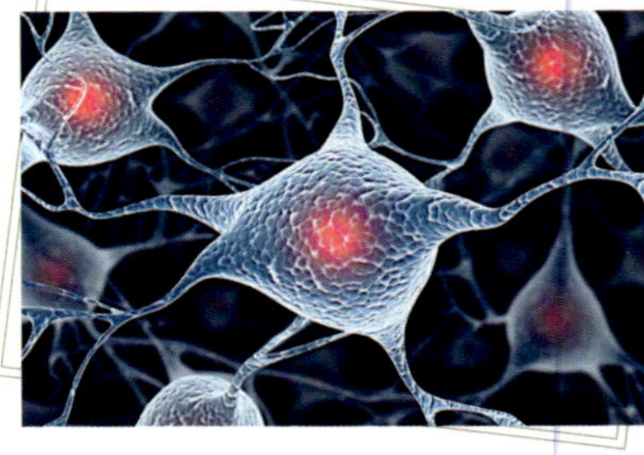

En la semana 26, el feto mide alrededor de 35 centímetros y pesa cerca de un kilogramo. Su sistema nervioso ya está completamente desarrollado y listo para empezar a funcionar, por lo que la estimulación puede ser mayor.

El peso del feto se triplicará desde ahora hasta el momento en que nazca, así que en las próximas semanas irá acumulando grasa muy rápidamente. El bebé necesita esta grasa para poder adaptarse a las condiciones ambientales externas, ya que el útero es un lugar caliente, con una temperatura constante, a diferencia del exterior.

Además, la grasa que acumula también es una fuente de energía y calorías que le servirán durante sus primeros días de vida; es muy habitual que los recién nacidos, especialmente los que toman el pecho, pierdan peso la primera semana después de nacer.

Como consecuencia de este rápido acúmulo de grasa en la embarazada, la piel del abdomen crece tan deprisa que puede llegar a producir picores por la distensión de los tejidos; por eso es muy importante mantener una buena hidratación de la piel; no solo aliviará los picores, sino que, además, evitará la formación de estrías.

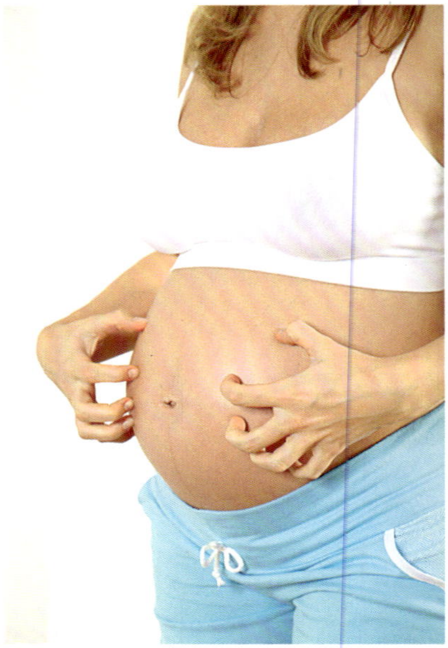

También puede sentirse un ligero cosquilleo, dolor o adormecimiento de las manos y los pies, una alteración que se conoce como «síndrome del túnel carpiano» y que padecen algunas mujeres embarazadas. Su aparición se ve favorecida por la retención de líquidos, pero la mayoría de las veces esta dolencia desaparece a las pocas semanas después del parto.

{ Los tejidos naturales dejan transpirar la piel y minimizan los picores. }

COMPRAS PARA EL BEBÉ

Entrado este mes de embarazo, es conveniente empezar a preparar todo lo que vaya a necesitar el bebé: ropa, pañales, carrito, cuna de viaje, etc. Si no se quiere comprar muchos accesorios, seguro que alguna amiga los puede prestar.

Día 179

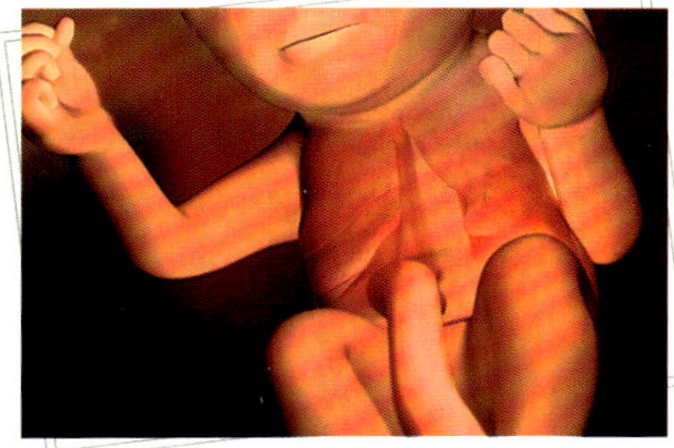

A principios del tercer trimestre, los pulmones del feto inician la producción del factor tensoactivo, necesario para mantener expandidos los alveolos e indispensable para el desarrollo de la capacidad de respirar de forma autónoma.

CONTRACCIONES

En el tercer trimestre, es normal sentir alguna que otra contracción, pero no hay por qué alarmarse: es otro síntoma de que el cuerpo se está preparando para dar a luz.

El desarrollo anatómico del feto conlleva una diferenciación funcional y, en el caso de los pulmones, esta depende del factor tensoactivo pulmonar, un fosfolípido que impide el colapso alveolar.

La producción de este elemento comienza ahora, en cantidades muy pequeñas, y va aumentando a lo largo de este trimestre. De esta manera, los pulmones del feto alcanzan la madurez adecuada para adaptarse a la vida extrauterina sin ningún riesgo.

Uno de los aspectos más críticos para la supervivencia de los bebés prematuros es, precisamente, la cantidad de factor tensoactivo, pues, para que el recién nacido se mantenga con vida, los pulmones deben empezar a funcionar inmediatamente después de nacer.

COMUNICACIÓN CON EL FETO

En este tercer trimestre, el feto no solo es muy sensible a los sonidos, sino que, por primera vez, abrirá los ojos y podrá reaccionar mejor a las fuentes lumínicas.
Es capaz de identificar voces y sonidos, por lo que hay que seguir acostumbrándole al tono de voz de la madre e ir explicándole todo lo que sucede a su alrededor, sobre todo cuando notemos que se mueve más enérgicamente ante determinados acontecimientos.

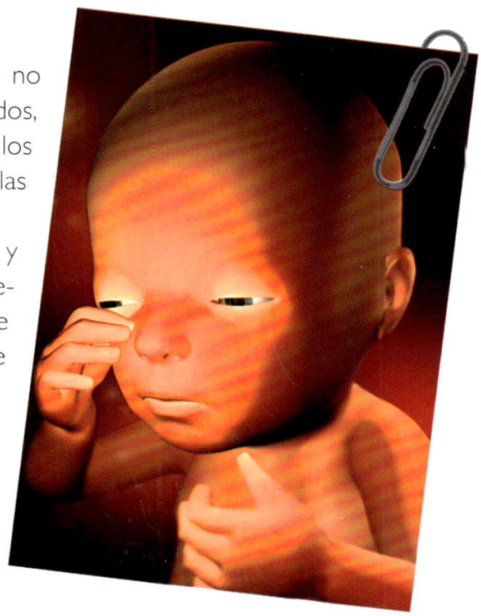

Día 180

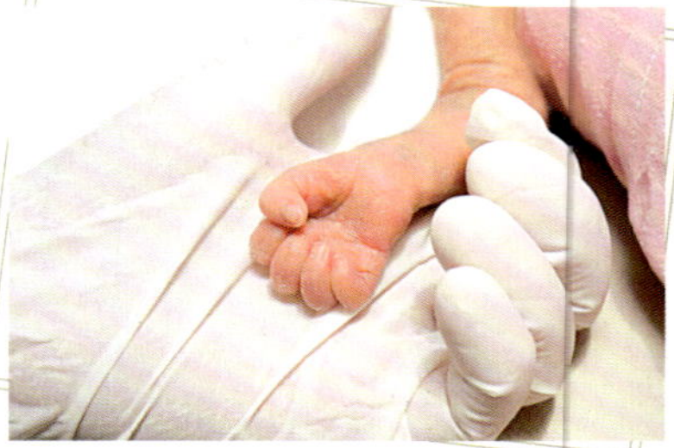

Hacia el día 180 de gestación, el feto se considera «vital»: si la gestación se interrumpe antes de esta fecha, se trataría de un aborto pero, una vez pasado este umbral, se puede hablar ya de parto prematuro.

¿PAÑALES REUTILIZABLES O DESECHABLES?

Los pañales desechables son muy cómodos, pero es necesario comprar continuamente nuevas existencias y generan gran cantidad de residuos.

Como alternativa, existen los pañales reutilizables, que curiosamente muchas madres vuelven a elegir. Son más baratos y están confeccionados con materiales naturales (sin plásticos) que dejan transpirar mejor la piel. Solo tienen un inconveniente: hay que lavarlos cada vez que se cambian.

El uso combinado de estos dos modelos puede ser una buena solución.

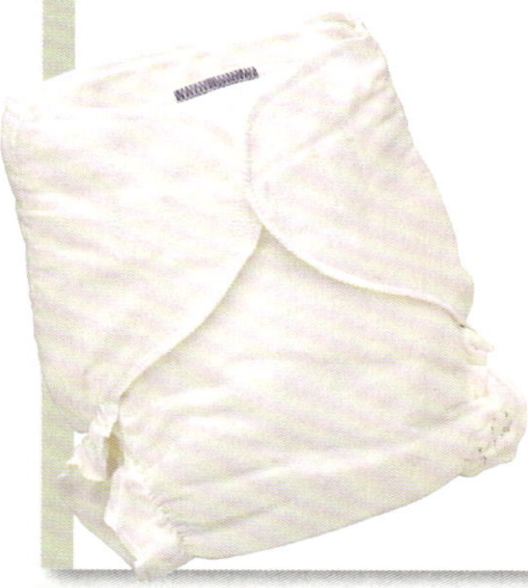

Si bien uno de los principales problemas de los bebés prematuros es que los pulmones no han terminado de formarse (y la caja torácica tiene que hacer un enorme esfuerzo para reabrir los alveolos, pues todavía no han producido suficiente cantidad de sustancias tensoactivas), la

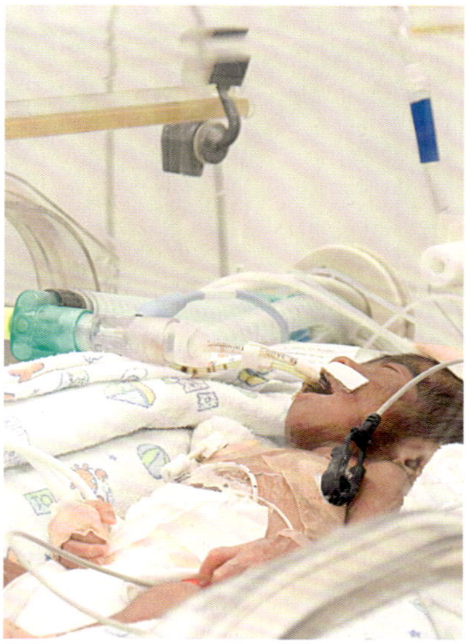

termorregulación es otra de las funciones que tienen inmaduras y es necesario controlar; por eso, estos bebés se resfrían con mucha facilidad. Las incubadoras permiten mantener a niveles adecuados tanto el oxígeno del aire que respira el niño como la temperatura del medio que lo acoge.

Cada vez hay más firmas de ropa de bebé con tallas para prematuros.

En muchos casos, al carecer todavía de los reflejos de succión y deglución, es necesario alimentar al niño por vía intravenosa o mediante una sonda gástrica.

El sistema nervioso del prematuro está también incompleto pero, si no muestra lesiones, se desarrolla normalmente, siempre y cuando sea sometido a una estimulación suficiente.

Día 181

El incremento del peso materno en la última fase del embarazo se debe, principalmente, al crecimiento del feto. A partir del cuarto mes ha sido muy evidente pero, en estos tres últimos meses, será cuando más peso se gane.

El feto ya está bastante desarrollado y el útero sigue estirándose, así que pueden empezar a sentirse dolores de espalda y en la pelvis. Se trata de una señal más de que el cuerpo se va preparando para el parto.

{ Los masajes de espalda para embarazadas son muy recomendables estos meses. }

El origen de este dolor no está vinculado únicamente al hecho de que la columna vertebral tenga que soportar el peso del feto, sino también a la presencia de algunas hormonas (en particular, progesterona) que hacen que se relajen los ligamentos y las articulaciones para facilitar el paso del bebé durante el parto.

Estos cambios posturales hacen inestable el equilibrio durante el embarazo, especialmente cuando se realizan movimientos bruscos y rápidos, pues el cerebro puede no registrar con la debida celeridad la nueva posición del cuerpo. Asimismo, la inestabilidad puede llegar a ser mayor todavía después del parto, por lo que, durante el puerperio, conviene desplazarse con prudencia.

CARIÑO TRAS EL CRISTAL

Es muy importante la estimulación y el afecto de los padres en el periodo de incubadora. Si tu bebé está en esta situación, transmítele todo tu cariño y piensa que está en buenas manos y que pronto podrás tenerlo entre tus brazos. Si las normas del hospital lo permiten, deja que lo visiten otros familiares.

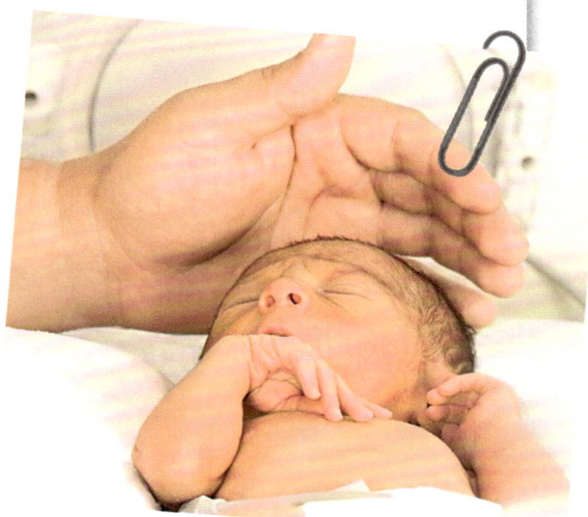

Día 182

El crecimiento fetal dentro del útero es lineal y continuo, pero su ritmo no es constante: es más intenso desde la semana 24 a la 36 y, después, decrece gradualmente. En este momento, pesa ya cerca de un kilogramo y mide unos 36 centímetros.

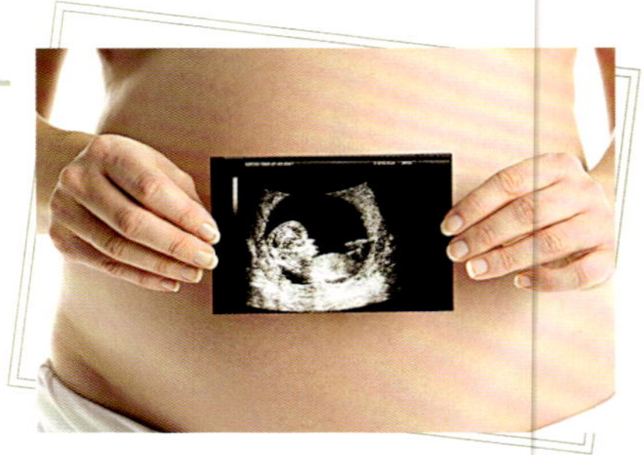

En el tercer trimestre habrá que someterse a más pruebas, entre ellas el análisis de metabolismo glucémico y el llamado *Glucose Challenge Test* (GCT), o pequeña curva de glucosa, que controlan los desequilibrios de esta sustancia en la sangre.

El análisis glucémico sirve para detectar posibles desequilibrios de glucosa en la sangre antes de que sean sintomáticos y den lugar a una auténtica patología (como la diabetes gestacional o la intolerancia a la glucosa); por ello, han de repetirse periódicamente.

Otras pruebas que sirven para identificar alteraciones del metabolismo de los azúcares son la pequeña curva de carga y la gran curva.

La pequeña curva de glucosa (GCT) se suele realizar hacia la semana 27, a menos que existan factores de riesgo que aconsejen adelantarla a la semana 18. Para realizarla, primero se mide la glucemia en ayunas; después, se ingieren 50 gramos de glucosa y se vuelve a evaluar el nivel glucémico al cabo de una hora.

Este análisis, fundamental para descubrir alteraciones potenciales de la tolerancia a los azúcares, se realiza a todas las mujeres embarazadas. La gran curva (OGTT) es un análisis más exhaustivo que solo se hace en caso de detectarse alteraciones en la pequeña curva.

GUARDA TU ENERGÍA

Aunque en esta fase del embarazo es importante andar, no es menos importante mantener todo el reposo que puedas. Duerme todo lo que te sea posible; conviene guardar energías y recopilar fuerzas para cuando nazca el bebé.

¿HASTA CUÁNDO ES PREMATURO?

Se consideran prematuros los niños nacidos antes de la semana 37 de gestación. En ellos, la capacidad para defenderse de las infecciones y el funcionamiento de los distintos órganos pueden no ser adecuados (sobre todo en el caso de los prematuros de «muy bajo peso», aquellos que tienen un peso inferior a un kilo y medio, o incluso a un kilo).

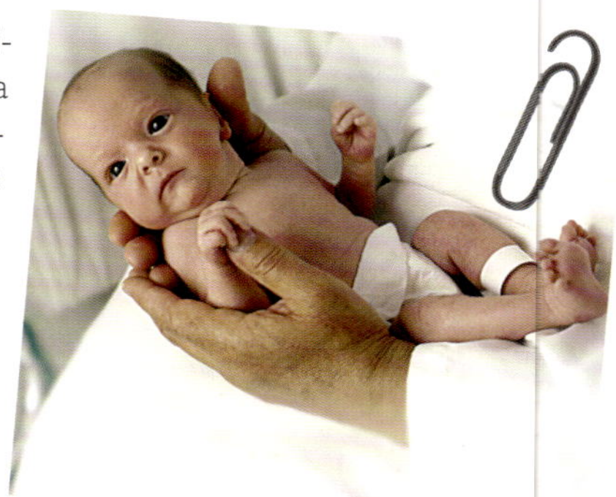

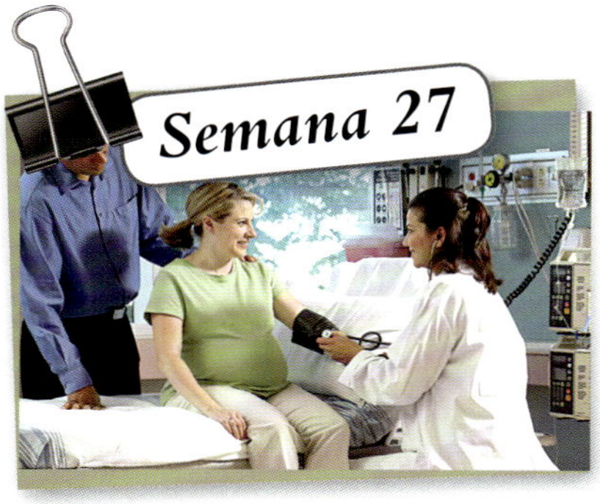

Día 183

La presión arterial de las embarazadas sufre cambios durante el día (ritmo circadiano) y a lo largo de todo el embarazo. En estas semanas, es posible que la presión sanguínea suba un poco, hasta llegar al nivel que se tenía antes del embarazo.

Gracias a los estudios que describen los cambios de la presión arterial durante todo el embarazo, se acepta, de una forma general, que la presión arterial comienza a disminuir a finales del primer trimestre, alcanza su nivel mínimo en el segundo trimestre y aumenta de nuevo al comenzar el tercero, para alcanzar su punto máximo al término del embarazo.

La preeclampsia, también llamada «toxemia», es una dolencia relacionada con la presión arterial que puede aparecer en este último trimestre de embarazo.

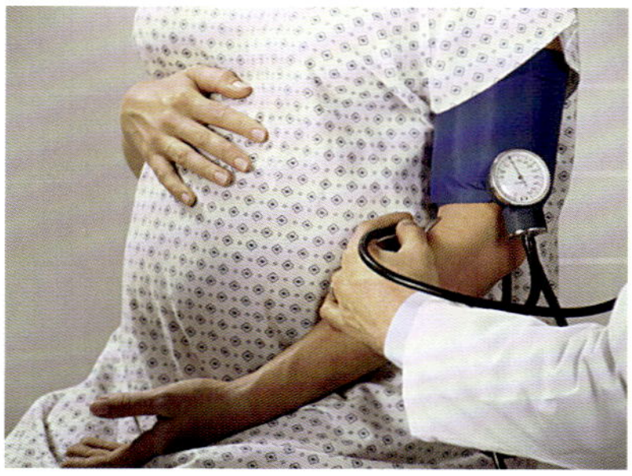

Afortunadamente, se trata de una enfermedad poco común que afecta a un porcentaje pequeño de mujeres embarazadas (3-7 %); suele ser más frecuente en las mujeres primerizas o en los embarazos tardíos.

Se caracteriza por una tensión arterial elevada, edema (hinchazón), aumento súbito de peso y dolor de cabeza constante.

Como el aumento de la tensión provoca que los vasos sanguíneos se contraigan, esto hace que la transmisión de oxígeno y nutrientes al feto a través de la placenta se vean comprometidos. Como consecuencia, en los casos más leves, los bebés pueden nacer con bajo peso. En casos más graves, puede ser necesario guardar reposo absoluto hasta el parto o incluso practicar una cesárea.

¿DEMASIADO PESO?

En las revisiones médicas se irá controlando el peso de la embarazada. Si consideras que has engordado demasiado, consúltalo con el médico para que sea él quien te dé consejos nutricionales; nunca hagas una dieta por tu cuenta, podría ser perjudicial.

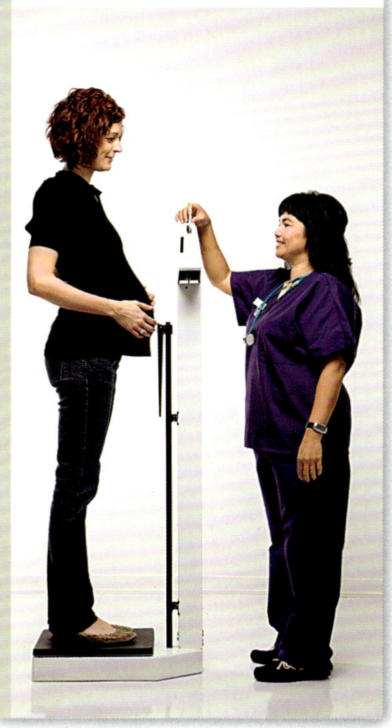

Días 184-185

En el embarazo, el aumento de peso y los cambios hormonales afectan a la circulación; además, el feto, de mayor tamaño, puede llegar a presionar los nervios y vasos sanguíneos que discurren hacia las piernas. En consecuencia, aparecen los calambres.

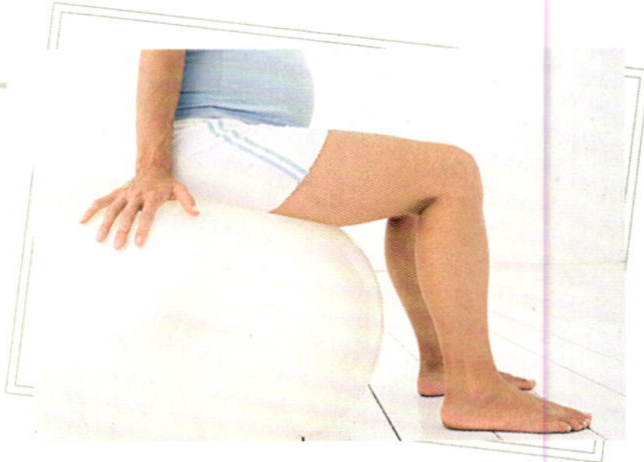

Además del dolor en la parte baja de la espalda y en la pelvis, muy común a estas alturas del embarazo, también pueden sentirse calambres en los músculos de las piernas con cierta frecuencia.

Estar mucho tiempo sentada o cruzar las piernas favorecen la aparición de calambres.

Dichos calambres se producen no solo por el aumento de peso, sino también porque el útero está haciendo que el aparato circulatorio tenga que trabajar más, así como los nervios que se dirigen desde el tronco hasta las extremidades inferiores.

Aunque suele ser mucho más común que se produzcan durante la noche, los calambres también pueden aparecer a lo largo del día, y es posible que se acentúen a medida que vaya avanzando el embarazo.

Para aliviarlos, pueden hacerse ejercicios de estiramiento de los músculos de las pantorrillas. También se recomienda caminar durante algunos minutos hasta que el calambre se pase o bien realizar un masaje en los gemelos.

SANGRADOS

Si en este trimestre comienzas a sangrar como si tuvieras la regla, acude inmediatamente al hospital para controlar cualquier anomalía en el desarrollo del embarazo.

BIBERONES

Si vas a alimentar a tu bebé con biberón, necesitarás seis biberones de 110 mililitros. Si, por el contrario, vas a darle el pecho, con tres o cuatro biberones será suficiente. Existen chupetes y biberones con tetinas ergonómicas, que simulan el pezón materno, cuyo orificio tiene una localización y un diámetro adecuados para la succión y deglución ideal (no modifiques nunca este orificio).

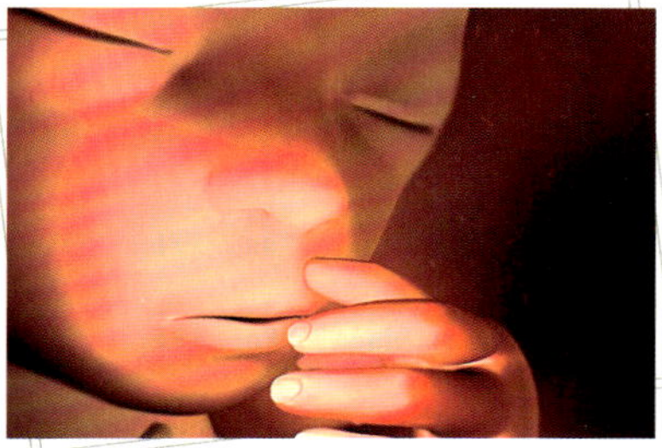

Día 186

A partir del sexto o séptimo mes, el feto se acerca las manos a la cara, abre la boca y percibe las distintas texturas de la bolsa amniótica, del cordón umbilical y de su propia piel. Esto es, comienza a explorar el entorno a través de sus sentidos.

Estas semanas, los movimientos del feto se sienten a diario y este tiene mayor actividad, pues su cerebro se encuentra cada vez más desarrollado. Abre y cierra los ojos, se chupa el dedo (un acto reflejo que le será de gran ayuda a la hora de mamar) y puede incluso tener un horario regular de sueño y vigilia.

Los ruidos externos repentinos agitan al feto y lo hacen reaccionar.

CAMINO AL HOSPITAL

¿Qué ruta seguirás para llegar hasta el hospital? ¿Te llevarán en coche o pedirás un taxi? Estos pequeños detalles, como la ruta, la carretera con menos tráfico o el tiempo que tardarás, ya se pueden ir pensando y comentando con la pareja.

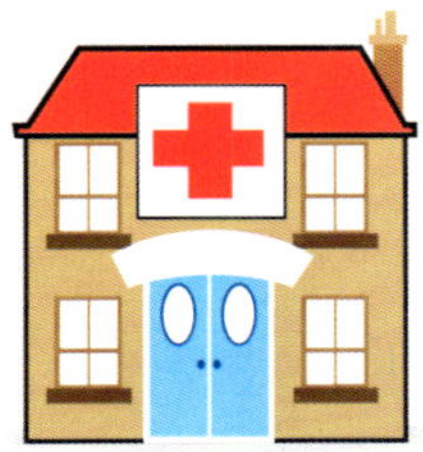

PÉRDIDAS POR EL PECHO

En los últimos meses del embarazo pueden producirse pequeñas pérdidas de líquido por el pezón: unas gotas de color amarillento y consistencia viscosa. Dichas pérdidas no tienen relación alguna con la posterior lactancia: su presencia no significa una abundancia de leche después del parto, ni su ausencia debe hacer dudar sobre la capacidad de producción de leche llegado el momento.

Sus pulmones todavía no están totalmente desarrollados (el pulmón es el último órgano vital que se forma) pero, si naciera antes de tiempo, podría respirar con ayuda. Dentro del útero no los utiliza, ya que obtiene el oxígeno de la placenta, a través del cordón umbilical. Sin embargo, los pequeños músculos de su pecho empiezan a practicar un movimiento similar al de la respiración; empleando los pulmones y el diafragma se va preparando para la vida en el exterior.

Día 187

El feto ya ocupa casi toda la capacidad de la bolsa amniótica y suele voltearse dentro de ella, pero el espacio para realizar movimientos es cada vez menor. Notarás que posee un horario regular de sueño y descanso, con menos actividad.

En los últimos años, se ha vuelto a imponer la idea de que la observación de los movimientos fetales activos (MAF) puede proporcionar indicaciones válidas sobre las condiciones del feto, pues el movimiento fetal es un indicador de su salud.

En condiciones normales, a las 20 semanas de gestación ya han aparecido todos los movimientos fetales (movimientos de tronco, extremidades...), y estos alcanzan su máxima intensidad a partir de la semana 27.

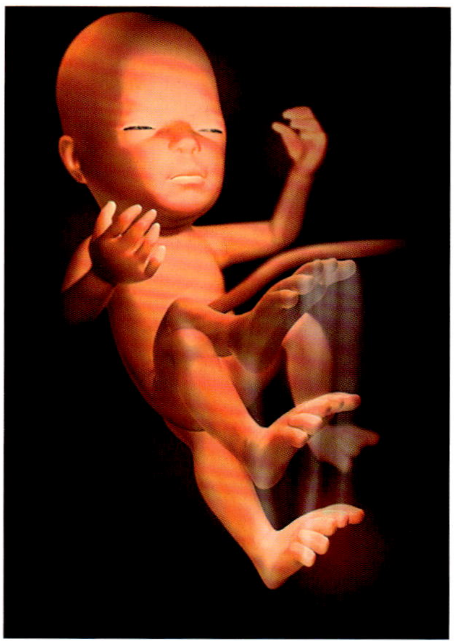

Así, los movimientos vivos y vigorosos son un indicio de bienestar; los movimientos escasos y débiles pueden indicar la existencia de sufrimiento; y la ausencia de movimiento puede significar un grave malestar en el feto. Por eso, es importante la vigilancia del patrón de movimientos del feto y, ante cualquier disminución, acudir al médico.

La percepción de este tipo de movimientos es más fácil en la postura supina o en condiciones de reposo.

ORGANIZACIÓN

Ya se puede ir preparando una lista con todo lo que se necesita para el cuidado del bebé cuando nazca: alcohol para secar el ombligo, algodones, esparadrapo para pieles muy sensibles, suero fisiológico (mejor en monodosis), pañales de recién nacido, crema para las irritaciones del culito, crema hidratante...

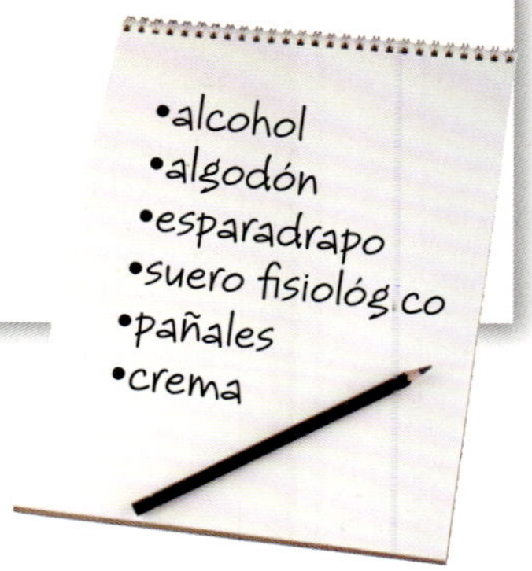

A medida que se acerca el momento del parto, la emoción crece cada día.

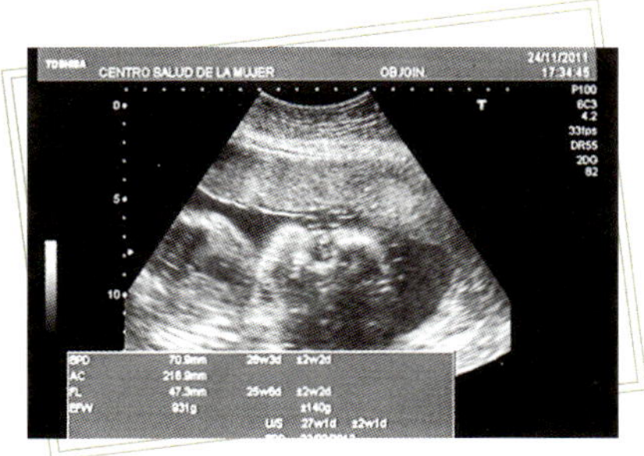

Día 188

La observación de los MAF se ha introducido en obstetricia como un elemento de control de las condiciones fetales. Los resultados se pueden ir guardando para tener una visión global del número de movimientos en diferentes días.

Este control resulta especialmente útil y significativo en la recta final del embarazo, cuando los movimientos del feto tienden a disminuir.

Al final del embarazo, unos diez movimientos al día se consideran una señal de buena vitalidad del feto y se puede suspender la observación hasta el día siguiente. No obstante, si no llegan a contarse al menos diez en un día, es necesario contactar inmediatamente con el médico o la comadrona, o acudir directamente al hospital.

Es importante tener en cuenta que la percepción materna de estos movimientos puede ser incorrecta. Unas veces en exceso, porque movimientos intestinales o diafragmáticos maternos son interpretados como actividad fetal o por el ansia de querer justificar el bienestar del niño. En cambio, dicha percepción otras veces puede ser imprecisa por defecto: por cansancio, dificultad para distinguir los movimientos demasiado frecuentes o débiles, presencia de contracciones uterinas y cólicos pélvico-abdominales.

CAMBIOS EN EL PARTO

Actualmente, no está indicado rasurar el vello del pubis o administrar un enema antes del parto. Además, debe protegerse el periné siempre que sea posible y evitar la episiotomía sistemática en el parto.

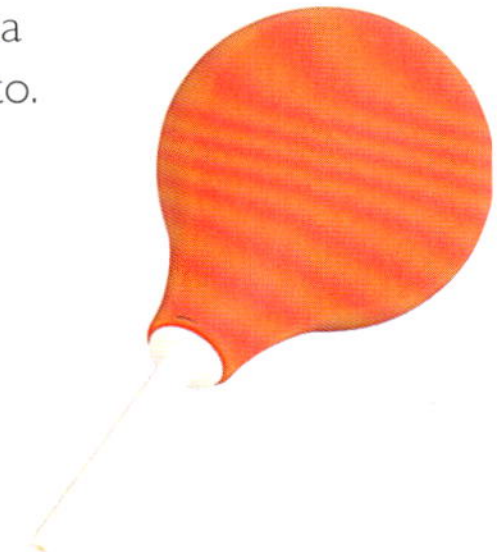

BAJA MATERNAL

La baja maternal se solicita en las oficinas del Instituto Nacional de la Seguridad Social. Para recibir la prestación correspondiente, la madre debe encontrarse trabajando o cobrando la prestación por desempleo. Las mujeres entre 21 y 26 años deberán haber cotizado 90 días, en los 7 años previos a la fecha de parto, o 180 días a la largo de su vida laboral. Para las mayores de 26 años, los días cotizados pasan a ser un mínimo de 180, en los 7 años que preceden a la fecha del parto, o 360 días a lo largo de toda su vida laboral.

Día 189

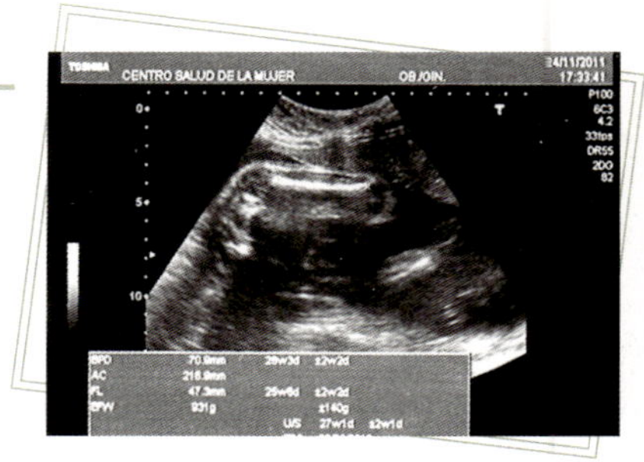

En las próximas semanas, la mayoría de los bebés comienza a colocarse cabeza abajo en el útero, hasta el final del embarazo. Ahora, el feto mide unos 37 centímetros y pesa algo más de un kilogramo.

A partir de este momento, se suele visitar al ginecólogo cada dos semanas. El parto está cada vez más próximo, así que es necesario vigilar con más atención el transcurso de esta última etapa de embarazo para prevenir o solucionar cualquier contratiempo que pudiera producirse; más adelante, en la semana 36, los controles probablemente sean semanales.

Además, dependiendo de las circunstancias, el médico puede recomendar repetir los análisis de sangre para determinar la existencia de VIH o sífilis, así como los cultivos para descartar infecciones por clamidia o gonorrea.

Asimismo, a lo largo de esta semana, a las embarazadas con factor Rh–, se les suele administrar la inyección de inmunoglobulina Rh; de esta forma, se evita que desarrollen anticuerpos que podrían atacar los glóbulos rojos de la sangre del feto (si este es Rh+, se administrará otra dosis de inmunoglobulina Rh justo después del parto).

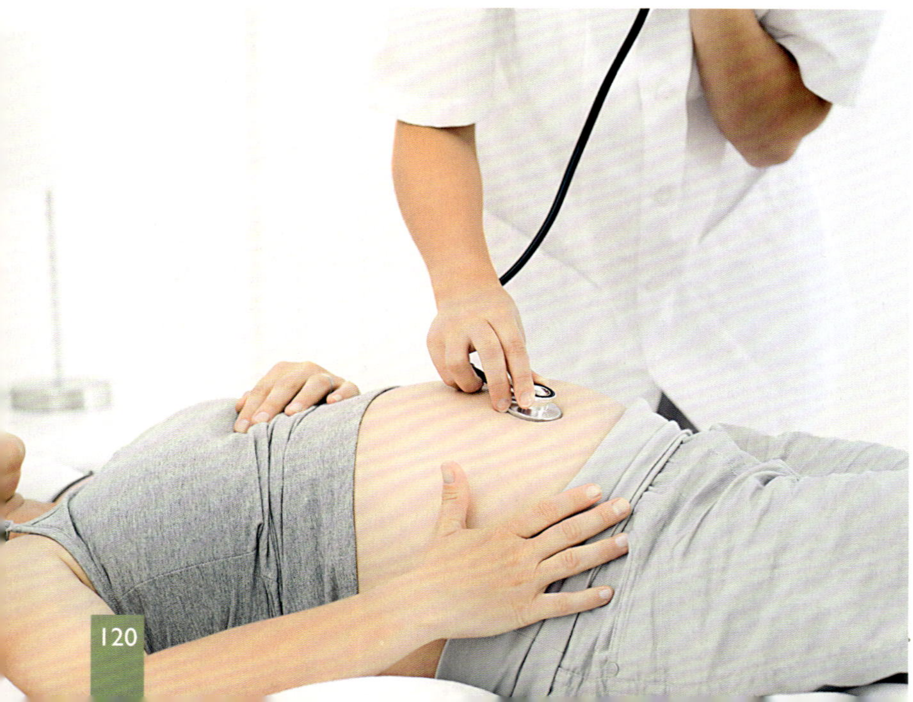

MADRES VEGETARIANAS

No hay por qué abandonar una dieta vegetariana durante el embarazo, aunque sí es necesario tomar algunas precauciones. Si se consumen lácteos, no hay ningún problema. En cambio, si se sigue un régimen vegetariano muy estricto, posiblemente haya que tomar algunos suplementos de calcio y otros minerales, siempre y cuando sean recetados por el médico.

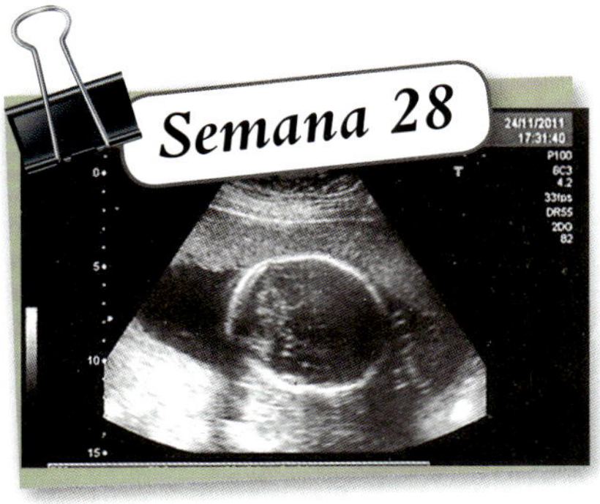

Día 190

Esta es la semana ideal para realizar una ecografía en 3D, pues ahora es cuando mejor se puede visualizar el feto. Esta prueba, opcional, solo se realiza en los hospitales públicos cuando se diagnostican anomalías.

DAR A LUZ TUMBADA

En realidad, esta posición ofrece más ventajas para el facultativo que para la mujer que va a dar a luz. Con ella, se facilita:

- **El acceso al perineo.**
- **El mantenimiento de la zona perineal** en condiciones de asepsia.
- **Las maniobras de asistencia:** la escucha del corazón del feto, intervenciones obstétricas que puedan ser necesarias, etc.

La línea marrón que atraviesa de forma vertical el abdomen se denomina «línea alba», y se produce por un aumento en la cantidad de melanina en esta zona de la piel. Pues bien, en estas semanas de embarazo es cuando se hace más evidente la línea alba, que puede persistir incluso hasta meses después del parto.

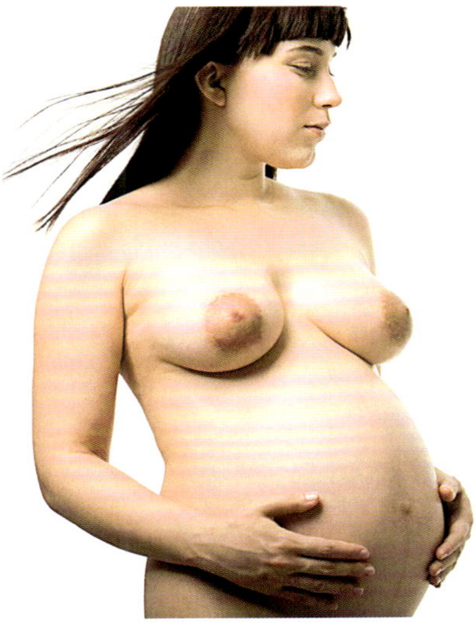

Las mamas han aumentado hasta tres veces su tamaño y, en ellas, pueden aparecer estrías y venas. Igualmente, la areola mamaria cada vez es más grande y más oscura, así como los pezones.

En este momento del embarazo, también son frecuentes las alteraciones en el estado de ánimo y los cambios de humor, así que no es raro pasar de la risa al llanto con mucha facilidad. Estas alteraciones psíquicas se deben, fundamentalmente, a los cambios hormonales que se producen en el embarazo.

LA OXITOCINA

La oxitocina es una hormona que estimula las contracciones del músculo uterino. Durante el parto, el organismo de la mujer la libera de forma natural y en grandes cantidades.

En los hospitales, el personal sanitario la administra de forma sintética cuando la embarazada no consigue una dilatación adecuada del cuello uterino o cuando es necesario inducir el parto.

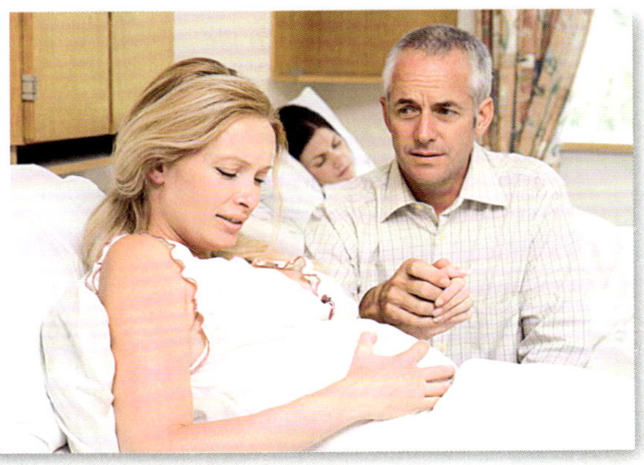

Día 191

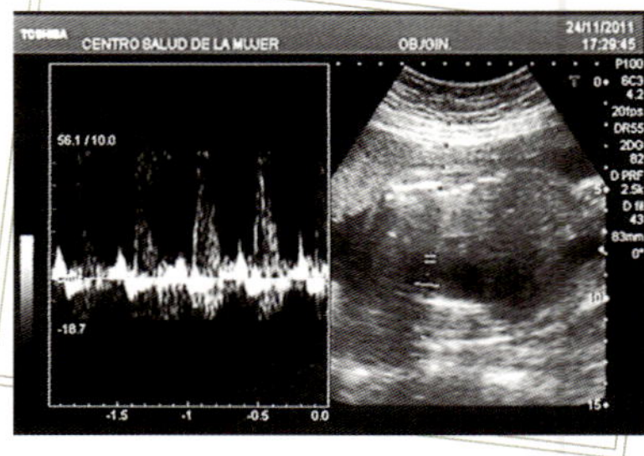

El feto puede abrir y cerrar los ojos, gracias a que sus pestañas están perfectamente formadas; sin embargo, este no es más que un movimiento reflejo, no un acto visual. El hígado, los pulmones y el sistema inmunitario siguen desarrollándose.

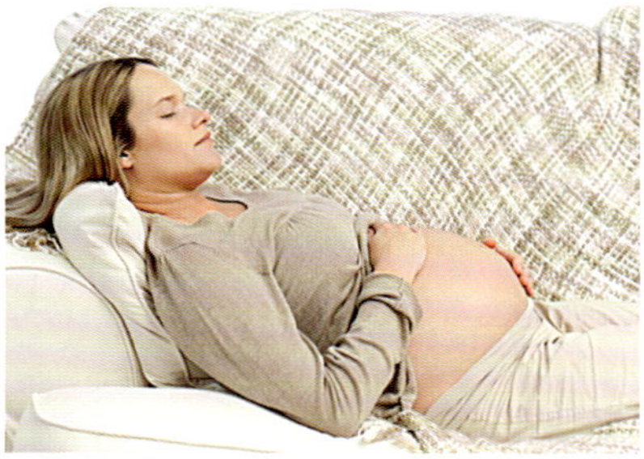

En este momento del embarazo, se puede experimentar un hormigueo en las piernas y unas ganas incontrolables de moverlas; es lo que se denomina «síndrome de las piernas inquietas». Aunque se desconocen las causas que lo originan, es un síntoma habitual en mujeres embarazadas; como consecuencia, puede resultar difícil conciliar el sueño o estar sentada sin sentir cierta agitación.

No obstante, esta etapa es distinta para cada mujer: hay quienes padecen un cansancio extremo y desean que todo termine pronto, y quienes se sienten con un mejor estado de ánimo y están llenas de energía.

De cualquier manera, es indispensable seguir manteniendo unos correctos hábitos prenatales: comer saludablemente, descansar, caminar y tomar suficiente cantidad de agua.

ANESTESIA ELÉCTRICA

La anestesia eléctrica es una técnica analgésica bastante «particular» y poco conocida. Fue introducida en Francia, en 1957, y su uso está muy extendido en Rusia y Japón. Mediante un electrodo colocado en la frente, y dos detrás de las orejas, se hace pasar una corriente discontinua de poca intensidad pero de alta frecuencia; con ella, se consigue una reducción de la sensibilidad al dolor durante el parto sin necesidad de utilizar métodos farmacológicos.

MIMA TU PIEL

Aunque ahora, probablemente, veas tu piel radiante, no dejes de cuidarte y protegerla. La luz solar es perjudicial para ella, y pueden salirte manchas después del embarazo. Nunca te expongas al sol directamente, sin protección solar, e hidrata tu piel a diario.

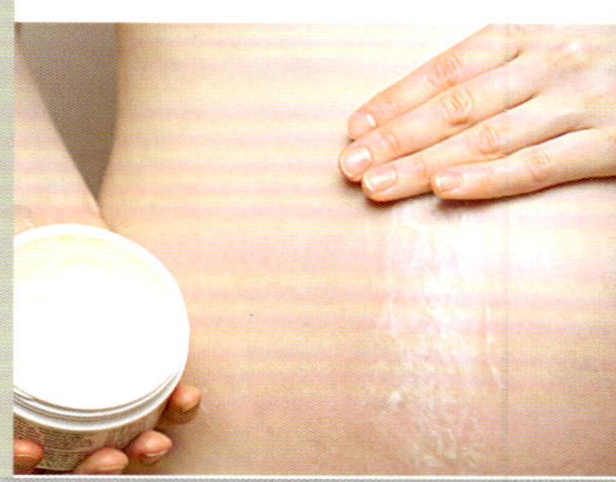

Día 192

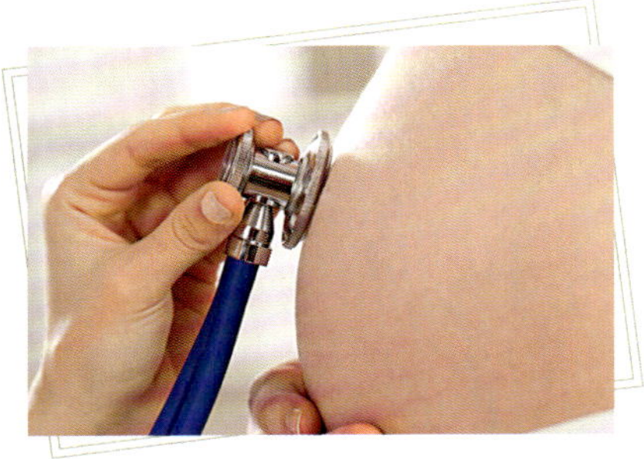

Si has estado hablando y comunicándote regularmente con tu futuro bebé, el feto será capaz de distinguir tu voz de la del resto de las personas y reaccionará ante ella; cuando escucha a su madre, el ritmo cardiaco del feto aumenta.

Existen investigaciones que sugieren que, en esta semana de la vida intrauterina, el feto comienza a ser consciente de todo lo que le rodea; algunos estudios señalan que puede reconocer una melodía si la escucha con frecuencia e incluso es capaz de seguir el ritmo. Investigaciones como estas ponen de manifiesto que la memoria a largo plazo está presente en los seres humanos desde antes del nacimiento. Así pues, a partir de esta semana de gestación, el feto podría empezar a almacenar sus primeros recuerdos.

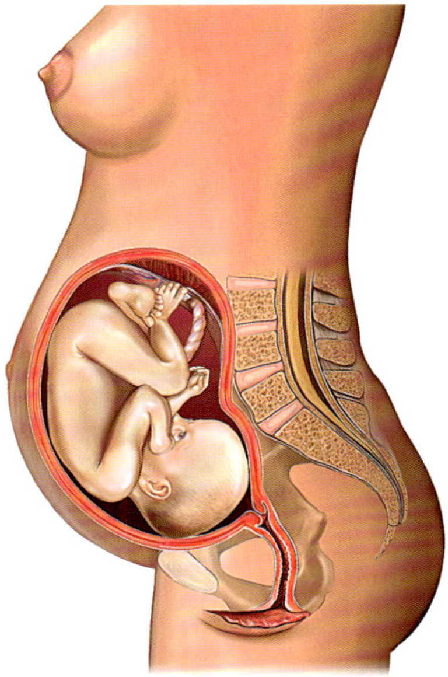

A estas alturas del embarazo, su corteza cerebral está ya mucho más desarrollada: aparecen las circunvoluciones, pliegues y fisuras que sobresalen y que forman ondas (cada circunvolución controla las distintas actividades que realiza el organismo); por tanto, es posible que pueda albergar información y conocimientos.

Asimismo, sus sentidos están cada día más perfeccionados: poco a poco, su sistema nervioso se irá asemejando al que tendrá en el momento de nacer.

¿QUÉ ALIMENTOS ME CONVIENEN SI SOY VEGETARIANA ESTRICTA?

Si no consumes productos lácteos o huevo, el brócoli, los puerros, el sésamo y las espinacas son una excelente fuente de calcio, aunque este se asimila peor; busca algas como la *izike*, la *wakame* o la *arame*, y bebe leche de soja enriquecida con calcio. El hierro también es uno de los minerales difíciles de absorber por el organismo cuando no se consumen productos cárnicos; en este caso, toma alimentos ricos en hierro (legumbres, nueces, verduras de hojas verdes y frutos secos) y combínalos con el aporte de vitamina C del zumo de naranja o de los tomates.

Día 193

Uno de los trastornos más frecuentes en el último trimestre del embarazo es el insomnio. No solo se debe a los movimientos fetales, pues también influyen los cambios hormonales que se están produciendo en la mujer, así como factores psicológicos.

Aproximadamente a partir de la semana 28 de embarazo, tanto los movimientos fetales como la serie de cambios hormonales que se están produciendo en la embarazada pueden hacer que se comience a dormir peor por las noches; los primeros son los responsables de interrumpir el sueño nocturno, mientras que los segundos interfieren en el ritmo vigilia-sueño natural.

Asimismo, otro factor que puede afectar al sueño de la embarazada es la ansiedad relacionada con el parto y la inminente maternidad (son muchos los miedos e inseguridades que se le presentan a la futura madre). Tomar una infusión de tila o melisa antes de acostarse puede ayudar a prevenir el insomnio.

Escucha tu cuerpo: los antojos pueden dar una idea de lo que necesita el organismo.

VIAJES LARGOS

Entre las semanas 28 y 34 de gestación, es recomendable evitar los viajes largos, ya que la presión física y psíquica que conllevan puede afectar al estado general de la embarazada.

NUEVOS INSTRUMENTOS EN LOS PARITORIOS

La utilización de instrumentos nuevos para el parto, como las sillas y banquetas obstétricas (muy extendidas actualmente en ambientes alternativos o que se proponen como tales), no representa una ampliación de las posibilidades ofrecidas a la mujer. Según el empleo que se les dé, podrían constituir la proposición de un modelo nuevo, pero igual que los anteriores si se impone como algo obligatorio.

La mejor postura para dormir es de lado, preferiblemente del izquierdo; así se evita la compresión de la vena cava, lo que podría causar mareos, náuseas y una disminución del flujo de sangre que llega a la placenta y al feto.

Día 194

En el parto en el agua, la mujer se sumerge en una pequeña piscina con agua tibia (entre 25 °C y 30 °C), que puede acoger también al padre o a quien la mujer desee tener a su lado. El periodo de contracciones también tiene lugar en el agua.

Las hemorroides son otro de los trastornos más comunes que se producen en el embarazo, especialmente durante el tercer trimestre. Algunas mujeres las tienen por primera vez cuando están embarazadas y, si se tenían previamente, es muy probable que vuelvan a salir durante el embarazo; igualmente, también es posible que aparezcan durante el parto, como consecuencia del esfuerzo que se realiza en los pujos.

Son venas que se inflaman en la zona rectal y que pueden producir una simple comezón o llegar a ser muy dolorosas (en algunas ocasiones, incluso pueden provocar hemorragias rectales); no obstante, en la mayoría de los casos, las hemorroides desaparecen solas poco después del parto.

Su aparición se debe a que el útero en crecimiento ejerce una presión sobre las venas de la pelvis y la vena cava inferior; como consecuencia, el regreso de la sangre desde la mitad inferior del cuerpo puede ser más lento, lo cual aumenta la presión sobre las venas debajo del útero y hace que se dilaten o ensanchen más.

El estreñimiento es otro factor que suele producir o agravar las hemorroides, así como el incremento de progesterona que se produce durante el embarazo, pues esta hormona hace que se relajen las paredes de las venas y puedan hincharse con mayor facilidad.

HEMORROIDES

Las hemorroides suelen aparecer en el tercer trimestre del embarazo, a causa del aumento de volumen sanguíneo en la zona del útero con el consiguiente incremento de la presión sobre las piernas y las venas de la pelvis.

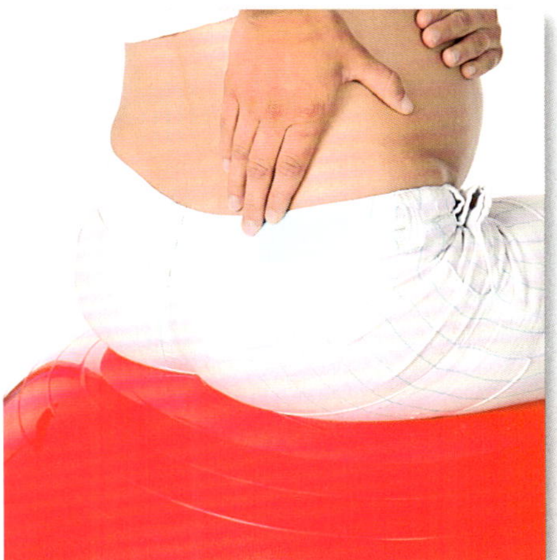

TIENDAS DE SEGUNDA MANO

Cuando tengas a tu bebé, te darás cuenta de lo rápido que crece; enseguida se le queda la ropa pequeña, y muchos de los accesorios que le compraste ya no los necesita. En internet existen muchas páginas web donde se pueden vender objetos relacionados con el bebé (ropa, cochecitos, canastillas, cunas...), así como comprar productos de segunda mano o seminuevos. Aquí tienes algunos enlaces:

www.segundamanobebe.com

www.babyeco.es

www.5lobitos.com

www.losbebes.org

www.bebeanuncios.com

Días 195-196

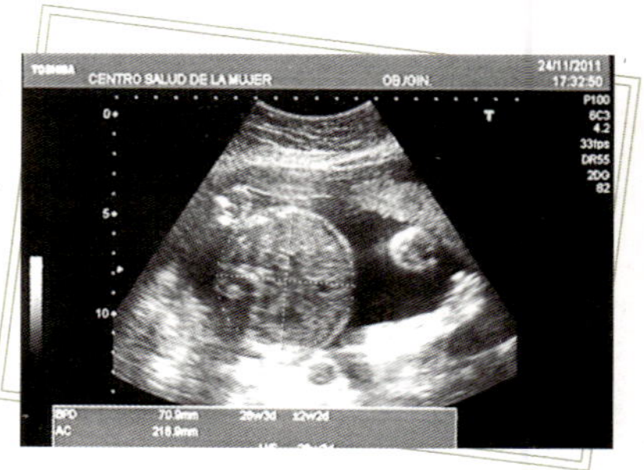

La cabeza del feto todavía está creciendo, ya que tiene que acoger un cerebro que, cada semana, se desarrolla un poco más. Por este motivo, su nutrición y, en consecuencia, la de la madre son muy importantes en esta etapa.

La alimentación de la mujer embarazada es un aspecto al que muchas veces no se ha dado la importancia que verdaderamente tiene. Durante los meses de gestación, el organismo femenino cambia, así que sus necesidades son ligeramente diferentes.

VARIANTES DEL PARTO EN EL AGUA

Algunas mujeres prefieren pasar en el agua solo el periodo de contracciones y, en el momento del parto propiamente dicho (en la fase de expulsión), optan por salir de la piscina y dar a luz en la cama.

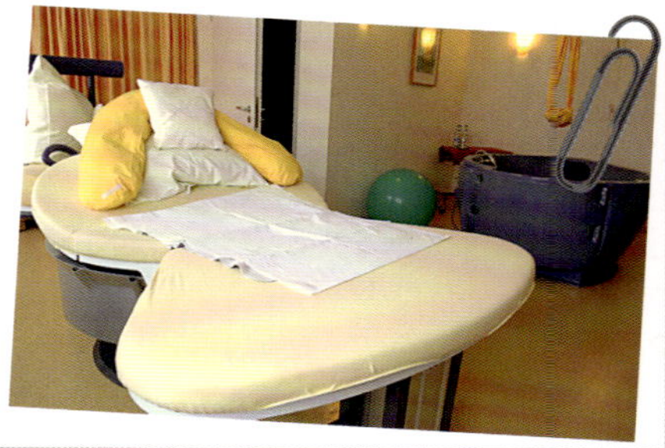

PATERNIDAD

El padre tiene, por derecho, un permiso de paternidad de 15 días, independiente de la baja de la madre.

No obstante, la antigua recomendación de que las mujeres embarazadas tienen que «comer por dos» en la actualidad ha quedado atrás, si bien los esfuerzos hoy en día se centran en adoptar y mantener una nutrición equilibrada que sea capaz de aportar los nutrientes necesarios para el correcto desarrollo del feto, así como para satisfacer las necesidades nutricionales de la madre. En este sentido, la ganancia de peso óptima en una embarazada fluctúa entre 11 y 15 kilogramos.

Aunque los hábitos alimentarios saludables han de mantenerse a lo largo de todo el embarazo, las características específicas del tercer trimestre de gestación hacen necesario incidir en algunos aspectos específicos de la alimentación materna.

- **Agua:** mantener el consumo de agua en unos tres litros aproximadamente para permitir que los intestinos trabajen de manera adecuada.

- **Sal:** disminuir su consumo para favorecer una correcta tensión arterial, pero sin eliminarlo de la dieta, pues es un elemento necesario.

- **Fibra:** no excederse en su consumo, ya que puede ser contraproducente para el aparato digestivo.

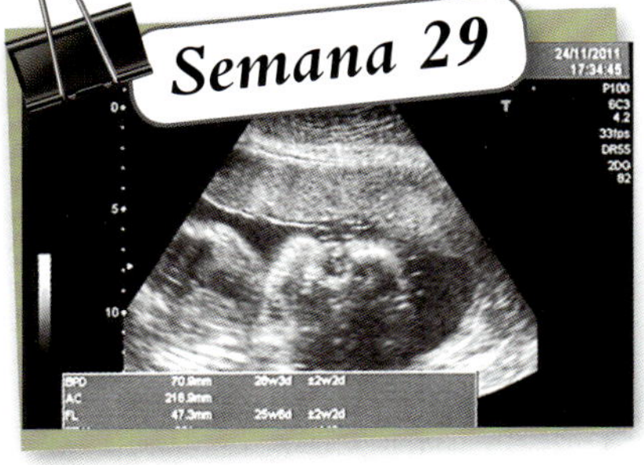

Semana 29

Día 197

A medida que avanza el embarazo, no solo el feto va formándose y desarrollándose dentro del útero; el cuerpo de la mujer también va preparándose para el final de este proceso, esto es, para el parto.

Las contracciones de Braxton Hicks, todavía localizadas y suaves, se vuelven más frecuentes a partir de la semana 29 de embarazo. Se producen asociadas, generalmente, a los cambios de posición y los movimientos fetales, y son esporádicas, menos dolorosas y no rítmicas, a diferencia de las contracciones del parto.

Este tipo de contracciones, que aparecen sobre la sexta semana de embarazo aunque no se empiecen a percibir hasta entrada la semana 20, preparan el músculo uterino para el posterior trabajo de parto, puesto que contribuyen a aumentar su flexibilidad.

Suelen manifestarse como un endurecimiento indoloro, pero algo incómodo, del abdomen, que empieza en la parte superior de este y va descendiendo gradualmente.

CALOR Y VIBRACIONES

El sentido del tacto en el feto está muy desarrollado; sus receptores cutáneos pueden detectar los cambios de temperatura dentro del útero y las vibraciones de la tripa de su madre cuando, por ejemplo, se traslada en un medio de trasporte.

Son poco frecuentes e irregulares; suelen durar entre 25 y 30 segundos, aunque algunas pueden alargarse hasta los 2 minutos. Si se sienten más de 5 en una hora, es recomendable acudir al especialista, pues podrían indicar un parto prematuro.

¿CÓMO RECONOCER LAS CONTRACCIONES DE BRAXTON HICKS?

Las contracciones de Braxton Hicks se diferencian de las contracciones propias del parto en tres características básicas:

- **Duración:** no aumenta su duración con el tiempo; en cambio, las contracciones del parto son cada vez más largas.
- **Intensidad:** no aumenta su intensidad; con el paso del tiempo, sin embargo, las contracciones del parto son cada vez más fuertes.
- **Frecuencia:** no aumenta la frecuencia con la que se producen; las contracciones de parto son más frecuentes según pasa el tiempo.

Días 198-199

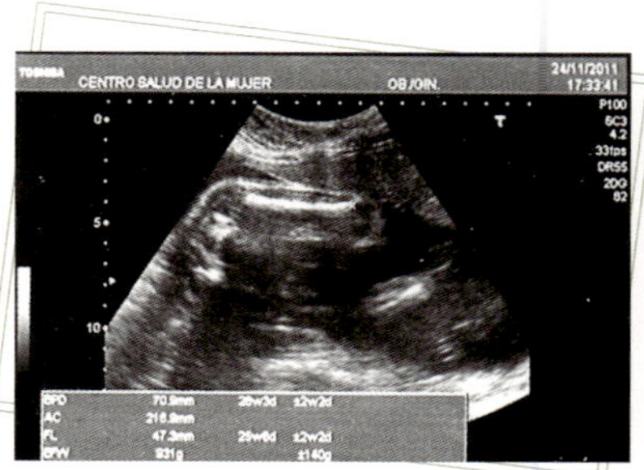

En la semana 29, el feto pesa alrededor de 1.100 gramos y mide unos 38,5 centímetros. Ya es capaz de regular su propia temperatura corporal, aunque todavía necesita el calor del cuerpo de su madre.

El cerebro del feto se está desarrollando con rapidez. En esta semana, empiezan a formarse los pliegues característicos de la corteza, lo que incrementará la cantidad de tejido cerebral.

Gracias a la madurez y desarrollo que ha alcanzado su sistema nervioso central, a partir de este momento el cerebro del feto ya puede dirigir los movimientos respiratorios y controlar la temperatura corporal; aunque todavía necesita el ambiente amortiguado que le proporciona el interior del útero materno, sin duda se está ejercitando y preparando para su salida al exterior.

Además, el diámetro de su cabeza todavía es más grande que el diámetro del abdomen, de ahí que los bebés prematuros tengan una cabeza desproporcionada en relación con el resto del cuerpo; no obstante, la relación entre estos parámetros se suele invertir hacia la semana 35 de la gestación.

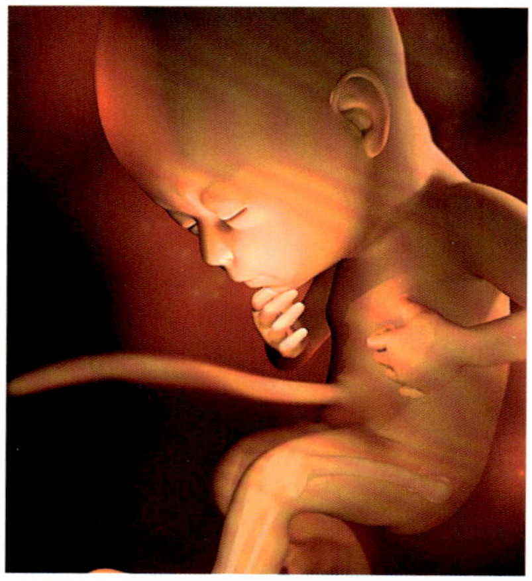

UN POCO DE HISTORIA

A principios del siglo XX, comenzaron a utilizarse mezclas a base de morfina y escopolamina (anestesia parcial) para eliminar el dolor sin llegar a producir un estado de inconsciencia total; esta narcosis tenía algunos inconvenientes, pero, aun así, se siguió aplicando hasta 1940. A partir de entonces, dichas sustancias fueron sustituidas por peróxido de nitrógeno (que ya se empleaba desde 1933). En 1939 aparecieron los primeros narcóticos sintéticos (como el hipocloruro de meperidina), que tenían la ventaja de bloquear el dolor al principio de las contracciones sin afectar al feto.

HOSPITALES PÚBLICOS

Los hospitales del Estado cuentan con la más moderna infraestructura y tecnología para atender partos de riesgo y afrontar cualquier problema que puedan sufrir la madre o el recién nacido; además, realizan menos cesáreas que los privados. Sin embargo, hay que tener en cuenta que cada centro tiene su propio protocolo.

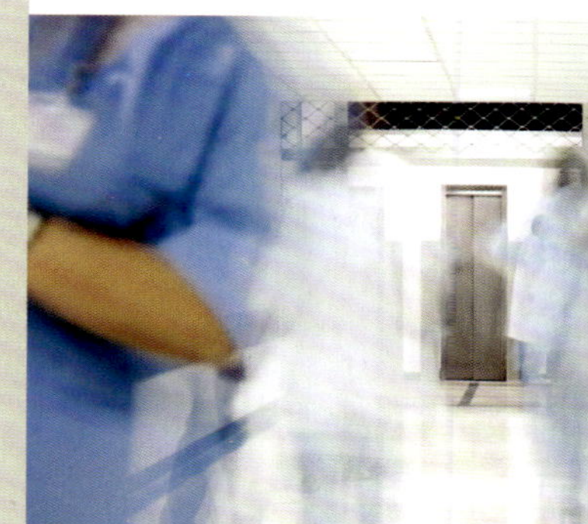

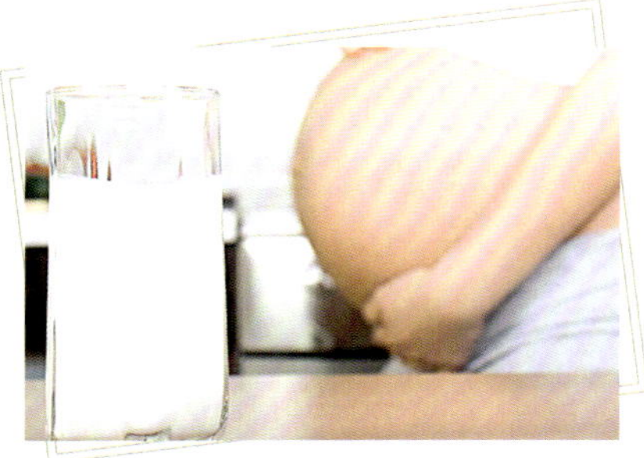

Día 200

El cerebro del feto ha incrementado notablemente el número de células nerviosas y su diminuto esqueleto sigue fortaleciéndose, por lo que necesita diariamente unos 200 miligramos de calcio.

El calcio es el mineral más abundante en el organismo; la mayor parte se encuentra en los huesos. Se trata de un elemento imprescindible durante el tercer trimestre de embarazo, pues contribuye a la correcta formación de la estructura ósea del bebé (el 80 % del calcio se deposita durante el ultimo trimestre de gestación, cuando el crecimiento del feto es máximo y comienza la formación de los dientes).

Además, el calcio también se necesita para mantener fuertes los huesos de la futura madre. Si la dieta materna no contiene la cantidad de calcio necesaria, el feto tomará el mineral disponible del esqueleto materno, lo que puede producir su debilitamiento.

La leche, el yogur, el queso, las espinacas o las sardinas son algunas de las fuentes de calcio más importantes.

Con una dieta variada y lácteos suficientes, los suplementos de calcio no son necesarios.

TIPOS DE FÁRMACOS

Existen dos grupos de fármacos que pueden llegar a utilizarse en el parto. Los pertenecientes al primer grupo actúan en la corteza cerebral. Son los sedantes, que ralentizan la actividad mental; los narcóticos, que inducen un estado de relajación, indiferencia, euforia o apatía, según las reacciones individuales; y los amnésicos, que provocan la pérdida de memoria.

Los fármacos del segundo grupo impiden que las sensaciones lleguen a los centros nerviosos superiores y, a diferencia de los primeros, no alteran el estado de consciencia.

ACUPUNTURA

La acupuntura es una técnica no farmacológica que se emplea para aliviar el dolor en el parto y se aplica en la fase de expulsión A veces, se recurre también a la electroacupuntura: una vez introducidas las agujas, estas se conectan a electroestimuladores de intensidad variable.

La acupuntura también se utiliza para corregir la presentación podálica. Según algunos estudios, con este método se registran elevados porcentajes de éxito a la hora de «hacer que se gire» el feto.

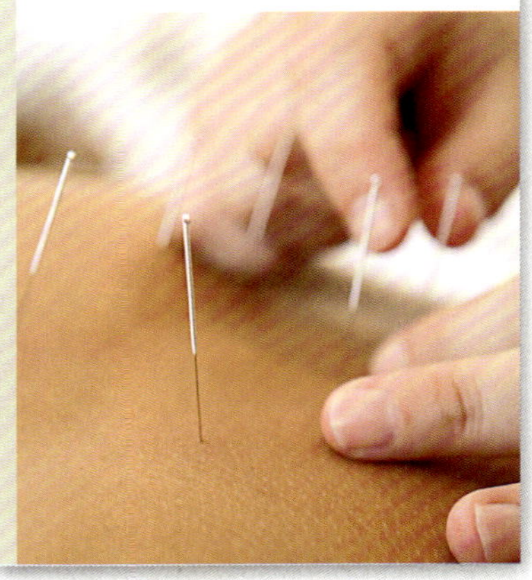

Día 201

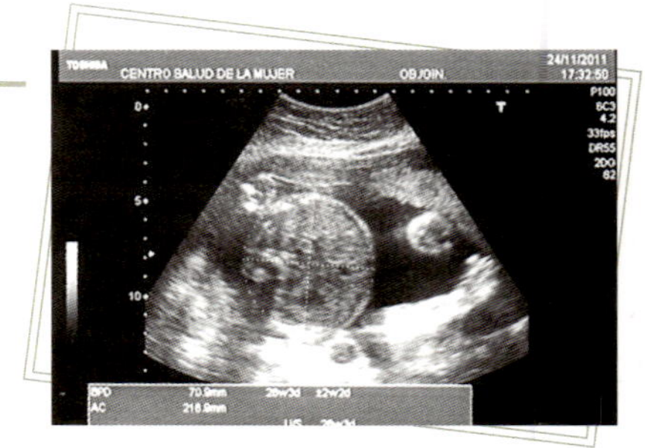

Las hormonas que se producen durante el embarazo tienen una función concreta en el desarrollo del feto, pero también afectan al cuerpo de la mujer y son las responsables de los cambios que se producen en él.

Durante el embarazo, a muchas mujeres les sangran las encías con mayor facilidad que antes. Esto se debe a la gingivitis gravídica, una afección que padecen la mayoría de las embarazadas y que consiste en el enrojecimiento, inflamación y sangrado de las encías al comer o cepillarse los dientes. No obstante, se trata de un trastorno muy común que, por lo general, desaparece cuando nace el bebé.

CONTROLA LAS CONTRACCIONES

Si, a pocas semanas de la fecha prevista del parto, las contracciones de Braxton Hicks se vuelven molestas, puedes tratar de aliviarlas de distintas maneras:

- **Caminar** un rato o bien descansar.
- **Tomar un baño** de agua caliente.
- **Beber agua.**
- Hacer una serie de **respiraciones profundas.**

Si no desaparecen y se vuelven rítmicas, más frecuentes o dolorosas, acude a tu médico.

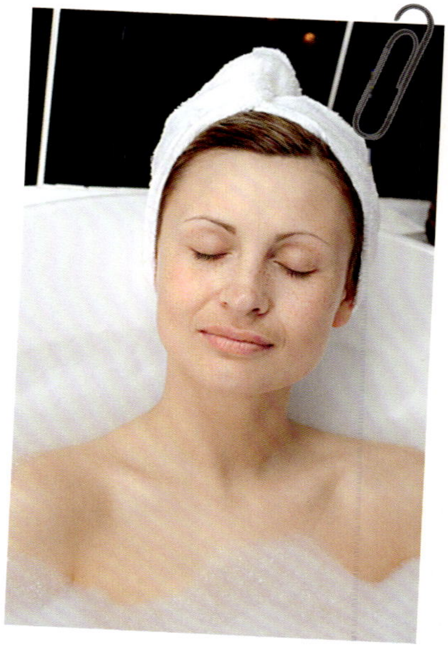

La aparición de gingivitis en el embarazo está ligada a la producción de relaxina, la hormona que se encarga de relajar las articulaciones de la gestante para facilitar la expulsión del feto durante el parto. La producción de esta hormona también afecta a los ligamentos periodontales de la boca, que son los que unen los dientes con el hueso. En consecuencia, se produce una ligera movilidad en las piezas dentales que facilita el acúmulo de restos de alimentos por debajo de la encía y, por tanto, de la placa bacteriana.

Asimismo, los elevados niveles de progesterona también actúan como inmunosupresores del tejido gingival, lo que hace que las encías reaccionen peor ante la placa bacteriana.

Para prevenir la gingivitis es esencial mantener una correcta higiene bucodental y, ante el menor síntoma, acudir al dentista para evitar que pueda degenerar en una enfermedad periodontal más grave.

Día 202

Los cambios hormonales no solo adaptan el cuerpo de la mujer para que pueda albergar en su interior una nueva vida, también son los responsables de otros efectos «colaterales» que van más allá de los de la propia gestación.

Es posible que el cabello tenga ahora más volumen que antes.

Este efecto también se debe a las hormonas que se producen durante el embarazo, que hacen que el cuerpo retenga los cabellos más tiempo de lo normal; es decir, no se produce más cantidad de pelo, lo que sucede es que este se cae menos.

Existen tres fases en el crecimiento del cabello: crecimiento, descanso y desprendimiento.

Durante el embarazo, los estrógenos se hallan en su máxima expresión.

Durante el embarazo, el cuerpo de la mujer pasa únicamente por las fases de crecimiento y descanso. Posteriormente, unos meses después del parto, se restablece la fase de desprendimiento y el cabello que el cuerpo ha estado reteniendo durante los últimos meses comienza a caer. Así, la pérdida de cabello que tiene lugar durante el posparto, aunque pueda resultar alarmante, es un fenómeno absolutamente normal.

También es normal el crecimiento de vello en partes del cuerpo donde antes no lo había, como en la línea alba, en el rostro o alrededor de los pezones.

EL CUERPO ES SABIO

Las modificaciones de los niveles hormonales en el organismo materno que se producen vinculados a los fenómenos de «envejecimiento» de la placenta, así como la consiguiente activación de determinadas hormonas hipofisarias, interrumpen el estado de «reposo» del útero y estimulan su musculatura: se prepara el momento del nacimiento.

Día 203

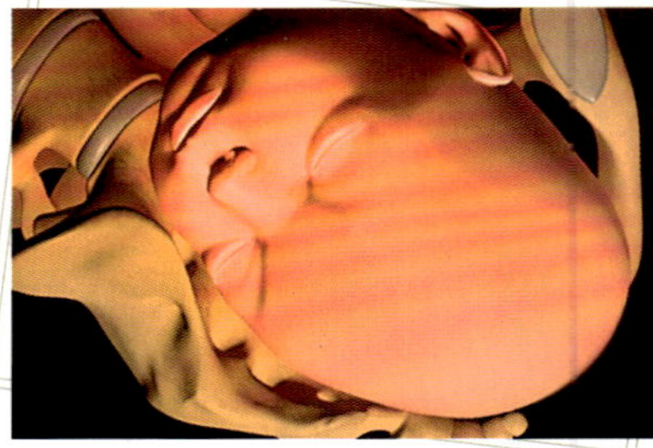

El feto empieza a buscar su posición de cara al parto y se coloca cabeza abajo. Sin embargo, hay casos en los que no lo hace, ya sea porque no dispone de espacio en el útero, porque está enredado en el cordón umbilical o porque este es muy corto.

Cuando el feto se coloca cabeza abajo, la cadera y la pelvis de la embarazada empiezan a aflojarse y a expandirse para que tenga más espacio y pueda seguir creciendo; por ello, es frecuente notar, a partir de este momento, una mayor presión en la parte baja.

Asimismo, los movimientos que hace con las piernas ahora se notan en el diafragma y las costillas, lo que a veces puede resultar molesto.

También es frecuente que aumenten las ganas de orinar, pues la cabeza del feto presiona directamente sobre la vejiga. No es raro que se produzcan pérdidas al realizar esfuerzos, estornudar o toser, así que este es un buen momento para comenzar a ejercitar los músculos del suelo pélvico realizando los ejercicios de Kegel.

Estos ejercicios consisten en contraer y relajar simultáneamente los músculos que están alrededor de la vagina y del ano. Gracias a ello, se fortalecen y tonifican los músculos del suelo pélvico que sujetan la vejiga, lo que compensa el estiramiento que ocasiona la presión del útero durante el embarazo.

La incontinencia tras el parto afecta a un 30% de las mujeres.

FASES DEL PARTO

El parto se puede dividir en cuatro fases: prodrómica, de dilatación, de expulsión y de alumbramiento. El tiempo que dura cada uno de estos periodos dependerá, en gran medida, de si la mujer es o no primeriza.

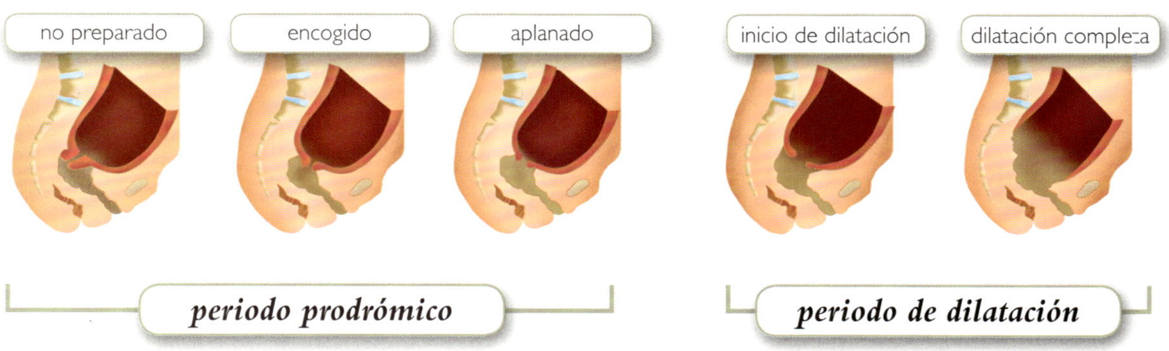

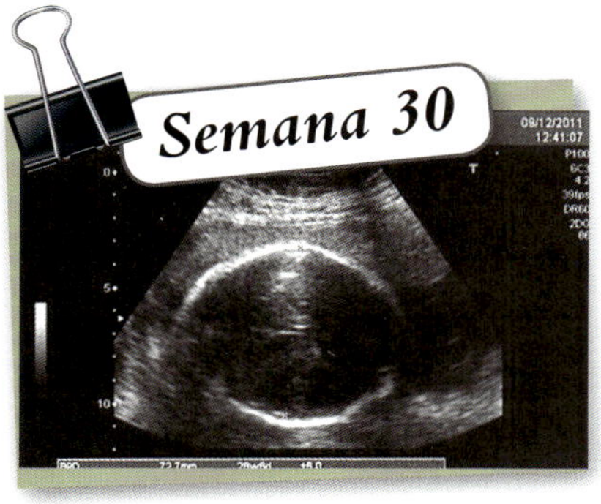

Día 204

La ecografía que se realiza el tercer trimestre tiene por objeto evaluar la regularidad en el crecimiento del feto. Para ello, se comparan en gráficos especiales los parámetros obtenidos a lo largo de los tres controles.

Esta última ecografía, que se realiza alrededor de la semana 30, además de corroborar el adecuado desarrollo del bebé, permite hacer una apreciación de su curva de crecimiento, para valorar si se trata de un bebé grande o

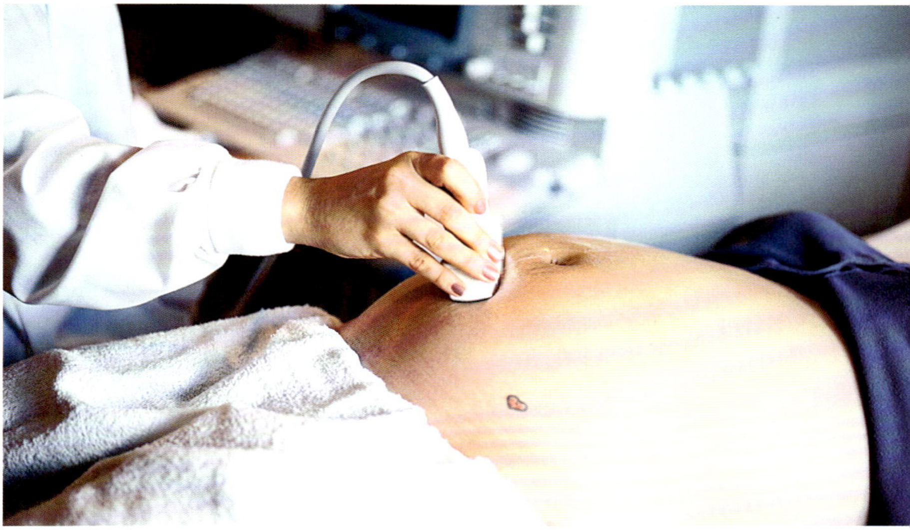

pequeño para la edad gestacional, así como detectar aquellas anomalías que se manifiestan tardíamente.

Asimismo, permite valorar el entorno en el que se encuentra (el líquido amniótico y la placenta), ya que pueden existir situaciones que sean desfavorables para su correcto desarrollo y, en estos momentos, se pueden tomar medidas para corregirlas.

En caso de que surgiesen dudas sobre el bienestar del feto, o en presencia de patologías maternas que pudieran comprometer la salud y su crecimiento normal, puede ser necesario realizar ecografías suplementarias (las llamadas «ecografías de segundo nivel»), mediante las cuales se profundiza en el estudio de algunos órganos.

La ecografía de segundo nivel dura de 30 a 90 minutos más que una normal.

¿SON SEGURAS LAS ECOGRAFÍAS?

Hasta el momento, no se han registrado efectos negativos en el feto como consecuencia del empleo de ultrasonidos para estudiar su correcto desarrollo en el interior del útero materno. Sí se sabe, en cambio, que los ultrasonidos pueden resultar perjudiciales cuando se aplican a alta intensidad y durante periodos de tiempo prolongados. No obstante, las dosis que se utilizan en obstetricia son mínimas, por lo que existe un criterio unánime entre los expertos a la hora de considerar que el uso de ultrasonidos, en la actualidad, carece de riesgos.

Días 205-206

El feto mide ya cerca de 40 centímetros y pesa 1.300 gramos. A partir de ahora, el vello que cubría su piel (lanugo) se irá desprendiendo, de modo que al nacer solo le quedarán algunos restos.

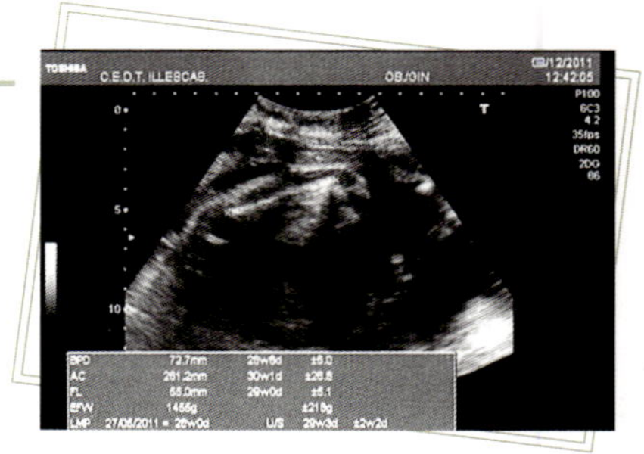

ESTRECHA LOS VÍNCULOS

Este tercer trimestre es bueno para estrechar lazos con el futuro bebé. Puedes acariciar tu vientre donde sientas que está la espalda del feto mientras hablas con él en voz alta y le dices que, dentro de muy poco, os conoceréis cara a cara.

Además, tanto las pestañas como las uñas de las manos y los pies están totalmente formadas, al igual que los dientes, que permanecen ocultos en el interior de las encías.

El pecho continúa haciendo movimientos de respiración (aunque no respire oxígeno), de manera que se sigan fortaleciendo los músculos y los pulmones, y se preparen para la vida en el exterior. Estos movimientos son rítmicos: rápidos si está despierto y más lentos cuando duerme.

Como consecuencia del aumento del índice metabólico que se produce durante esta etapa, es frecuente sentir más calor y llegar a sudar más que en condiciones normales. En el embarazo, la sudoración es un mecanismo de respuesta del organismo para disminuir la temperatura corporal de la embarazada, que se eleva debido al aumento del flujo sanguíneo que ha de producirse, necesariamente, para poder alimentar al feto.

COLESTEROL EN EL EMBARAZO

Durante el embarazo, los valores de colesterol aumentan para satisfacer las necesidades del feto, ya que, a través de él, se forman todas las hormonas esteroides y sexuales. No obstante, se trata de un incremento natural que no requiere tratamiento.

Durante el primer trimestre, el nivel de colesterol disminuye pero, a partir de la semana 16, comienza a crecer hasta superar en un 60 % los valores normales de la embarazada, en la semana 30. Después, vuelve a descender de manera natural al nivel normal, una vez pasado el parto.

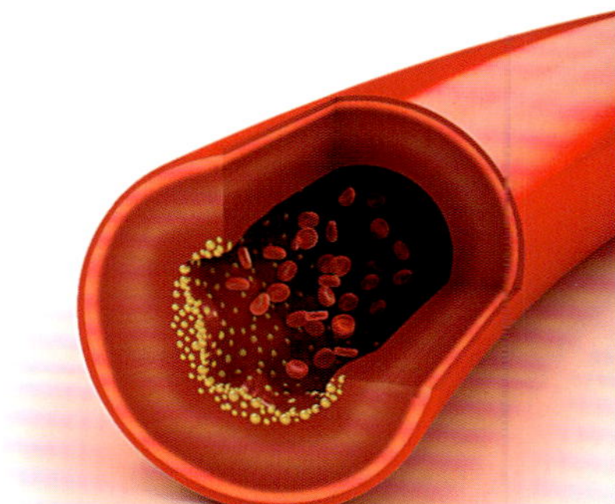

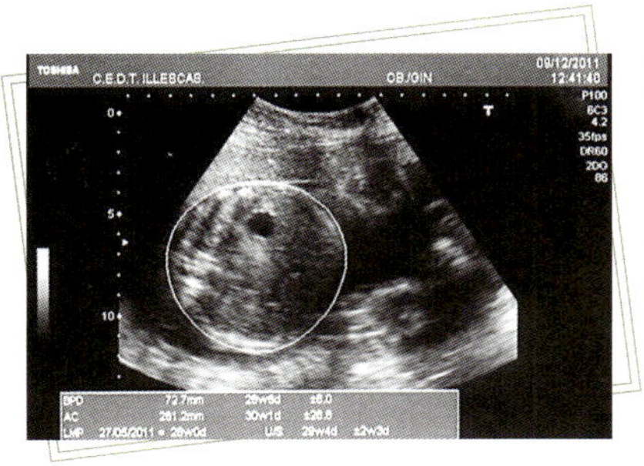

Día 207

Ya se pueden reconocer la vagina y los labios mayores, y, en el caso de varones, los genitales externos. Los errores de identificación del sexo se deben, por lo general, a que el cordón umbilical puede confundirse con el pene.

Aunque el sexo genético queda determinado en la fecundación, a partir del código genético del espermatozoide que haya fecundado el óvulo, el aparato genital es indistinguible entre ambos sexos en la etapa embrionaria; durante las primeras semanas de la gestación, los órganos sexuales del embrión no están todavía diferenciados.

Si el óvulo es fecundado por un espermatozoide con cromosoma X, el proceso diferenciador lleva «por defecto» al desarrollo de los órganos genitales femeninos.

Sin embargo, cuando el espermatozoide lleva el cromosoma Y, emite una orden específica para que se detenga el proceso natural de formación de los genitales femeninos y comience la formación de los testículos. Estos, a su vez, activan una serie de hormonas (las llamadas antimulleriana y testosterona) que inhiben definitivamente el desarrollo de los genitales femeninos y hacen que el embrión se convierta en varón.

PRIMÍPARAS Y MULTÍPARAS

El aplanamiento y la dilatación del cuello del útero son fenómenos que se desarrollan de diferente manera en las mujeres que dan a luz por primera vez (primíparas) y en las que ya han tenido hijos (multíparas).
En las primeras, la dilatación del cuello empieza cuando este está ya casi totalmente aplanado, mientras que en las multíparas ambos fenómenos se registran de forma prácticamente simultánea.

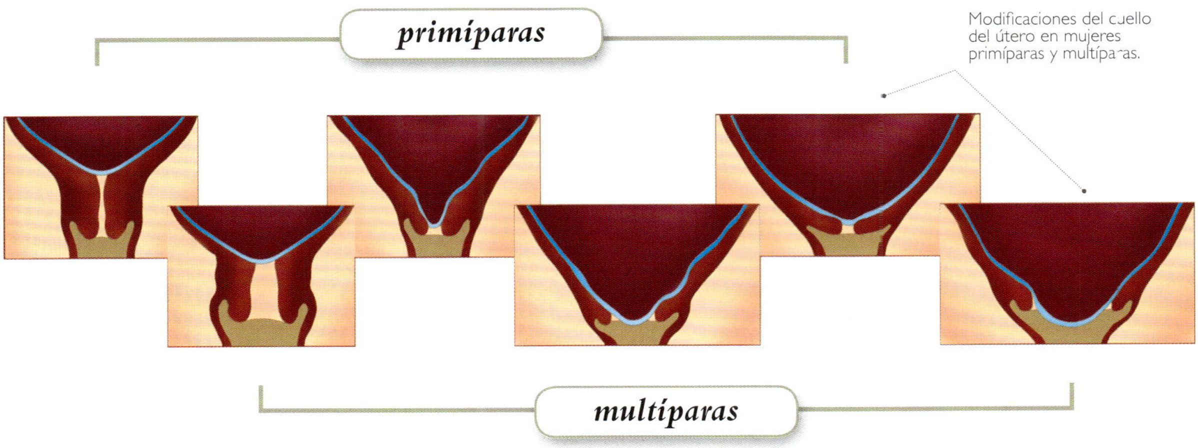

Modificaciones del cuello del útero en mujeres primíparas y multíparas.

Día 208

Aunque muchas de las molestias que se sienten durante el embarazo son inevitables, lo bueno es que existe una gran variedad de medidas que se pueden adoptar fácilmente para minimizar estos síntomas y poder disfrutar del embarazo.

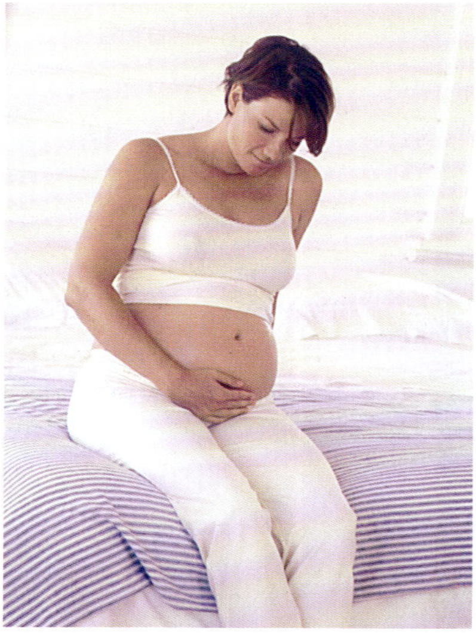

En esta última etapa es posible que se vuelvan a sentir ardores de estómago y estreñimiento nuevamente.

La acidez de estómago, o pirosis, se produce principalmente como consecuencia de la mayor presión que ejerce el útero sobre el estómago. Esto hace que el anillo muscular que separa el estómago del esófago no funcione correctamente y los ácidos estomacales puedan retornar al esófago generando esa sensación característica de ardor y quemazón.

Por su parte, el efecto de la progesterona en el sistema digestivo de la embarazada consiste en la ralentización del tránsito intestinal, lo que aumenta la posibilidad de padecer estreñimiento.

De una forma u otra, mantener unos hábitos alimentarios correctos y saludables, además de evitar los alimentos que favorecen la aparición de este tipo de dolencias son la única y sencilla garantía que va a permitir minimizar dichos síntomas.

ALIVIAR LOS SÍNTOMAS

Es posible prevenir el ardor de estómago y el estreñimiento siguiendo unas sencillas pautas:

- No te acuestes inmediatamente después de comer.
- Eleva la cabecera de la cama de 10 a 15 centímetros.
- Come frecuentemente y poca cantidad.
- Evita los alimentos que irritan la superficie del esófago (vinagre, pimienta, cítricos).
- Evita alimentos que retrasan el vaciado gástrico (bebidas con gas, chocolate, fritos, estofados o guisos grasos).
- Ingiere alimentos ricos en fibra (kiwi, papaya).

Día 209

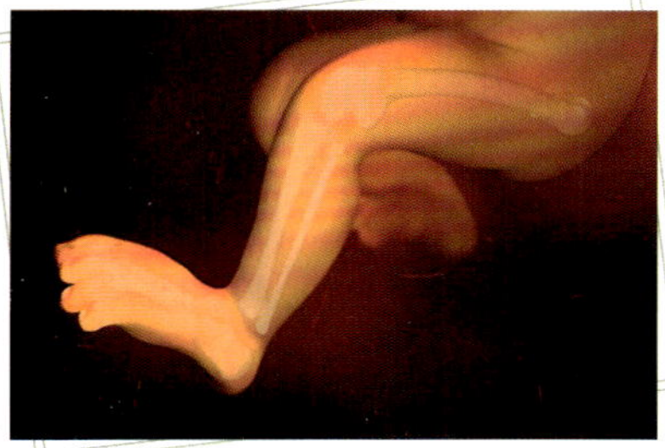

Los centros óseos del feto están endureciéndose. La piel ha dejado de ser transparente para adoptar un tono opaco, y también deja de estar arrugada por los efectos de la capa de grasa que acumula bajo la epidermis.

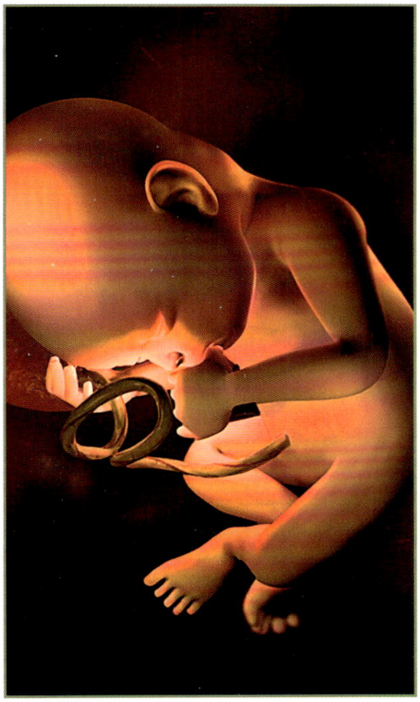

El tamaño del cerebro es ahora bastante grande y su sistema nervioso le permite un rápido aprendizaje, así como realizar movimientos cada vez más complejos.

Aunque no está demostrado, algunos autores apuntan que el feto es capaz de orientarse en el espacio. No obstante, empieza a faltarle sitio en la cavidad uterina.

La glándula encargada de producir anticuerpos, el timo, ya ha comenzado a trabajar, y su sistema urinario funciona muy bien; parte del líquido amniótico es orina, pero se renueva por completo cada pocas horas.

PERCIBIR EL DOLOR

Diversas investigaciones afirman que, hasta el último trimestre, el feto no es capaz de sentir dolor, ya que esta sensación no se puede percibir sin un tipo de conexiones neurológicas que no están completamente desarrolladas hasta la semana 29 de la gestación.

ENCAJAMIENTO DEL FETO

En las mujeres primerizas, el descenso de la cabeza del feto, o progresión de la parte presentada, se produce generalmente antes de comenzar las contracciones, en los últimos días de embarazo.

En cambio, en las mujeres que ya han dado a luz, es frecuente que la cabeza no se haya encajado siquiera cuando la fase de contracciones está avanzada: esto no significa que el parto no progrese regularmente, pues se trata de una consecuencia lógica e inocua del hecho de que las paredes uterinas de la mujer multípara, menos tónicas, ejercen menor presión y empuje sobre el feto.

Día 210

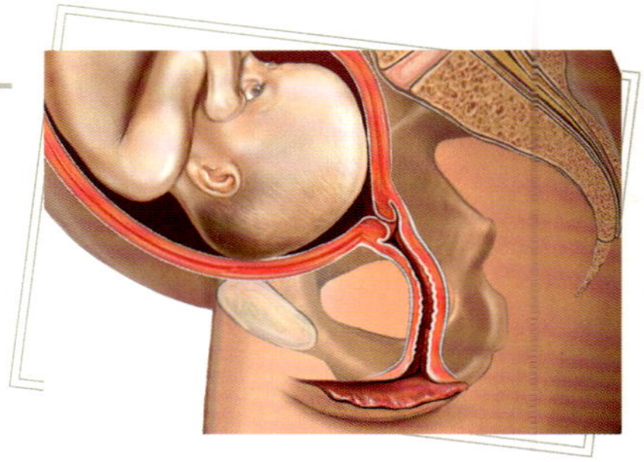

Mientras la mujer va experimentando multitud de cambios fisiológicos que la preparan para el parto, el feto también se va moviendo y pasa por distintas fases antes de asomarse por el orificio vulvar.

Dentro del útero, el feto adopta una postura encogida: la cabeza está flexionada sobre el tronco; los brazos, doblados y cruzados; y las piernas, también dobladas, se cruzan por delante del vientre. En conjunto, adquiere una forma más o menos ovoide, para amoldarse a la cavidad uterina que lo acoge. Se trata de una postura longitudinal respecto al útero, ya que el eje de su cuerpo es paralelo a él.

La presentación cefálica del feto es la más frecuente: se da en el 95% de los partos.

Llegado el momento del nacimiento, el feto puede presentarse en el canal del parto de distintas maneras. Lo más normal es que lo haga con la cabeza, esto es, con la llamada presentación cefálica. Sin embargo, en algunas ocasiones, el feto se presenta con los pies, las nalgas o los hombros (de lo cual también existen distintas versiones).

VERSIONES DE LA PRESENTACIÓN CEFÁLICA

En la presentación cefálica, cuando el feto flexiona la cabeza apoyando la barbilla en el tórax se denomina «presentación de vértice». Sin embargo, otras veces la cabeza está flexionada de forma incompleta o incluso inclinada hacia atrás; esta presentación se conoce como «presentación de bregma», «de frente» o «de cara», respectivamente.

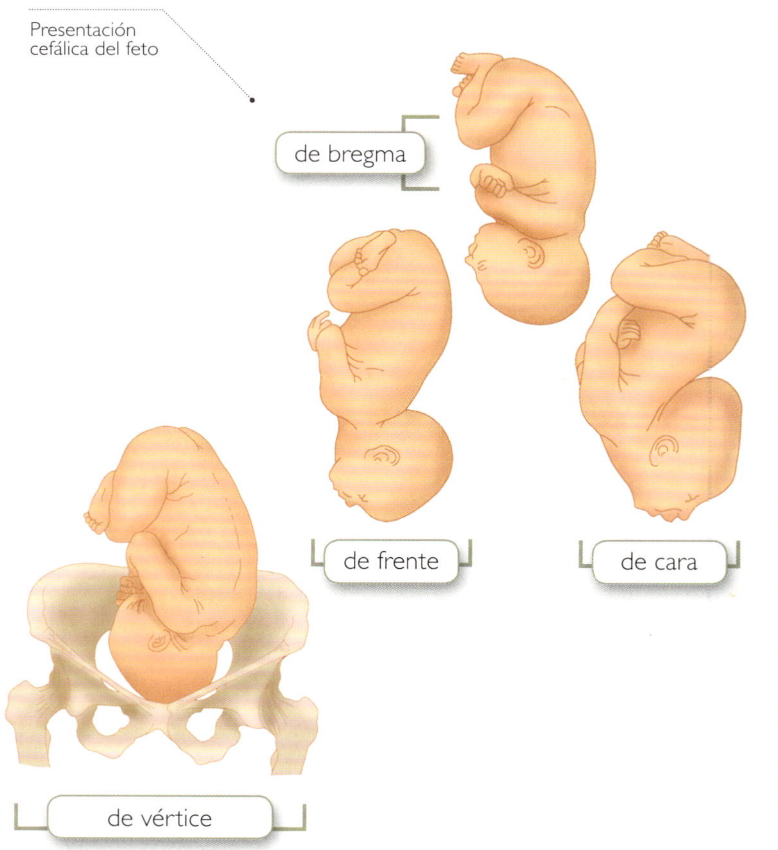

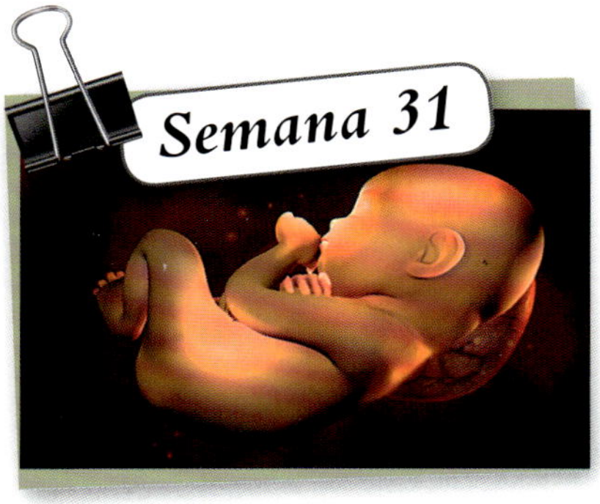

Día 211

En esta semana, el feto mide unos 41 centímetros y pesa 1,5 kilogramos, pero todavía tiene por delante muchos días para seguir creciendo. Su cabeza empieza a tener un tamaño más proporcional al resto del cuerpo.

PERIODO DE EXPULSIÓN

Puede durar alrededor de una hora en las mujeres primíparas, y menos de media hora en las multíparas.
A la fuerza de las contracciones uterinas, que son cada vez más intensas, se suma la fuerza que ejerce la mujer con la musculatura abdominal al empujar.
Gracias a ello, el niño desciende por el canal del parto: atraviesa la cintura pélvica, la vagina y la vulva, hasta que sale completamente.

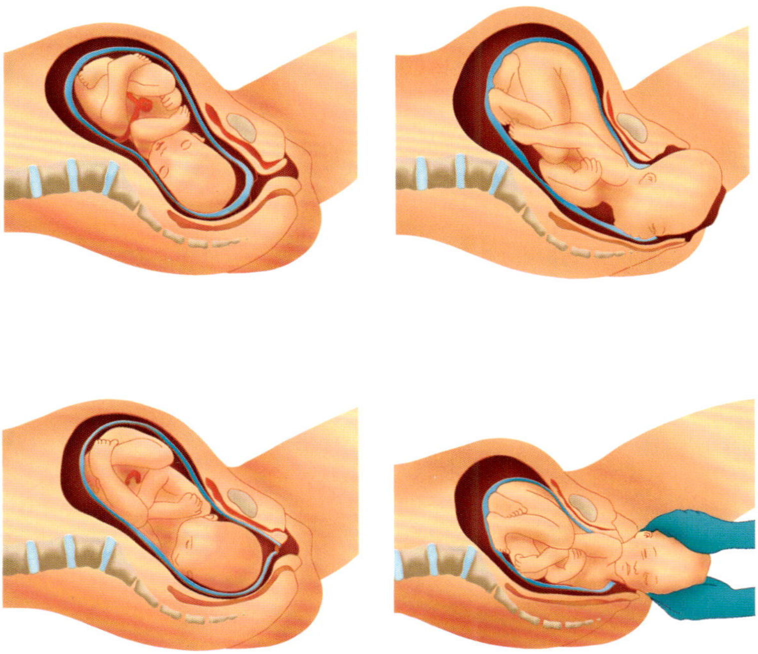

En el transcurso de estos dos últimos meses de embarazo, el feto doblará su peso y engordará tanto como durante los siete meses anteriores; sin embargo, proporcionalmente, crecerá bastante menos. Este aumento de la grasa corporal tan vertiginoso es la causa del incremento de peso que se produce en la embarazada: unos 500 gramos por semana a partir de ahora.

En la semana 31, al feto le empieza a ser cada vez más difícil moverse y estirarse dentro del útero, porque su crecimiento se acelera. Si todavía no se ha colocado con la cabeza hacia abajo, seguramente lo hará en los próximos días. En cambio, si el feto se ha colocado de nalgas, se notarán menos las patadas, pero se hará más evidente la presión de la cabeza debajo de las costillas.

Si percibes que tu bebé presiona demasiado hacia abajo o no se mueve como de costumbre, es necesario que visites al especialista. Igualmente, si tienes dolor abdominal o cólicos menstruales, o si se te nubla la vista y ves borroso, debes acudir de inmediato a un centro médico.

Días 212-213

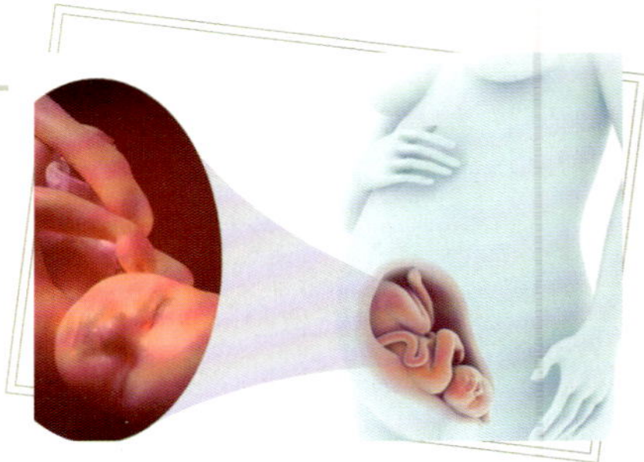

El canal del parto está constituido por la cintura ósea de la pelvis menor y las partes blandas que la revisten. Estas últimas se distienden fácilmente y no ofrecen resistencia al avance del feto, pero no sucede lo mismo con la parte ósea.

Durante esta semana, los huesos del bebé se endurecen, pero el cráneo se mantiene blando y flexible para facilitar su paso por el canal del parto; esto explica la fragilidad de la cabeza del recién nacido, cuyo cerebro no está todavía bien protegido (una vez que haya nacido, habrá que esperar todavía de 15 a 18 meses para que se suelden las fontanelas, es decir, los puntos de unión de los diferentes huesos del cráneo).

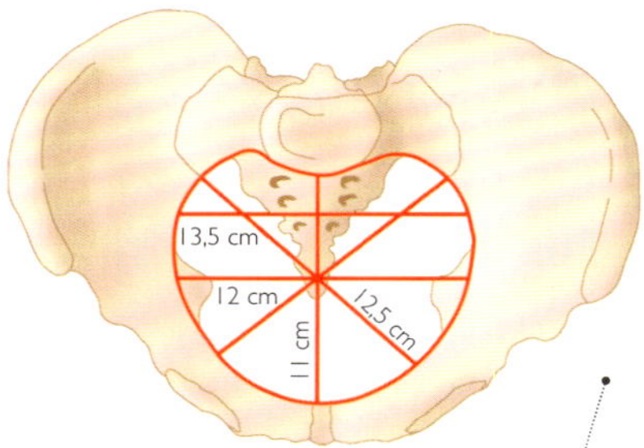

Canal del parto: vista superior y sus diámetros en la pelvis normal.

Los huesos de la pelvis menor, rígida y casi totalmente inmóvil (salvo el coxis y el pubis, que pueden desplazarse y dilatarse parcialmente), representan el principal obstáculo para el nacimiento y exigen que el cuerpo del niño se adapte constantemente para superar las irregularidades del canal óseo.

El primer obstáculo es el estrecho superior (la entrada a la pelvis menor); el niño debe adaptar la cabeza al diámetro mayor del estrecho superior, que es el llamado «oblicuo».

El segundo obstáculo que debe salvar (estrecho medio) lo constituye la protuberancia de las espinas isquiáticas a los lados del canal; el diámetro oblicuo ya no es el más idóneo, y el niño debe girar la cabeza para adaptarse al diámetro antero-posterior.

El tercer obstáculo (estrecho inferior) representa la salida del canal óseo: los diámetros de esta zona son muy reducidos, pero aumentan gracias a la presión que ejerce la cabeza del niño en el coxis materno, que se desplaza hacia atrás. También en este caso, el diámetro antero-posterior es el más adecuado.

SÍNDROME DEL TÚNEL CARPIANO

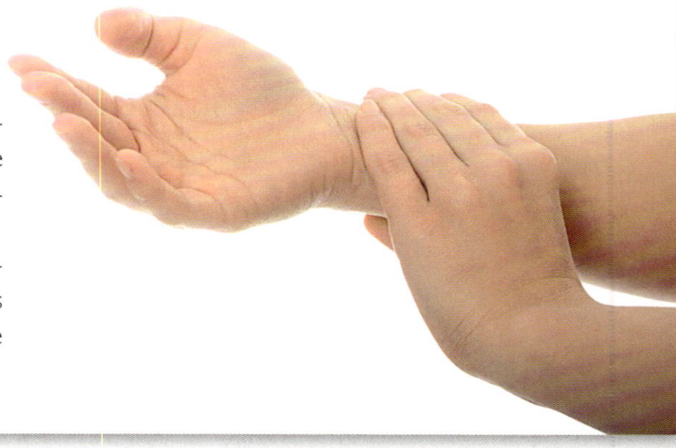

Aunque no es un síntoma muy frecuente entre las embarazadas, la inflamación de los nervios de las muñecas puede producirse debido a una retención de líquidos en las articulaciones.

Para disminuir las molestias y el dolor que produce esta afección, es recomendable hacer movimientos circulares con las muñecas (para favorecer la circulación), sacudir rápidamente las manos para liberar presión y apretar pelotas antiestrés.

Día 214

Las horas de sueño al final del embarazo son pocas, pero muy valiosas. La clave para lograr un buen descanso reside en encontrar la postura que resulte más cómoda; por lo general, esta es de lado y hacia la izquierda.

La importancia del descanso en el embarazo es esencial tanto para la salud del futuro bebé como de la madre. Existen investigaciones sobre trastornos del sueño que aseguran que dormir poco aumenta el riesgo de hipertensión en la embarazada.

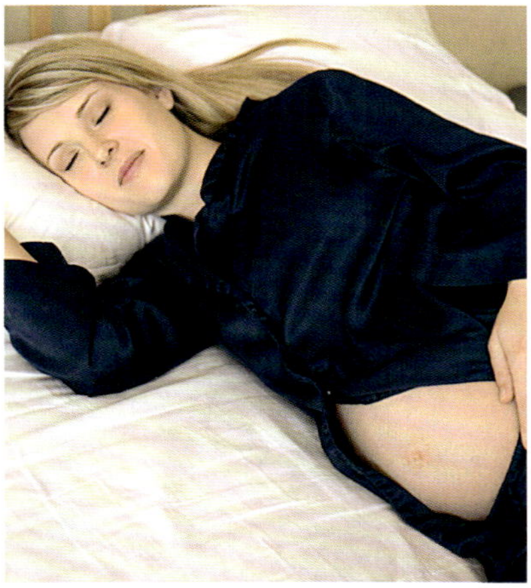

Las embarazadas que duermen 6 horas o menos cada noche serían más propensas a sufrir hipertensión durante el tercer trimestre de gestación, mientras que el riesgo se multiplica por 10 entre las mujeres que duermen 5 horas o menos. Lo ideal es dormir las 8 horas diarias que se recomiendan, ya que un buen descanso garantiza el flujo sanguíneo óptimo para hacer llegar al feto todo el oxígeno y los nutrientes que necesita para desarrollarse adecuadamente.

Aunque en la alteración del ciclo del sueño intervienen factores hormonales, físicos y psicológicos, la calidad del descanso también está influida por el tipo de colchón y almohada que se utilicen.

Los mejores colchones son aquellos que permiten que el cuerpo quede sostenido en su totalidad a la vez que respetan sus curvaturas naturales; se recomienda evitar los colchones que sean muy duros o muy blandos.

Lo mismo ocurre con las almohadas: las que son muy altas hacen que la cabeza quede en desnivel con respecto al resto del cuerpo, al igual que las que son muy bajas, por lo que pueden producir dolores de cuello, hombros o espalda. Por tanto, la almohada ideal es aquella que respeta la forma natural del cuello.

VIGILA LO *LIGHT*

Evita los edulcorantes artificiales, ya que estos atraviesan fácilmente la placenta y pueden afectar al feto.

La sacarina tampoco es recomendable. Existen investigaciones médicas que han puesto de manifiesto que su consumo aumenta el riesgo de padecer cáncer de vejiga; además, el bebé tarda mucho tiempo en expulsarla de su cuerpo, incluso más que tú, así que es mejor evitarla, debido a la incertidumbre que genera.

Si consumes edulcorantes artificiales para tratar de cuidar tu figura, estás cometiendo un error que puede ser perjudicial; lo mismo ocurre con los alimentos *light* o bajos en grasas y calorías.

Día 215

El tamaño empieza a ser un problema: el feto cada vez está más aprisionado y ya no puede moverse con la misma soltura que antes. En esta semana continúa el desarrollo pulmonar, que culminará en torno a la semana 37 del embarazo.

En algunos fetos, el descenso de los testículos desde la zona abdominal hacia los sacos escrotales, que se inició semanas atrás, se completa a lo largo de esta semana, y ya se pueden apreciar dos pequeñas esferas de color blanco dentro de los sacos escrotales; si todavía no ha sucedido, el descenso culminará en breve.

En el caso de que el futuro bebé sea una niña, su sistema reproductor estará prácticamente completado, y los labios menores y mayores cubrirán prácticamente todo el clítoris.

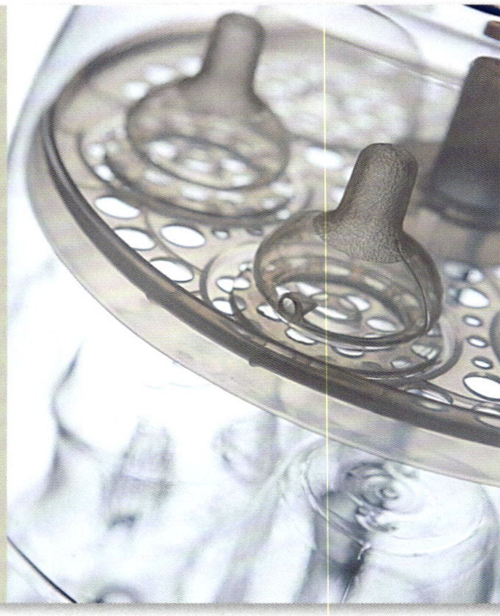

ESTERILIZADORES

Existe una gran variedad de esterilizadores en el mercado, un accesorio muy útil para garantizar la higiene de los biberones y las tetinas. No olvides que, antes de introducirlos en el esterilizador, debes lavarlos perfectamente con agua y jabón. En caso de no disponer de uno de ellos, es necesario que hiervas en agua los biberones después de cada toma.

SEXUALIDAD EN EL EMBARAZO

Durante el embarazo, es habitual que se produzcan cambios en la sexualidad de las parejas:

- **Primer trimestre:** puede notarse una disminución de la libido como consecuencia del cansancio, las náuseas y los malestares de este periodo, aunque hay mujeres que tienen mayor apetito sexual, debido a los cambios en la sensibilidad genital.
- **Segundo trimestre:** suele recuperarse la vitalidad sexual (de hecho, incluso aumenta); la pareja ya se ha adaptado al embarazo y han desaparecido muchos de los temores iniciales, así como el malestar.
- **Tercer trimestre:** la sexualidad se ve nuevamente comprometida; esta vez, por el volumen que adquiere la tripa y el cansancio de la recta final.

Día 216

El útero mide ya unos 31 centímetros y el feto ha empezado a ocupar parte del espacio donde están los pulmones, así que la respiración de la embarazada puede variar a lo largo de estas semanas y es posible sentir que falta el aire.

A partir de las semana 31 se puede empezar a notar la vulva hinchada, sobre todo al final del día. Esta inflamación se produce como consecuencia de la presión que ejerce el feto en la región púbica, donde también se ve alterado el retorno venoso.

Algunas gestantes pueden, además, presentar varices vulvares, lo que incrementa el dolor en esa zona.

Para su tratamiento, practicar los ejercicios de Kegel contribuye a activar la circulación a ese nivel, mientras que realizar baños de asiento con agua fría o aplicar directamente hielo envuelto en una tela ayuda a disminuir las molestias. No obstante, este tipo de varices suelen desaparecer de forma natural tras el parto.

También es importante poner atención al flujo vaginal, ya que un aumento inusual de la cantidad normal o un cambio en sus características puede ser indicativo de una infección, en especial si este se presenta acuoso o mucoso, o tiene rastros de sangre. En estos casos, hay que acudir al médico para que haga la valoración correspondiente.

EXPULSIÓN DE LA PLACENTA

Es importante controlar que la placenta ha salido íntegra y no quedan fragmentos de ella en el útero, pues podrían impedir una buena hemostasis y provocar hemorragias e incluso infecciones. La observación de la placenta permite también confirmar la salud del niño durante la gestación.

AUMENTO DE PESO

Al final de la gestación, el aumento de peso en la mujer suele oscilar entre los 11 y 15 kilogramos. Estos kilos de más se distribuyen de la siguiente manera:

- 3 kg de tejido adiposo de reserva;
- 1 kg de útero;
- 3-3,5 kg de feto;
- 1,5 kg de placenta y líquido amniótico;
- 0,4 kg de aumento del pecho;
- 2,5-3 kg de sangre y líquidos intersticiales.

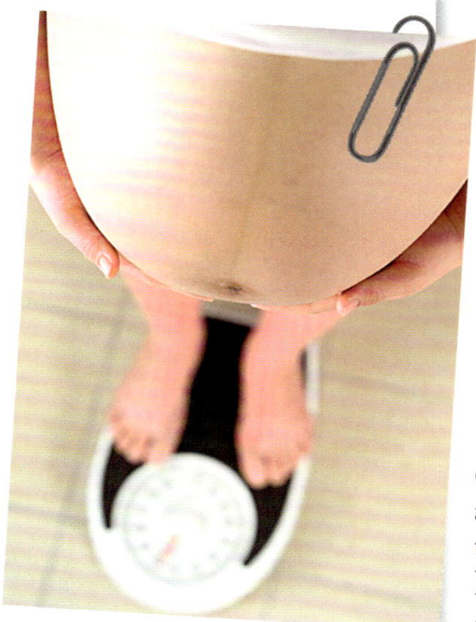

A veces se confunde el tapón mucoso con flujo vaginal patológico.

Día 217

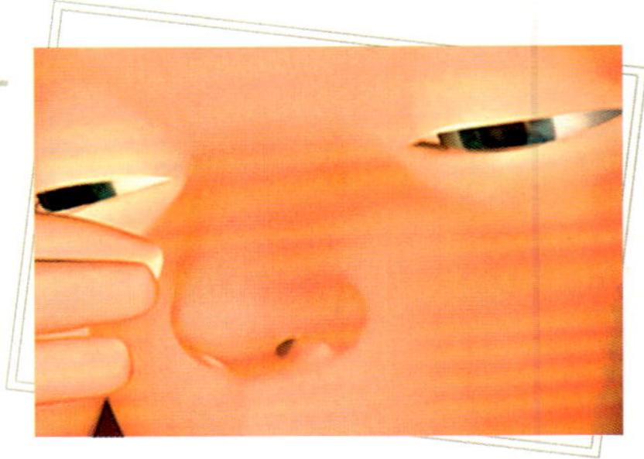

Entre las semanas 30 y 34, el feto no solo es capaz de abrir los ojos, sino que sus pupilas se dilatan y se contraen en función de la intensidad lumínica que reciben, y es capaz de distinguir de dónde procede un foco de luz.

Además, perfecciona los movimientos y las habilidades que tendrá que utilizar después del nacimiento: bosteza, agarra el cordón con la mano, se coloca el puño en la boca, se frota los ojos...

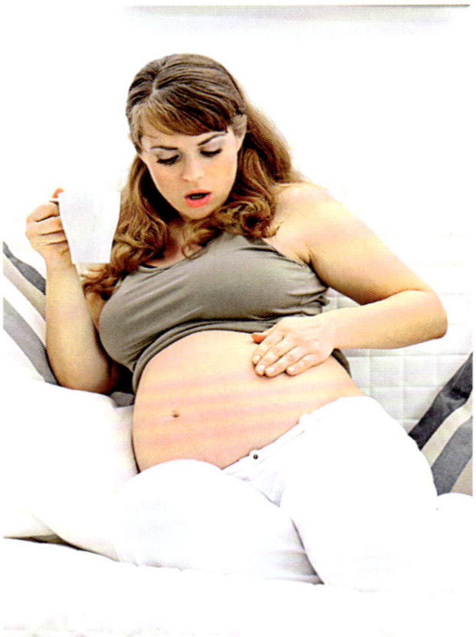

En esta etapa, el feto puede hacer, cada hora, unos 20 movimientos leves y 2 o 3 más fuertes (los que nota la madre), aproximadamente. Sin embargo, cuando está molesto, puede moverse más y de forma muy brusca; acariciarse la tripa y hablarle lo ayudarán a relajarse.

El oído funciona a la perfección, hasta el punto de que percibe con mayor claridad los sonidos graves que los agudos, y la mayoría de los órganos están desarrollados, salvo los pulmones, que tardarán aún un tiempo en formarse para funcionar correctamente fuera del útero.

En este periodo, la placenta se ocupa de producir estrógenos y progesterona, para mantener sus funciones de intercambio de nutrientes y oxígeno.

CONTRACCIONES FRECUENTES

Si antes de la semana 37 sientes cuatro o más contracciones en una hora, puede ser un incicio de parto prematuro.
En ese caso, lo más recomendable es acudir a la consulta de la matrona o del médico para que pueda identificarlas y descarte o no un posible estado de parto.

REACCIÓN A LA LUZ

La capacidad visual del feto queda patente en el tercer trimestre. Ahora cambia de posición cuando, durante una ecografía, el médico coloca un foco de luz cerca del vientre de la madre.

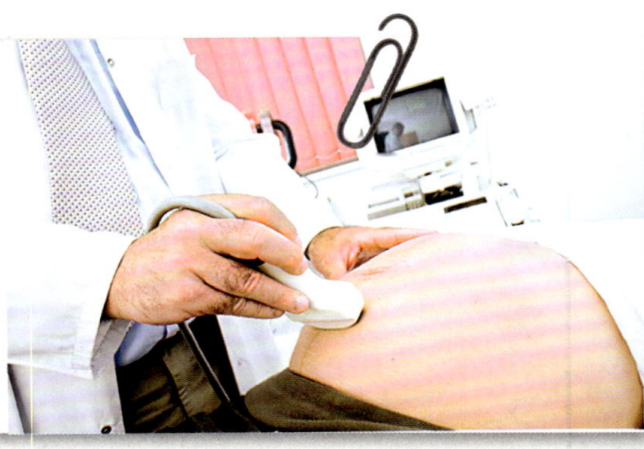

Semana 32

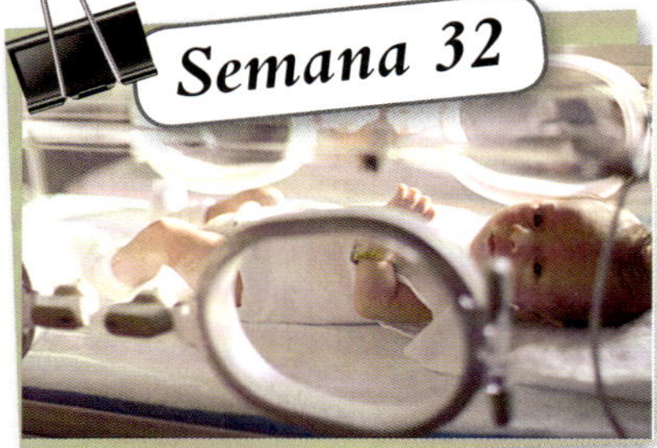

Día 218

La piel del feto ya es mucho más gruesa, ha desaparecido el lanugo del rostro y su cerebro es muy similar al que tendrá al nacer. Si el parto se adelanta a la semana 32, las posibilidades de que el bebé sobreviva aumentan hasta un 85 %.

Según ponen de manifiesto distintos estudios científicos, en la semana 32 de la gestación, el cerebro del feto no se diferencia mucho del cerebro de un recién nacido. Si bien, antiguamente, se creía que el desarrollo mental comenzaba después de nacer, en la actualidad se considera que los bebés comienzan a pensar en el interior del útero e incluso tienen memoria.

En cambio, los pulmones aún no están completamente maduros en esta semana. Aunque se ha ido incrementado la producción de factor tensoactivo (un elemento imprescindible para que no se colapsen los alveolos pulmonares), todavía no hay en cantidad suficiente; por ello, si hubiera que finalizar la gestación por cualquier motivo o la gestante se pusiera de parto en este momento, habría que hacer madurar los pulmones del bebé artificialmente, mediante la administración de corticoides.

Actualmente, los corticoides se administran entre las semanas 24 y 34, ya que el uso de estos intraútero, además de evitar el síndrome de distrés respiratorio, disminuye el riesgo de hemorragia intraventricular y la mortalidad neonatal.

LAS UÑAS

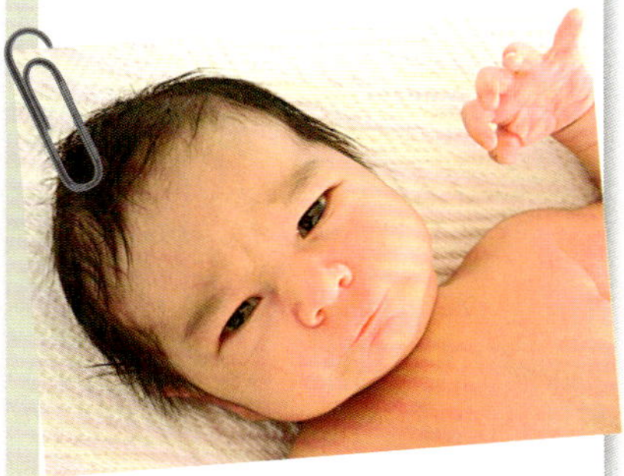

A lo largo de estos meses, las uñas del feto se han ido haciendo y ya están completamente formadas; por eso, al poco de nacer, los bebés necesitan que les corten las uñas. Igualmente, muchos recién nacidos presentan una gran cantidad de pelo en la cabeza, pero este factor varía mucho de unos bebés a otros.

PRESENTACIÓN ÓPTIMA DEL PARTO

La presentación cefálica de vértice es la más apropiada para el parto; en ella, el niño adapta su cuerpo al diámetro de la pelvis materna, adoptando una posición que facilita al máximo su paso por el canal. El resto de las presentaciones pueden obstaculizar el desarrollo normal del parto y, en ocasiones, requieren que se practique una cesárea (esta intervención es inevitable en las presentaciones de cara, de frente y de hombros).

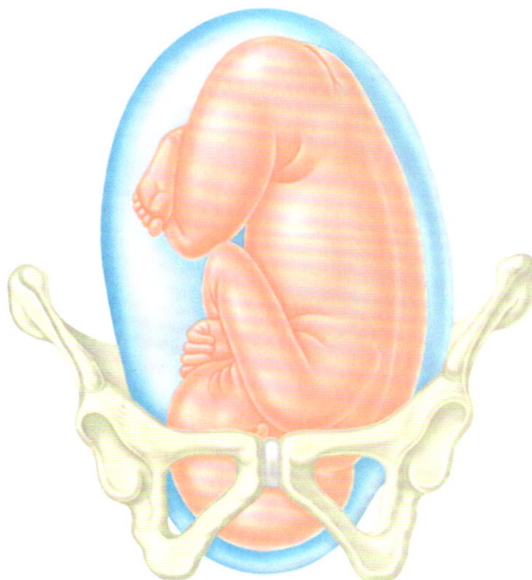

Días 219-220

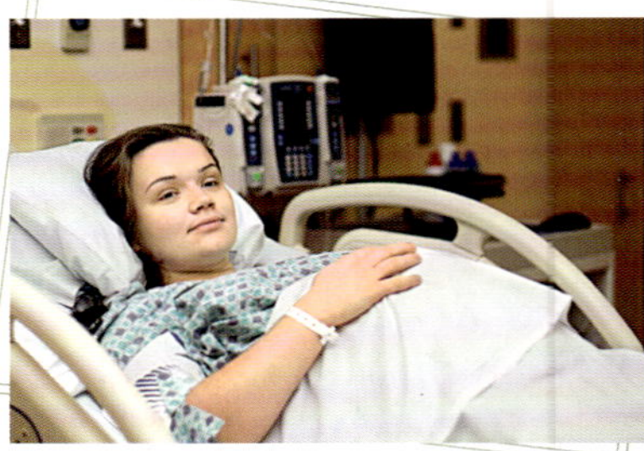

En algunas circunstancias, puede ser necesario provocar el nacimiento del bebé sin esperar a que el parto tenga lugar de forma espontánea. Cuando esto sucede, las contracciones se inducen mediante la administración de fármacos específicos.

Los fármacos que se utilizan para provocar el parto de una embarazada se pueden administrar por dos vías: intravenosa (mediante fleboclisis de oxitocina) o haciendo que los absorban las mucosas del cuello del útero (con aplicaciones de un gel que contiene prostaglandina).

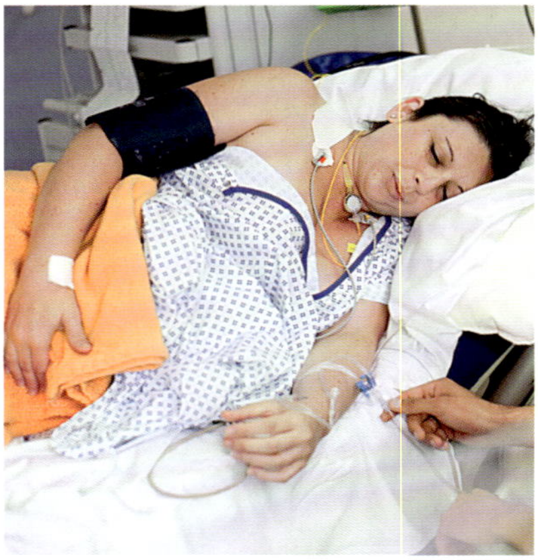

En algunos casos, la simple aplicación del gel es suficiente para inducir el parto: además de preparar el cuello del útero (relajándolo y estimulando las modificaciones necesarias), puede dar comienzo a una actividad contráctil regular. Sin embargo, lo más frecuente es que se combinen ambos métodos: se empieza con la aplicación del gel y se continúa con la transfusión de oxitocina para acelerar e intensificar las contracciones.

Cuando es necesario actuar con más rapidez, se recurre a una intervención por cesárea.

¿CUÁNDO SE INDUCE UN PARTO?

Los motivos por los cuales se procede con más frecuencia a una inducción del parto son los siguientes:

- Existencia de patologías maternas, como hipertensión o diabetes.
- Reducción significativa de la cantidad de líquido amniótico.
- Prolongación del embarazo más allá de la semana 42.
- Rotura de las membranas con más de 24-48 horas de antelación.

EL SACALECHES

Si vas a dar el pecho a tu bebé, este accesorio puede resultarte muy útil. Busca alguno que sea fácil de limpiar, cómodo y portátil. Los más recomendables son los de jeringa, que están compuestos por dos cilindros, así como el eléctrico, que no necesita manipularse manualmente para ponerlo en funcionamiento. En cambio, no son aconsejables los de pilas ni los de bulbo o palanca.

Día 221

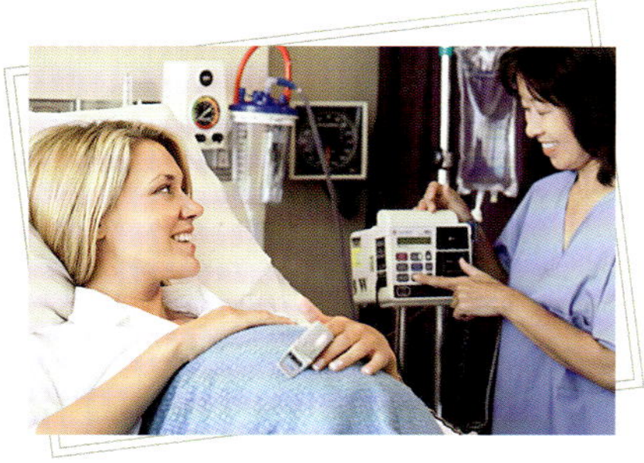

Las metodologías de inducción del parto han permitido a muchas mujeres evitar recurrir a la cesárea, con lo que se eliminan todos los problemas físicos y psíquicos que conlleva una intervención quirúrgica de esa envergadura.

Sin embargo, este tipo de técnicas también pueden tener sus inconvenientes: todo el proceso del nacimiento es más largo, al no producirse las contracciones preparatorias que preceden al comienzo de un parto espontáneo y que hacen que el útero se vaya preparando paulatinamente.

Además, el uso de fármacos impone una atenta vigilancia de los efectos que provocan, tanto en la madre como en el niño. Por tanto, es necesario monitorizar el ritmo cardiaco del feto y controlar el tono uterino (mediante un cardiotocógrafo) durante todo el parto. Para la mujer, a la incomodidad de la aguja del gotero en el brazo y de las sondas en el abdomen, se suma la consecuencia, prácticamente inevitable, de tener que permanecer inmóvil en la cama.

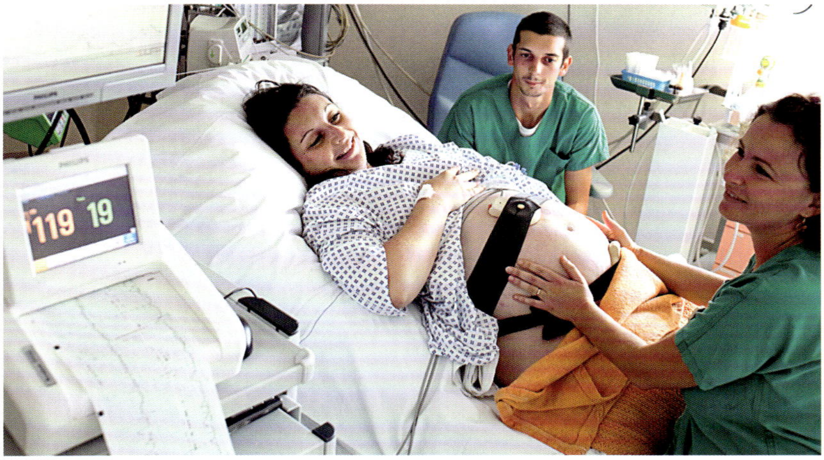

DIFICULTADES EN EL PARTO

Cuando se presentan dificultades en el alumbramiento, además de inducir el parto, el equipo médico puede recurrir a otras técnicas, como son la episiotomía y el uso de la ventosa o el fórceps para ayudar a salir al bebé.

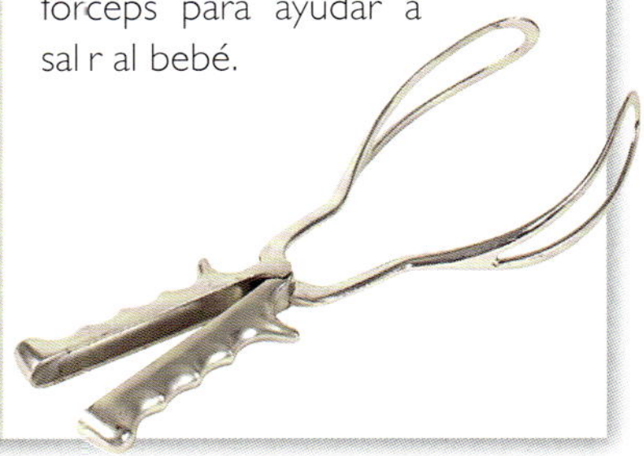

CARDIOTOCÓGRAFO

Es un aparato que realiza una monitorización fetal externa y controla dos parámetros fundamentales del bebé y de la embarazada:

- **El latido cardiaco fetal y su frecuencia,** que se registra con una sonda Doppler de ultrasonidos.
- **El estado de las contracciones de la matriz,** que se registra con otra sonda.

Día 222

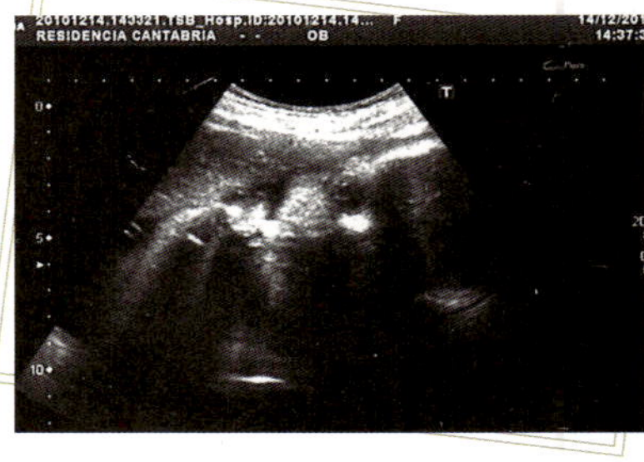

El feto mide unos 42 centímetros y pesa alrededor de 1,7 kilogramos. Su apariencia se asemeja mucho a la de un recién nacido, aunque menos robusto. Algunos tienen ya cabello, mientras que otros, solo un poquito de vello.

Paralelamente, el volumen de la sangre materna va aumentando y, en este momento, es un 40-50% mayor que antes de quedar embarazada. Esta cantidad extra que se va acumulando en estas semanas servirá para compensar, además, la sangre que pueda perderse durante el parto.

De la misma manera, los pechos comienzan a prepararse para la lactancia, así que no es extraño que generen algo de calostro, un líquido de color amarillento y consistencia viscosa que alimentará al bebé hasta que se produzca la subida de la leche definitiva.

En los bebés prematuros, el calostro tiene aún más potencial para prevenir las infecciones.

Está demostrado que el calostro tiene propiedades muy beneficiosas para el bebé. Además de satisfacer los requerimientos nutricionales del recién nacido (está compuesto por agua, proteínas, grasas y carbohidratos), también contiene inmunoglobulinas, los anticuerpos que le ayudarán a combatir infecciones en un momento en el que su sistema inmunológico no está aún perfeccionado.

RESPLANDORES

En las últimas semanas de embarazo, la pared abdominal de la madre se ha estirado tanto que la luz puede pasar al interior de la bolsa amniótica. El feto lo percibe en forma de resplandores rojizos, como cuando se mira una luz a través de las manos.

CONTROL DE LA COAGULACIÓN

La analítica de la coagulación se efectúa en torno a la semana 32.
El estado de embarazo altera profundamente el proceso de coagulación de las mujeres, si bien potencia al mismo tiempo los factores coagulantes y los fibrinolíticos. De esta manera, se instaura un equilibrio inestable que debe mantenerse bajo control, en previsión de las pérdidas hemáticas que se producirán en el momento del parto (unos 200-300 centímetros cúbicos cuando se trata de partos naturales y 500-1.000 centímetros cúbicos en las cesáreas).

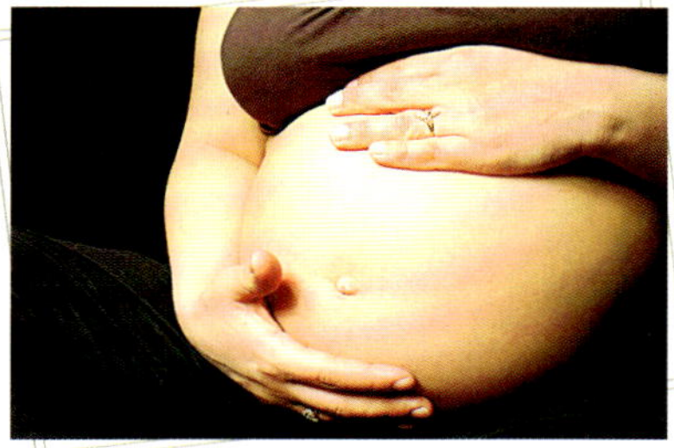

Día 223

La frecuencia de los movimientos fetales va modificándose a lo largo del día. Normalmente, los movimientos aumentan después de comer, como consecuencia del incremento de la glucemia materna y fetal.

¿Estará bien mi hijo? Esta es una de las preguntas más habituales y recurrentes que se hacen las embarazadas a medida que avanza la gestación y se acerca el momento del parto.

Si bien es cierto que la correcta nutrición y desarrollo del feto solo se pueden comprobar a través de las ecografías, sobre todo con la del tercer trimestre, los movimientos fetales que percibe la madre son un indicativo de si el feto está recibiendo suficiente cantidad de oxígeno: como la realización de movimientos supone un aumento del consumo de este gas, si el feto se mueve significa que tiene oxígeno de sobra.

Por lo general, los movimientos del feto están inversamente relacionados con la actividad de la gestante: en la medida en que esta permanezca activa, es posible que se sientan menos; pero, si descansa, los notará más, de ahí que suelan moverse más de noche que de día.

Sin embargo, las características y el número de movimientos no son iguales para todos los fetos, y unos son más activos que otros; por ello es tan importante establecer el patrón habitual de sus movimientos, para poder detectar cualquier cambio que se produzca en ellos.

CUIDADOS DEL PECHO

Si vas a optar por la lactancia natural después del parto, tu pecho será la principal fuente de alimentación de tu bebé, así que requiere cuidados y atención desde los primeros días de gestación.
Masajéalos dos veces al día, por la mañana y por la noche, para que estén firmes y sanos durante y después del embarazo; una buena opción son las cremas fabricadas a base de caléndula: puedes aplicarlas con movimientos circulares en el sentido de las agujas del reloj y sin presionar demasiado.

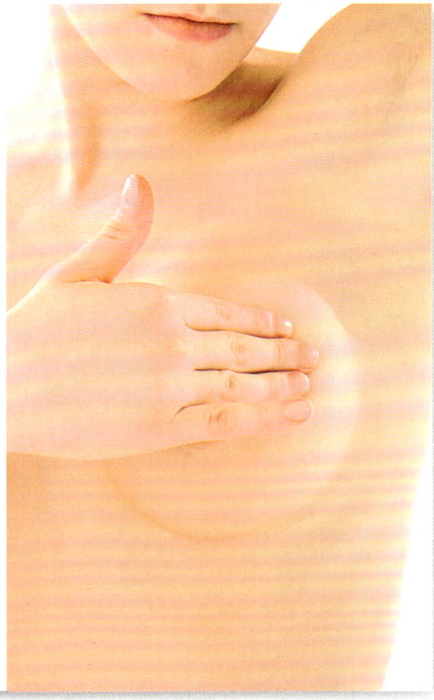

CUIDADOS DEL PERINEO

Los masajes con aceite de rosa mosqueta resultan muy efectivos en la preparación del perineo de cara al parto. Confieren más flexibilidad a la entrada de la vagina y, en muchas ocasiones, evitan los desgarros o la realización de una episiotomía.

Día 224

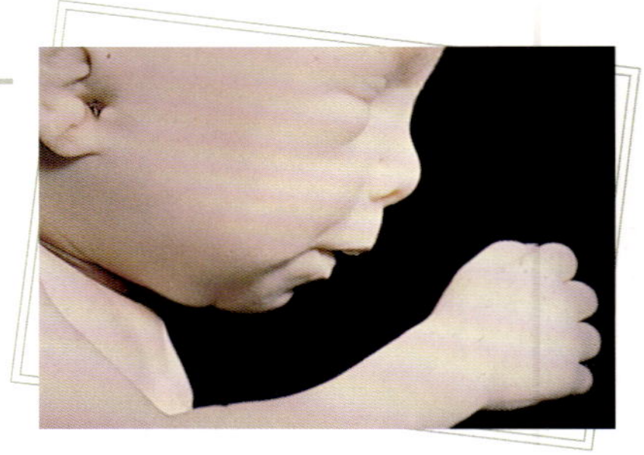

Durante la semana 33, el feto superará los 2 kilogramos de peso y medirá cerca de 45 centímetros. Gracias al peso que ha ido ganando, la piel que lo recubre es cada vez menos arrugada y más tersa.

Como ha crecido mucho, los movimientos del feto ahora son más limitados, y son los miembros inferiores y superiores, sobre todo, los que mueve con más frecuencia. Por ello, lo más normal es que, a partir de este momento, permanezca solo en una posición; es poco frecuente a estas alturas que cambie de postura, pues le es más difícil desplazarse con libertad para girar de un lado a otro o de arriba abajo.

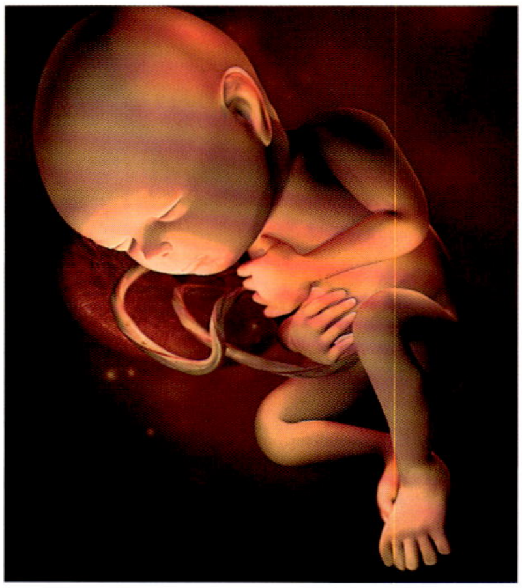

El sentido del olfato, aunque no respire, está ya desarrollado.

Sin embargo, aunque sus movimientos no sean tantos como antes, estos no deben desaparecer y ha de moverse todos los días; en caso contrario, consulta al médico.

Sus cinco sentidos ya están funcionando: las pupilas se contraen y se dilatan, saborea el líquido amniótico que lo rodea, puede sentir cuando succiona su dedo y escucha los sonidos de tu voz y tu corazón.

EJERCICIOS DE KEGEL

Fortalecer los músculos del suelo pélvico es muy importante para las embarazadas, no solo de cara al parto, sino también para la recuperación posterior.

Estos ejercicios, que se pueden realizar en cualquier momento del día, se basan en contraer y relajar el músculo pubococcígeo (o del suelo pélvico) repetidamente para incrementar su fuerza y tonicidad.

Para realizarlos, basta con apretar los músculos (como si trataras de retenerse la orina) y mantener esta tensión durante unos segundos para, después, relajarlos y volver a comenzar de nuevo.

Se recomienza empezar con series de 10 repeticiones e ir aumentándolas progresivamente, al igual que el tiempo que se mantienen los músculos tensos.

Semana 33

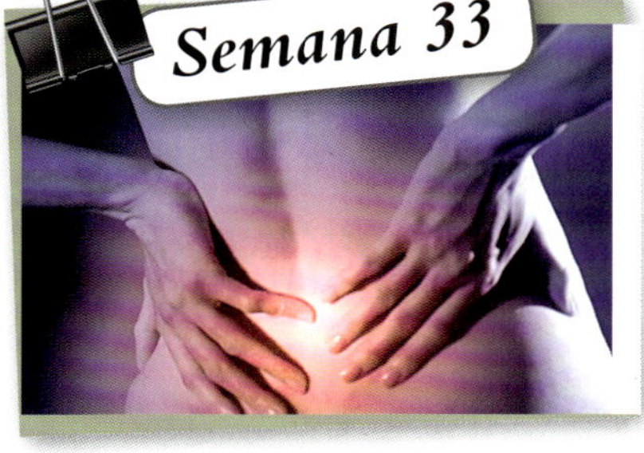

Día 225

Durante el embarazo, el nervio ciático permanece «atrapado» por la musculatura de una pelvis que tiene mayor tendencia a sufrir contracturas. Así aparece la ciática, como consecuencia de la presión que ejerce el feto sobre la columna vertebral.

A partir de la semana 33, puede sentirse un dolor a nivel lumbar que, a veces, se irradia a lo largo de la nalga, el muslo y toda la pierna hasta el pie. Es ciática, una dolencia que afecta al 30% de las embarazadas.

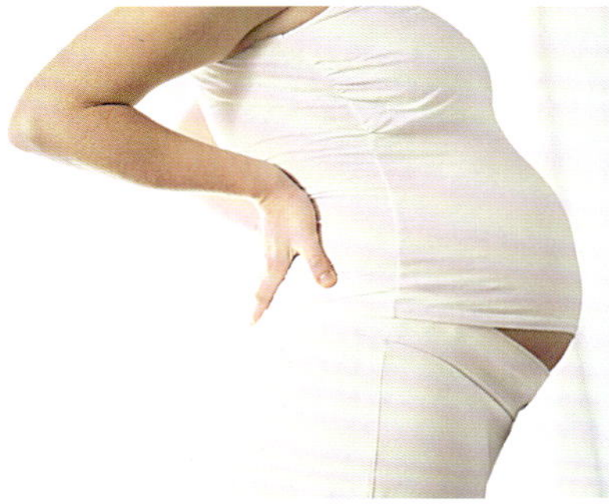

La ciática se produce por la compresión del nervio ciático como consecuencia del aumento de la curvatura de la columna vertebral. El dolor que produce es muy característico: comienza en la zona baja de la espalda y se extiende por la parte trasera de la pierna hasta llegar al pie (aunque, en otras ocasiones, se siente como un pinchazo debajo de la cintura o en la parte superior del glúteo).

Ante estos síntomas, el especialista recomendará unos ejercicios adecuados que permitirán reducir la tensión y, por tanto, el dolor.

CUÁNDO HAY QUE HACER CESÁREA

Existen una serie de indicaciones que implican, necesariamente, la realización de una cesárea. Estas son las siguientes:

- Sufrimiento fetal.
- Desprendimiento prematuro de la placenta.
- Desproporción entre el tamaño del feto y de la pelvis.
- Placenta previa.
- Anomalías de presentación (frente, cara, hombros).
- Prolapso del cordón umbilical y sus graves patologías.

COJÍN DE LACTANCIA

Este accesorio te ayuda a sostener al bebé, sin cansarte ni producirte dolores de espalda, mientras lo amamantas.
Existe una enorme diversidad de cojines en el mercado, aunque también lo puedes confeccionar tú misma.

Días 226-227

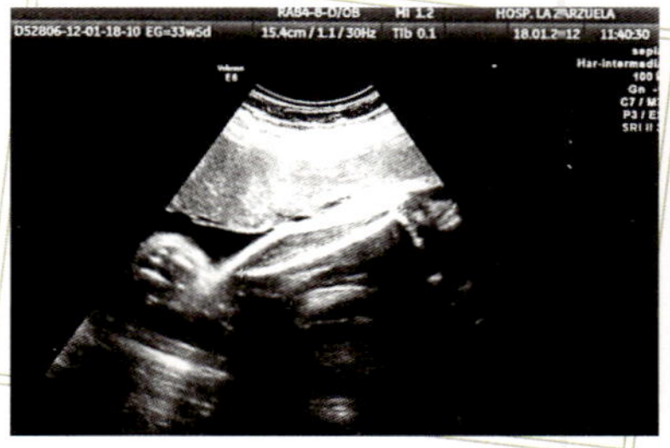

Sus huesos están más fuertes, aunque los de la cabeza continúan blandos y separados para que se puedan estrechar durante el paso por el canal vaginal en el parto. Por eso, muchos bebés nacen con la cabeza algo deformada.

La plagiocefalia posicional ocurre cuando en la cabeza del bebé se desarrolla una zona plana o asimétrica debido a algún tipo de presión externa. En el caso del parto, sobre todo en aquellos más prolongados, muchos bebés nacen con la cabeza deformada debido a la presión que sufren al pasar por el canal vaginal, aunque la mayoría de estas imperfecciones se corrigen por sí solas en unas seis semanas.

Si, pasado este tiempo, la cabeza del bebé sigue asimétrica o, al contrario, se empieza a notar la formación de un área plana, es conveniente visitar al pediatra.

Los casos de plagiocefalia en recién nacidos han aumentado considerablemente en los últimos años, coincidiendo con las recomendaciones de los pediatras de no acostar a los bebés boca abajo; por ello, conviene cambiar a menudo la postura del bebé en la cuna y alternar distintas posiciones, ya que los huesos de su cráneo son todavía blandos y maleables, y adoptar siempre la misma postura puede producir este tipo de deformaciones.

BOLAS CHINAS

Las bolas chinas, normalmente conocidas desde un enfoque sexual, son muy útiles para fortalecer la musculatura del suelo pélvico, con un efecto muy similar al de los ejercicios de Kegel. Muchos ginecólogos las recomiendan para preparar el parto y evitar episiotomías. Para que resulten más eficaces, hay que llevarlas dentro de la vagina mientras se realiza alguna actividad cotidiana, como andar o ir de compras. Se puede comenzar con 15 minutos e ir aumentando el tiempo poco a poco, pero sin llegar a sobrepasar nunca las 4 horas.

CASOS QUE NO SIEMPRE REQUIEREN CESÁREA

Aunque existen una serie de indicaciones relativas a la práctica de cesáreas, no siempre es necesario recurrir a esta intervención quirúrgica:

- Presentación podálica.
- Embarazo prolongado más allá del término con sufrimiento fetal.
- Algunas patologías maternas (diabetes, enfermedades renales, isoinmunización, tumores).
- Primer parto de mujer de edad avanzada.

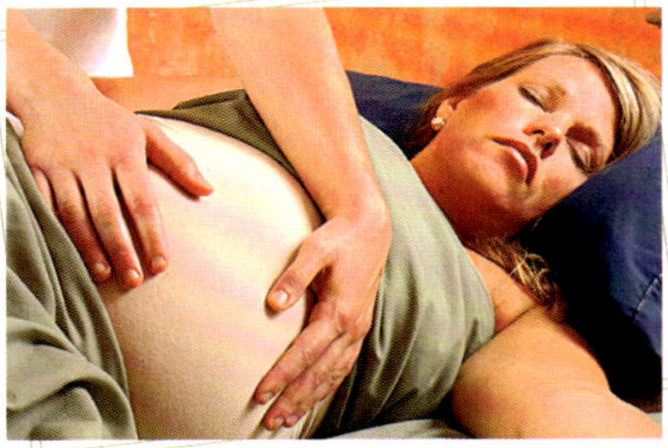

Día 228

Una de las consecuencias habituales que se producen durante el parto son los desgarros; para evitarlos, se practica la episiotomía, una incisión quirúrgica en la zona del perineo. A veces es posible prevenir ambos mediante masajes en dicha zona.

Muchas matronas recomiendan empezar ya a dar masajes en el perineo (el área entre la vagina y el ano) para ayudar a prevenir los desgarros durante el parto, ya que este tipo de masajes aumentan la elasticidad de la zona.

CUIDA LOS PUNTOS

Si durante el parto te realizan la episiotomía, cuida la zona lavándote dos o tres veces al día con agua templada y un jabón neutro, realizando los movimientos de delante hacia atrás. No mantengas la zona húmeda y sécala con pequeños toques y una gasa.

Para que el masaje sea efectivo, debe realizarse al menos de 6 a 8 semanas antes de la fecha prevista de parto, ha de ser regular y hacerse cada día durante 5-10 minutos.

Antes de nada, es importantísimo lavarse las manos y encontrar una postura cómoda, con las piernas separadas.

Con un poco de aceite de oliva o de rosa mosqueta en los dedos pulgar e índice, se introducen unos 2,5 centímetros en la vagina y se presiona, al mismo tiempo, hacia abajo (o sea, hacia el recto) y hacia ambos lados.

Después, se continúa estirando suavemente, pero con firmeza, y se mantiene el estiramiento durante 2 minutos.

De forma lenta y suave, se masajea también la parte de abajo del canal vaginal, enganchando los dedos en los lados del canal vaginal y estirando con suavidad estos tejidos hacia delante, como lo hará la cabeza del bebé durante el nacimiento.

Es muy importante hacer estos movimientos con suavidad, puesto que son tejidos muy sensibles.

¿QUÉ ES EL MECONIO?

Son las primeras heces del recién nacido, de color verde oscuro, casi negro, y muy viscosas.

A partir del tercer o cuarto día de vida, las deposiciones van adoptando un color más claro y una textura cremosa y blanda, a veces casi líquida, hasta volverse de color mostaza («amarillo oro»). Esta coloración no es constante, y puede variar hasta convertirse en un evidente tono verde al exponer las heces al aire.

Día 229

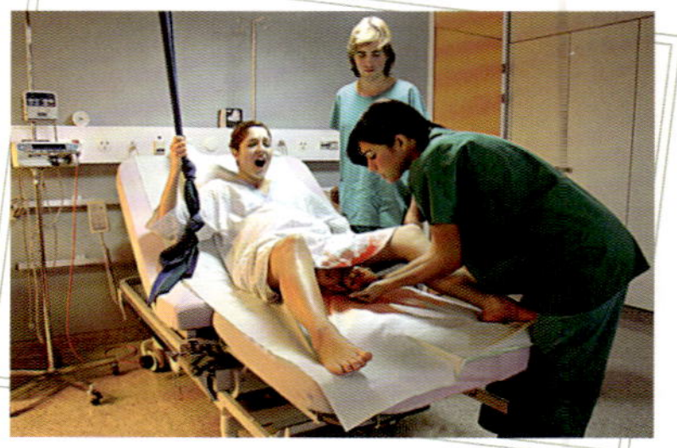

En aproximadamente un 30% de los partos naturales se producen desgarros. Esto dependerá, en gran medida, del tamaño del bebé, de la elasticidad del perineo y de la preparación que se haya hecho para el parto.

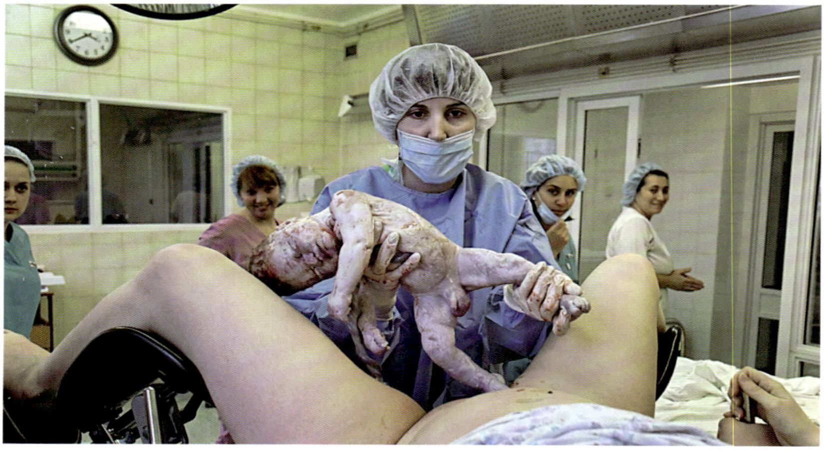

Sin embargo, son pocos los desgarros graves que se producen durante el parto; la razón principal de estos suele ser un parto rápido y un bebé con la cabeza demasiado grande. Los desgarros muy graves son más raros todavía y suelen darse en los partos auxiliados con ventosa o con fórceps.

Para evitar desgarros profundos, los médicos proceden muchas veces a realizar la episiotomía, una práctica cada vez menos frecuente, pues se considera que un desgarro natural se recupera mejor que una incisión quirúrgica. Se distinguen distintos tipos de desgarro según el grado de gravedad.

- **Desgarros de primer grado:** la piel del perineo se rasga levemente, sin afectación de la musculatura.

- **Desgarros de segundo grado:** la piel del perineo está fuertemente rasgada, así como la musculatura, aunque superficialmente.

- **Desgarros de tercer grado:** además de la piel del perineo, se ven afectados los músculos que cierran el ano.

- **Desgarros de cuarto grado:** se produce un desgarro vaginal; además, también se ve afectada la membrana del intestino.

FIN DE LAS HEMORRAGIAS

La contracción de las fibras musculares uterinas (hemostasis mecánica) después del parto garantiza la primera detención de la pérdida hemática. Con todo, la certeza de que no se van a producir hemorragias solo se tiene cuando se forman trombos (tapones producidos por el sistema de coagulación), que bloquean definitivamente la abertura de los vasos. A medida que el útero se relaja, disminuye la hemostasis mecánica y todo pasa a depender de la coagulación.

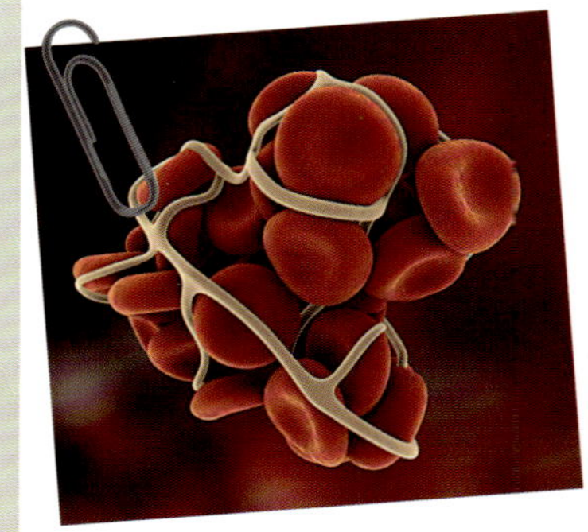

Día 230

Durante el embarazo, los sueños de la mujer tienden a ser mucho más frecuentes y extraños, incluso pueden convertirse en pesadillas que terminan por preocupar a las futuras mamás. Suelen intensificarse a medida que se acerca la fecha del parto.

Las mujeres embarazadas suelen referir, con relativa frecuencia, un mayor número de ensoñaciones a lo largo de la noche. Sin embargo, se han realizado multitud de estudios acerca de este fenómeno y ninguno ha conseguido proporcionar razones concluyentes que lo expliquen.

Aun así, es cierto que las embarazadas sufren más pesadillas, o las recuerdan con mayor facilidad; no en vano, encontrarse en un estado fisiológico tan diferente como es la gestación crea abundante material nuevo para el subconsciente, y el contenido de los sueños puede reflejar, de alguna manera, la preocupación y los miedos de la mujer ante esta nueva etapa de su vida que está a punto de comenzar.

Además de estos factores emocionales, también se piensa que otro de los principales causantes de este aumento de los sueños son los numerosos cambios hormonales que se producen en la mujer durante esta etapa.

LÍQUIDO VAGINAL

Si notas que comienzas a perder gran cantidad de líquido por la vagina en las últimas semanas o días de tu embarazo, lo más probable es que se haya roto la bolsa amniótica y haya comenzado el parto: ha llegado, por tanto, la hora de acudir al hospital.

SUEÑOS FRECUENTES

Entre los sueños más comunes de las embarazadas se encuentran los siguientes:

- **Salud del bebé.** Refleja el deseo de que el niño nazca sano y se desarrolle con normalidad.
- **Animales o seres extraños.** Significan una forma de enfrentarse al temor de la nueva responsabilidad que supone tener un hijo.
- **Agua.** Puede tener diferentes significados: la conexión de la madre con la naturaleza, el temor a romper aguas o la inminencia de la llegada del bebé.
- **Pareja.** Soñar con infidelidades de la pareja puede reflejar lo vulnerable que se está durante el embarazo y el temor a los cambios corporales que se producen.
- **Antiguas parejas.** Puede reflejar cierto miedo ante las nuevas responsabilidades, el nuevo rol de madre o incluso la posible pérdida de intimidad y romanticismo por la llegada del bebé.

Día 231

Las conexiones cerebrales del feto crecen a un ritmo trepidante, a la vez que su cabeza: la circunferencia craneal ha aumentado en los últimos días cerca de 1,25 centímetros. El bebé percibe los estímulos y reacciona ante ellos más que nunca.

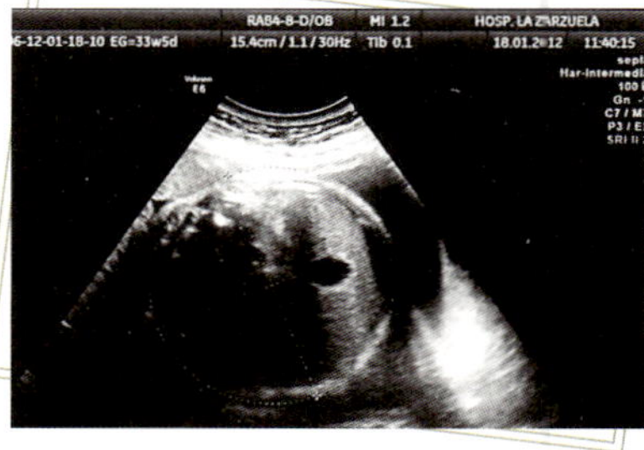

Los últimos meses de embarazo suelen venir acompañados de un molesto síntoma: la fatiga. Es muy normal sentir cansancio al menor movimiento, debido a que el útero ha aumentado

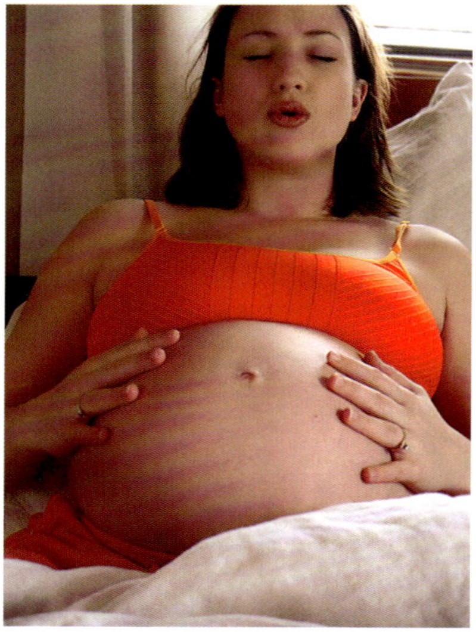

tanto de tamaño que afecta a la parrilla costal y dificulta la respiración; además, el aumento de peso corporal también la intensifica.

Efectivamente, en este octavo mes de embarazo, el útero alcanza el máximo de su tamaño (40 centímetros): su parte superior se puede palpar a unos 8 centímetros por encima del ombligo y llega a alcanzar el esternón, lo que puede originar algunas molestias en la respiración.

Este «cansancio respiratorio», o disnea, puede aliviarse realizando ejercicios de inspiración y espiración para aumentar la capacidad respiratoria.

TRANQUILIDAD

Cuando estés camino del hospital para dar a luz, intenta mantenerte lo más relajada posible, realiza ejercicios de respiración y mantén una actitud positiva.

FRECUENCIA DE LAS DEPOSICIONES

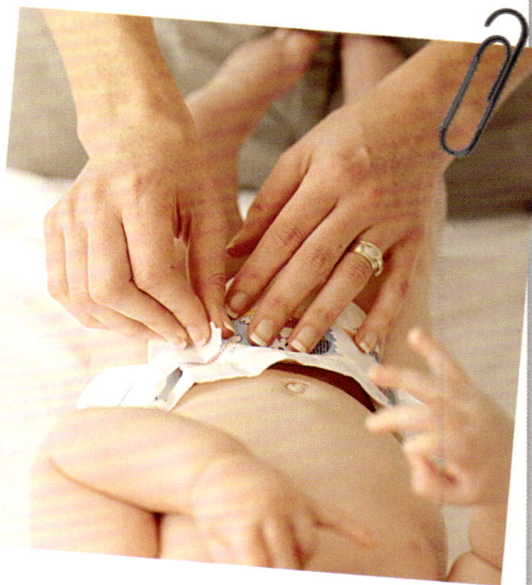

En los primeros días de vida, debido a un reflejo gastrointestinal, el bebé puede hacer de vientre incluso cada vez que come; este reflejo se atenúa posteriormente y el número de deposiciones desciende a 4-5 al día.

También pueden pasar 2 o 3 días entre una deposición y otra, lo cual no debe preocupar ni ser considerado «estreñimiento»; en realidad, se trata de un efecto de acumulación en el recto debido a la inmadurez del esfínter anal, que no «siente» el estímulo para abrirse (teniendo en cuenta, entre otros factores, el escaso efecto de «empuje» provocado por este tipo de heces, tan blandas y líquidas).

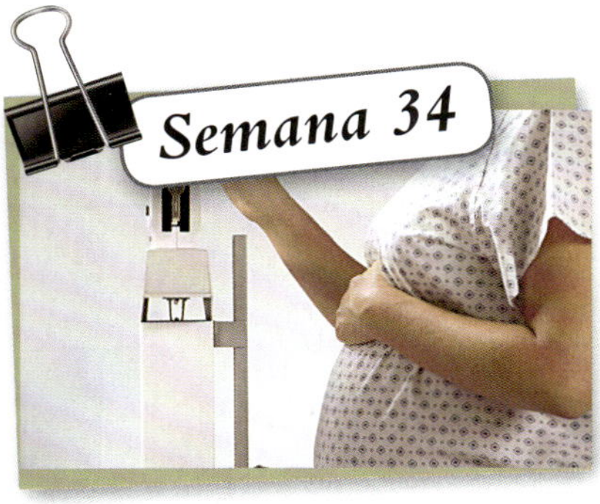

Día 232

El feto pesa más de 2 kilogramos y mide cerca de 45 centímetros. Aunque ya ha desarrollado todos sus sistemas fundamentales, a excepción de los pulmones, continúa subiendo de peso y almacenando grasa.

Igualmente, las uñas ya han crecido hasta llegar a la punta de los dedos, y seguirán creciendo; de hecho, la mayoría de los recién nacidos tienen las uñas largas y es necesario cortarlas unas semanas después del nacimiento.

El lanugo, que comenzó a desprenderse en la semana 31, ha desaparecido casi completamente a lo largo de las últimas semanas; en cambio, el vérnix caseoso se está haciendo más grueso, ya que su función es proteger al bebé de rozaduras, endurecimientos, etc.

Los restos de lanugo desprendidos se incorporan al líquido amniótico y, posteriormente, son ingeridos por el feto, por lo que dichos restos terminan formando parte del meconio.

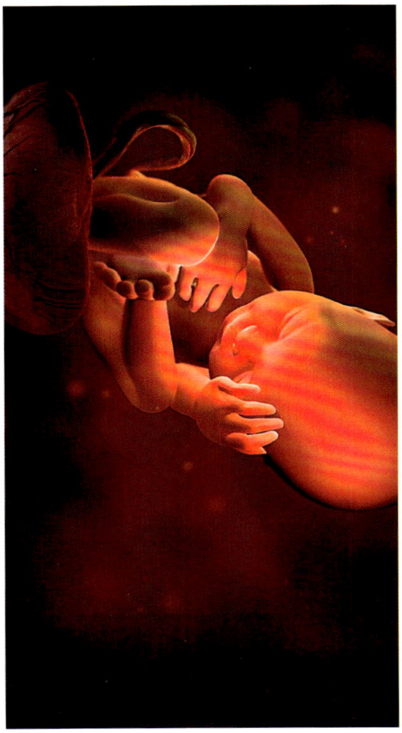

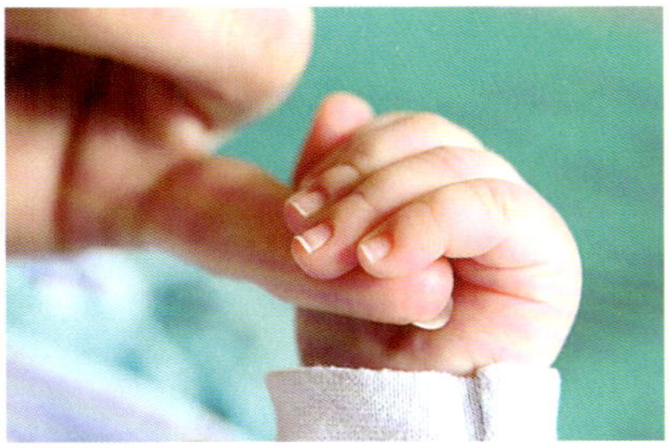

Si el meconio se expulsa antes de nacer, se contamina el líquido amniótico.

RECUPERA LA ENERGÍA

Ahora más que nunca, tu organismo necesita energía, y esta se obtiene, principalmente, de los carbohidratos.

Debes evitar los productos refinados (sobre todo harinas de trigo, patata deshidratada y harina de soja); es preferible que los ingieras en la forma más natural posible, a través de judías, legumbres, fruta fresca y verduras. Ten en cuenta estas pautas cuando decidas «picar» algo.

Días 233-234

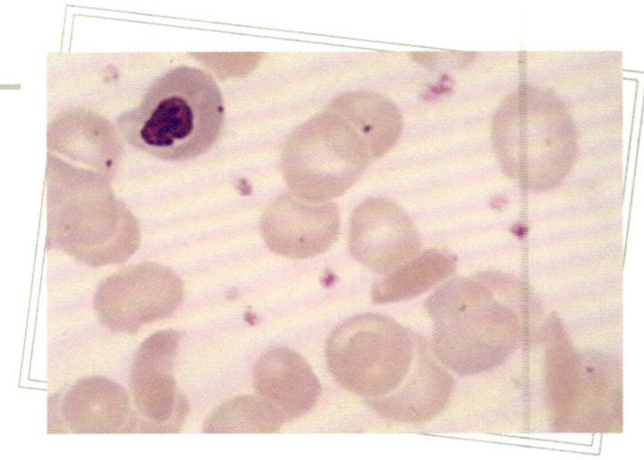

La relación entre anemia y embarazo no es algo inusual, sobre todo a partir del tercer trimestre. Aunque todos los sistemas de la embarazada van adaptándose regularmente a los cambios que experimenta el cuerpo de la mujer, a veces no ocurre así.

La anemia es una insuficiencia de glóbulos rojos o la merma en la capacidad de estos para trasportar oxígeno o hierro.

Durante el embarazo, ocurren tres etapas sucesivas que modifican el balance de hierro. La primera, de signo positivo, se produce como consecuencia de la retirada de las menstruaciones. Durante la segunda, comienza la expansión de la masa de glóbulos rojos (entre las semanas 20 y 25 de gestación). En cambio, en el tercer trimestre, existe una mayor captación de hierro por parte del feto, fundamentalmente después de la semana 30.

PÉRDIDA DEL EQUILIBRIO

Durante los primeros días del puerperio, el equilibrio de la mujer es deficiente, así que hay que poner mucha atención para evitar las caídas. De hecho, la columna vertebral, que había modificado su curvatura para equilibrar el desplazamiento hacia delante del cuerpo materno, a raíz del crecimiento del útero, tarda algunos días en adaptarse a este nuevo cambio.
Por ello, mientras se recupera la postura original, es posible que se registren pérdidas de equilibrio, especialmente peligrosas si la mujer tiene al niño en brazos.

Generalmente, el 90 % de las anemias gestacionales son de tipo ferropénico, esto es, por una deficiencia de hierro. No obstante, aunque raramente suponga una complicación seria, la anemia ha de vigilarse y controlarse bien, pues el feto depende de la sangre materna y una anemia aguda podría ocasionar un crecimiento fetal deficiente, un parto prematuro o un bebé de bajo peso al nacer.

Cabe recordar que una dieta equilibrada durante el embarazo permite mantener los niveles requeridos de hierro, así como de otros nutrientes necesarios para la salud, tanto de la madre como del bebé en gestación.

Día 235

Queda poco más de un mes para el nacimiento del bebé. Los síntomas que preceden al esperado momento pueden variar de unas mujeres a otras, pero existen señales que avisan de que este se acerca.

Al igual que no todos los partos son iguales, las señales que lo anuncian tampoco se manifiestan de la misma manera en todas las mujeres. Aun así, cualquiera de estas señales hace suponer que el parto está cada vez más próximo y, sin duda, todas ellas sirven de referencia.

- **Expulsión del tapón mucoso,** un flujo mucoso denso con hebras de sangre.
- **Contracciones regulares** que se presentan a intervalos cada vez más cortos.
- **Rotura de membranas,** lo que comúnmente se conoce como «romper aguas»; esto es, la rotura de la bolsa donde se encuentra el feto y la liberación del líquido amniótico.

Cualquiera de estos síntomas indica que el cuello del útero ha comenzado a dilatarse, pero su aparición no significa necesariamente que haya comenzado el parto: estas señales pueden presentarse varios días o incluso semanas antes de dar a luz.

No obstante, ante la aparición de alguno de ellos, siempre es conveniente acudir al especialista para que sea él quien juzgue si ha llegado el esperado momento.

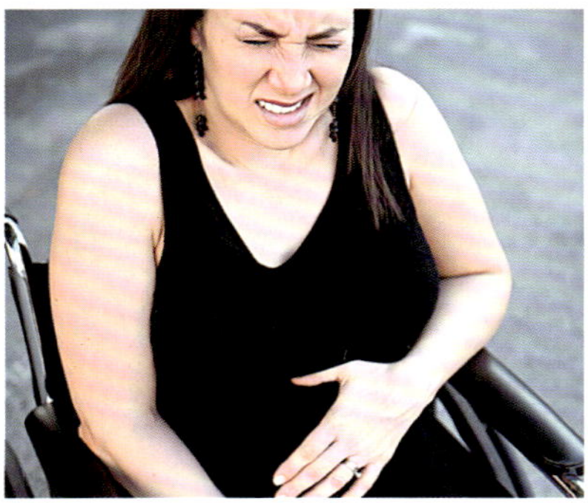

¿QUÉ BIBERONES COMPRAR?

Los de cristal no absorben olores ni sabores, y tampoco se tiñen con el color de los alimentos, mientras que los de policarbonato o plástico irrompible pueden tomar el color de algunos alimentos y volverse amarillos o adquirir un aspecto opaco.

Además, con los de cristal no hay riesgo de que sustancias extrañas, como el plomo, se transmitan a los alimentos; con los de policarbonato sí existe ese riesgo, por lo que hay que escoger con cuidado la marca que se vaya a comprar.

En cambio, los biberones de policarbonato tienen otras ventajas: son más ligeros, al bebé le resultan más fáciles de sostener y no se rompen si se caen al suelo, algo muy habitual.

Generalmente, todos los biberones se venden con tetina, pero existen también recambios que se venden por separado.

Día 236

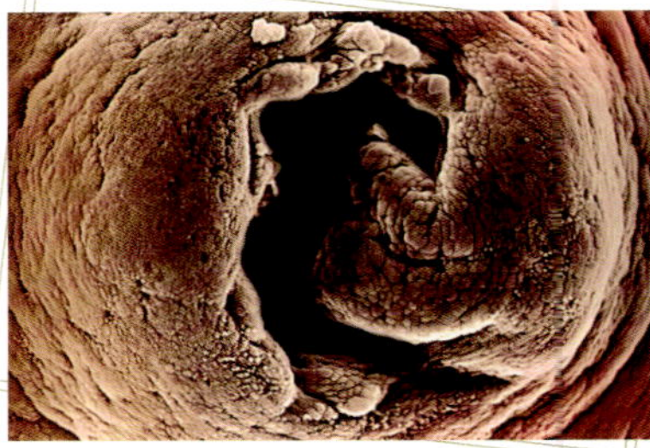

En la recta final del embarazo, también es conveniente aprender a distinguir los distintos tipos de contracciones que existen. La contracción del útero es un acto involuntario que no puede controlar la embarazada.

La mujer puede experimentar cinco tipos de contracciones:

• **Gravídicas de baja frecuencia e intensidad:** no son regulares ni dolorosas; se presentan a menudo durante la gestación y no suelen tener un significado especial.

• **De Braxton Hicks:** comienzan a partir del quinto mes de embarazo, o incluso antes, y se caracterizan porque abarcan todo el útero y no son dolorosas: solo se siente que el abdomen se endurece.

• **De preparto:** son típicas de las últimas semanas de gestación y preparan la zona inferior del útero para el parto; tienen más frecuencia e intensidad que las gravídicas, hasta el punto de ser percibidas por la mujer como una molestia; a veces, pueden adoptar una evolución cíclica regular.

• **De los periodos prodrómico, de dilatación y de expulsión:** son cada vez más regulares y dolorosas, y tienen una frecuencia y una intensidad crecientes: inauguran el proceso del parto y culminan con la salida del bebé.

• **De alumbramiento y posparto:** son de una frecuencia y una intensidad considerables, similares a las que tienen lugar en el periodo de expulsión, pero no tan dolorosas; determinan el encogimiento del útero y la consiguiente expulsión de los anexos embrionarios.

• **Del puerperio:** de frecuencia e intensidad decrecientes, pueden percibirse también como dolorosas (sobre todo en las multíparas); tienen lugar principalmente durante la lactancia y son consecuencia del estímulo provocado en el pezón por la succión del lactante.

ALIMENTACIÓN EN LA LACTANCIA

Durante la lactancia se produce un mayor requerimiento de proteínas (un 40% más, es decir, unos 20 gramos). También aumenta la necesidad de vitaminas del grupo B, así como de vitaminas A, C, D y E. En cuanto al incremento de calcio, fósforo y yodo, debe equivaler al 50%. Conviene aclarar que la satisfacción de todas estas demandas alimentarias no supone cambios en la dieta normal, siempre que se trate de una dieta equilibrada y variada. Por tanto, no es necesario complementarla con vitaminas (salvo en casos específicos y bajo prescripción médica).

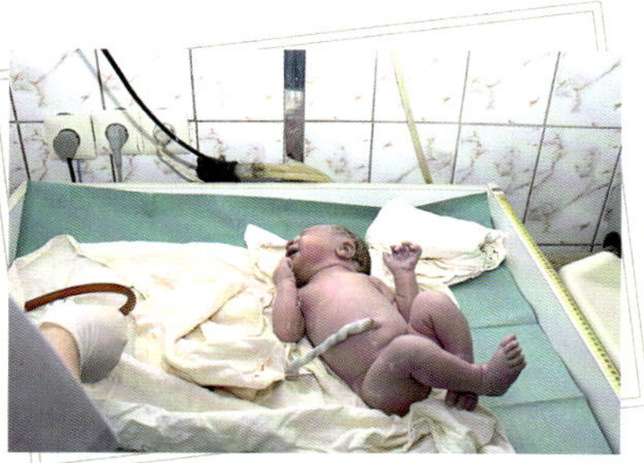

Día 237

¿Has pensado en donar la sangre del cordón umbilical? Su extracción es una operación sencilla y rápida que no entraña riesgos ni sufrimiento para el recién nacido o para la madre, puesto que se realiza cuando el cordón ya se ha cortado.

La actuación consiste en extraer sangre del cordón umbilical para recogerla en una bolsa esterilizada. La bolsa se envía posteriormente a un banco de sangre de cordón umbilical, donde se analiza y se conserva la sangre (en cámaras especiales a –190 °C).

Esta sangre puede emplearse para un trasplante después de comprobar que no contiene agentes infecciosos y de revisar el historial médico de la mujer que la ha donado. Consiste en dos extracciones de sangre: una en el momento del parto y otra al cabo de seis meses. Por este motivo, la mujer donante deberá firmar un consentimiento informado antes de proceder a la extracción de la sangre de su cordón y, también, estar dispuesta a someterse a dicho análisis de control.

A partir de ese momento, cualquier paciente del mundo podrá recibir la muestra a través de la Red Española de Donación de Médula Ósea (REDMO).

REPOSO

Después de la semana 34, es recomendable no moverse mucho, aunque todo dependerá del estado físico de cada embarazada.

El ginecólogo será quien dé las pautas sobre las necesidades de reposo, posibilidad de viajar, etc.

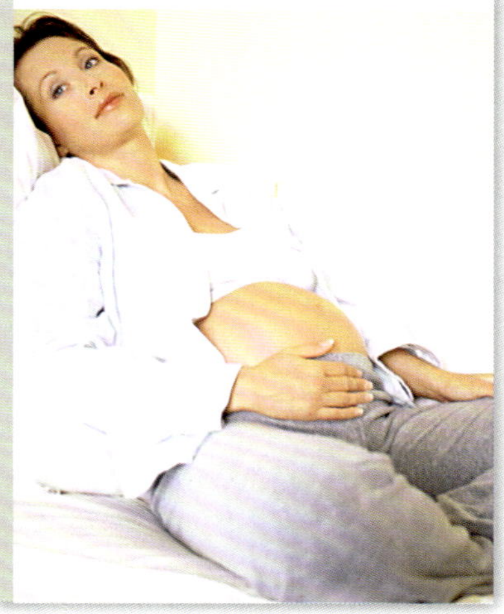

DONAR PARA SALVAR VIDAS

Aproximadamente el 40-50% de las personas que padecen leucemia y linfomas, para los cuales es necesario realizar un trasplante de médula ósea, no disponen de un donante compatible dentro del ámbito familiar o en los registros internacionales de donantes voluntarios de médula ósea.

La sangre del cordón umbilical contiene células embrionarias idénticas a las presentes en la médula ósea y capaces de generar glóbulos rojos, glóbulos blancos y plaquetas, que constituyen los elementos fundamentales de la sangre humana. Así pues, la sangre del cordón umbilical puede ser un sustituto de la médula para el trasplante.

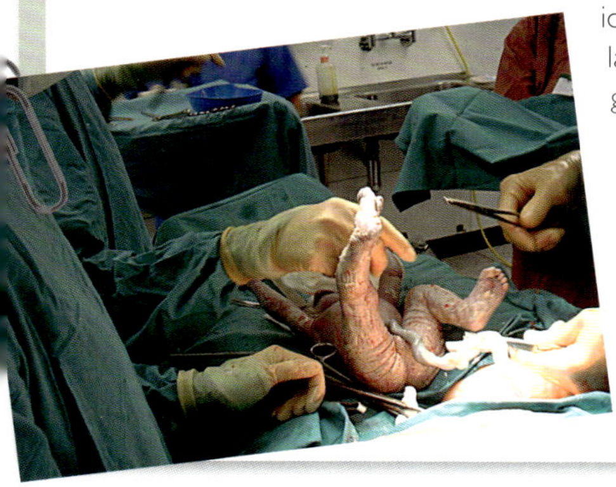

Día 238

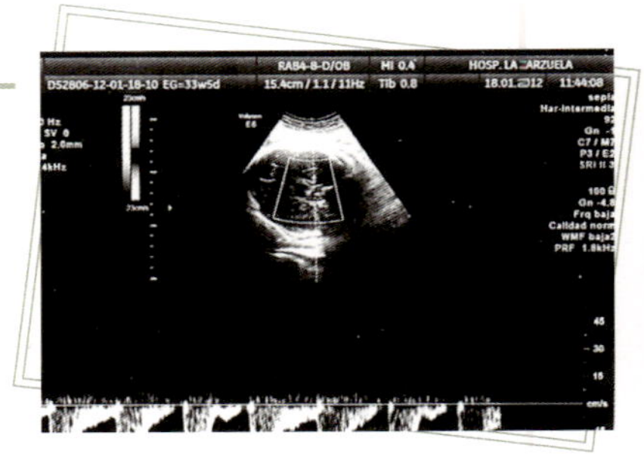

Desde el octavo mes, el feto aumentará de peso entre 250 y 350 gramos semanalmente. Debido a este constante crecimiento, sus pataditas serán mucho más perceptibles en el vientre de la madre.

En este momento, además, se nota mucha más presión en la pelvis, algo lógico si se tiene en cuenta que el feto ya ha comenzado a prepararse para el nacimiento y se está introduciendo, poco a poco, en el canal del parto, que está situado entre los huesos pélvicos.

El canal de parto está formado por la pelvis ósea (los huesos ilíacos, el coxis y el sacro) y la pelvis blanda o suelo pélvico. El descenso del feto hacia esta zona puede provocar alguna molestia en la vagina, así como calambres al caminar.

En las mujeres multíparas, el feto no se encaja hasta el momento del parto.

CAMBIO EN LA FORMA DE RESPIRAR

La circulación sanguínea del bebé, una vez que ha nacido, se adapta al nuevo sistema de respiración: la oxigenación de la sangre no se produce ya a nivel placentario, sino pulmonar, y esto conlleva algunos importantes cambios, entre ellos el del conducto de Botalo (durante la vida en el útero, evita el paso de la sangre a los pulmones del feto, pues, en la vida fetal, el oxígeno llega a través de la placenta): la sangre empieza a pasar por los pulmones para eliminar el anhídrido carbónico y cargarse de oxígeno.

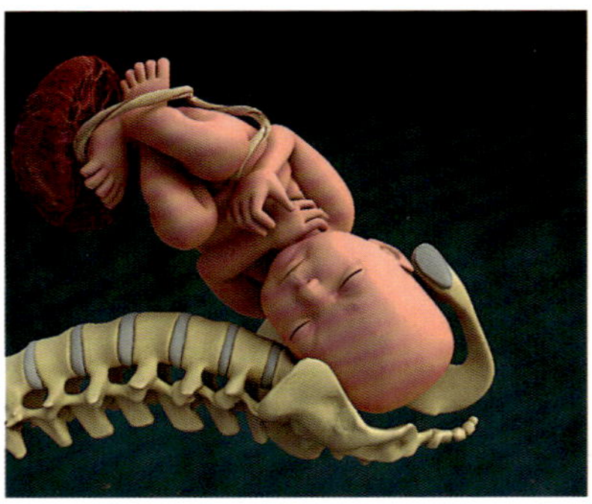

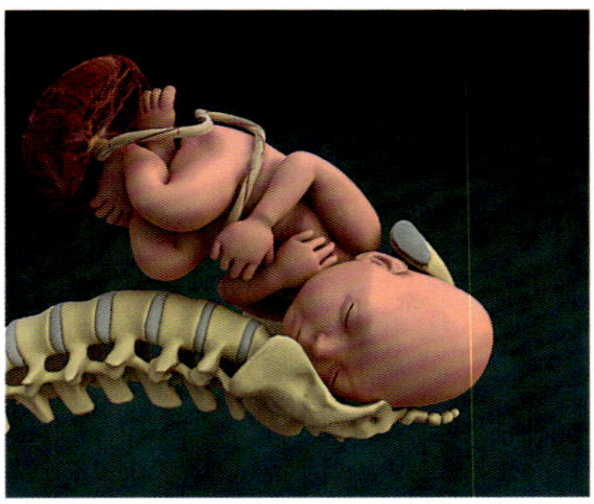

Además, el útero ha crecido mucho y su presión en las costillas inferiores es evidente; esto, junto con la dificultad para respirar, la fatiga y la torpeza al andar son aspectos más pronunciados que seguirán acompañando a la embarazada hasta el momento de dar a luz.

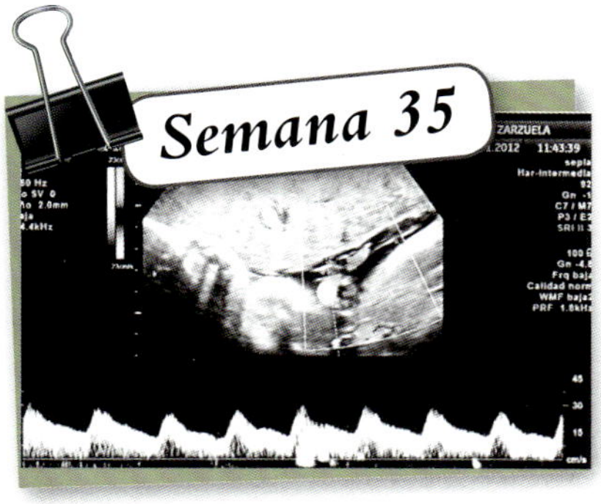

Semana 35

Día 239

En la semana 35, el feto es muy robusto y su actividad cerebral está perfectamente desarrollada. Tiene 100 billones de neuronas con 100 trillones de conexiones entre ellas; las mismas que tendrá en el momento de nacer.

A partir del octavo mes, los controles médicos del embarazo suelen ser semanales.

Efectivamente, la cabeza del futuro bebé ha alcanzado su máximo tamaño; las neuronas y las conexiones que se han estado formando y desarrollando a lo largo de casi todo el embarazo alcanzan en esta semana su máximo exponente.

Continúa almacenándose grasa bajo la piel y el vérnix caseoso sigue engrosándose. En cambio, otros órganos, como el hígado, comienzan a ponerse a punto para la vida en el exterior (el hígado mantiene los niveles adecuados de nutrientes en sangre, así que ha de estar completamente preparado y funcional para cuando el bebé realice la primera toma de leche materna). De la misma manera, la piel, el órgano más grande que tiene el ser humano, terminará durante esta semana su maduración y ya estará lista para realizar debidamente sus funciones.

IDENTIFICACIÓN DEL RECIÉN NACIDO

Para evitar cambios y confusiones, nada más nacer, al bebé se le coloca una pulsera de identificación, con el nombre y apellidos o el número correspondiente al consignado en un brazalete colocado previamente a la madre.
Igualmente, se toman sus huellas dactilares y plantares.

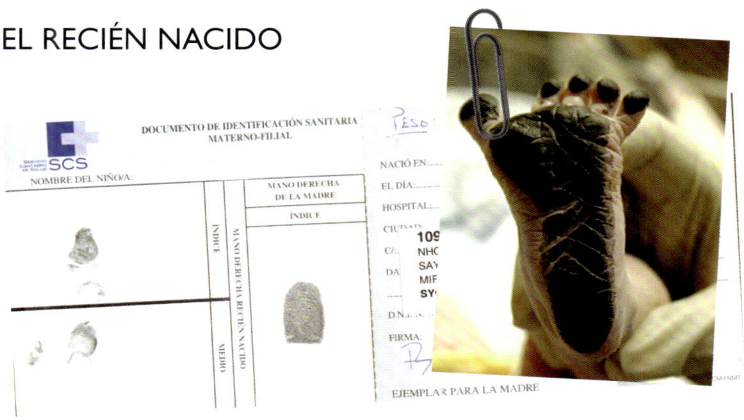

Días 240-241

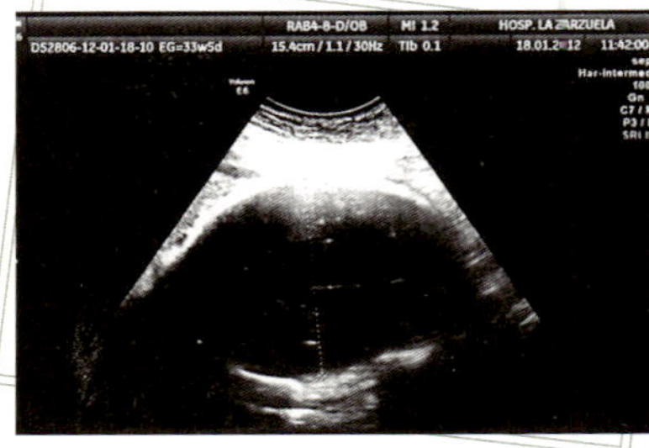

El feto mide 46,5 centímetros y pesa cerca de 2, 5 kilogramos. Su tamaño es considerable, pero todavía quedan unas semanas más para que se termine de completar el desarrollo de todos sus órganos.

Durante las últimas semanas del embarazo, el feto va adquiriendo lo que se denomina «inmunidad temporal», un tipo de protección que recibe del organismo de la madre y cuya función es protegerlo durante los primeros momentos de vida, puesto que su sistema inmunológico se encuentra todavía inmaduro.

Gracias a los anticuerpos que recibe de la madre, estará protegido durante los primeros días de vida. Dicha inmunidad se prolongará todavía más gracias a la lactancia materna, que supone un aporte adicional de defensas hasta que su sistema inmunológico se desarrolle y reciba las primeras vacunas.

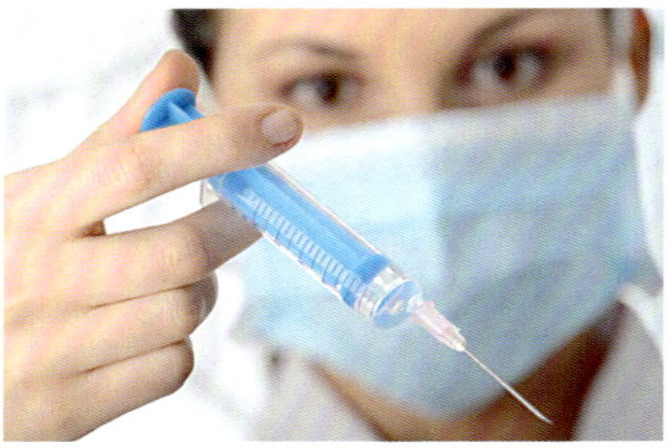

Las vacunas son una forma de inmunización artificial del recién nacido.

OCHOMESINOS

Los bebés que nacen en el octavo mes sobreviven sin complicaciones, como en un parto a término, aunque cuanto más tiempo permanezcan en el útero, mayor será su desarrollo.

MEDIDAS DEL RECIÉN NACIDO

La longitud media de los recién nacidos es de 50 centímetros, si son niños, y 49 centímetros, en las niñas.

El peso medio en los niños es de 3.400 gramos, y en las niñas es algo inferior, 3.350 gramos; aun así, se consideran normales todos los recién nacidos que pesan entre 2.500 y 4.000 gramos.

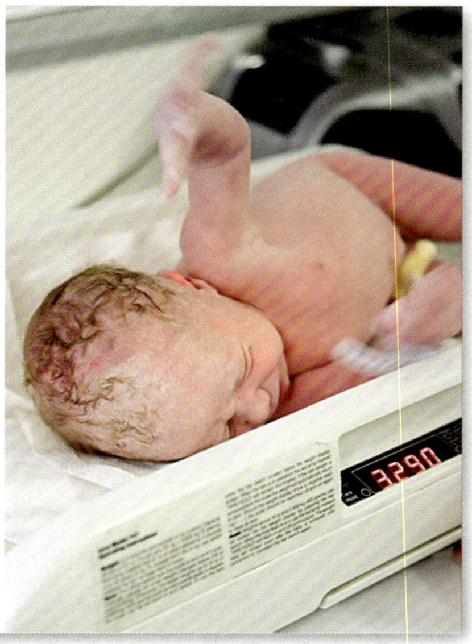

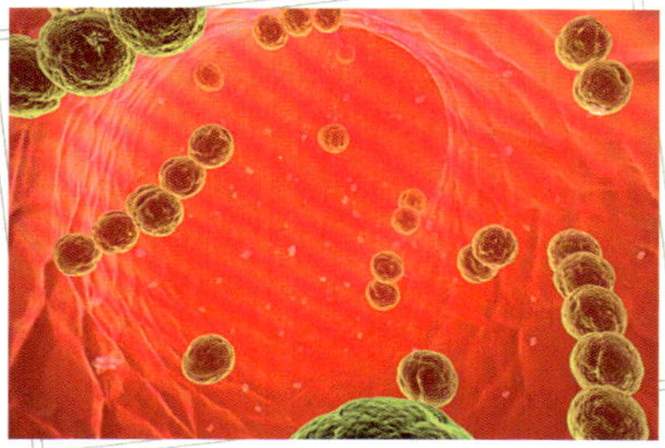

Día 242

Entre las semanas 35 y 37 de embarazo, se realiza un análisis de las bacterias presentes en la zona vaginal para descartar la existencia del estreptococo del grupo B, que es inofensivo para los adultos, pero se puede contagiar al bebé durante el parto.

Se trata de un cultivo vaginal que se efectúa en este trimestre para detectar la presencia del estreptococo beta, una bacteria muy extendida en el aparato digestivo y que, en la mujer, a veces puede llegar a la vagina.

Hasta un 30 % de las mujeres embarazadas son portadoras del estreptococo.

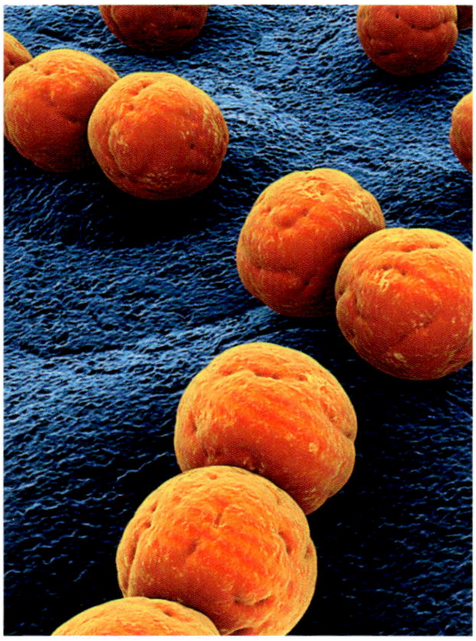

La prueba consiste en la realización de un frotis vaginal (a veces, también se toma una muestra del recto): mediante una especie de bastoncillo de algodón se extrae una muestra de exudado vaginal para su posterior cultivo y estudio bacteriológico en el laboratorio.

La infección causada por este germen no suele presentar síntomas pero, en el momento del parto y en presencia de algunos factores (como parto prematuro, bajo peso al nacer, rotura anticipada de las membranas, etc.), puede infectar al niño.

Afortunadamente, el tratamiento es muy sencillo: las mujeres que dan positivo en esta prueba deben adoptar una terapia preventiva con antibióticos durante el embarazo o antes del parto. La misma terapia se aplica también al recién nacido en los primeros días de vida.

BEBÉS BAJOS DE PESO

Cuando un recién nacido pesa menos de 2.500 gramos, se le considera «bajo de peso». Esto puede deberse a dos motivos:

- No ha completado su crecimiento porque ha nacido antes de tiempo (prematuro).
- Durante la vida intrauterina ha tenido algún problema que ha limitado su crecimiento (y es pequeño para su edad de gestación).

Día 243

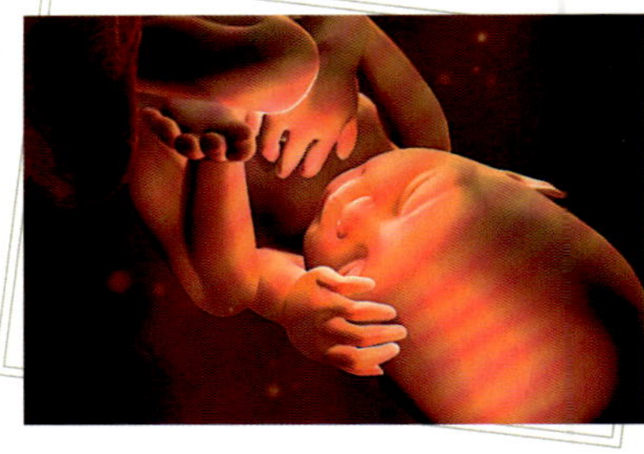

La pelusa que recubre al feto ha desaparecido casi por completo. Los alveolos pulmonares están todavía incompletos, pero el factor tensoactivo permite la actividad respiratoria y determinará su madurez pulmonar más adelante.

La maduración pulmonar prácticamente ha concluido, el factor tensoactivo (también llamado «surfactante pulmonar») ya ha cubierto los alveolos pulmonares y el feto está casi preparado para realizar su primera respiración.

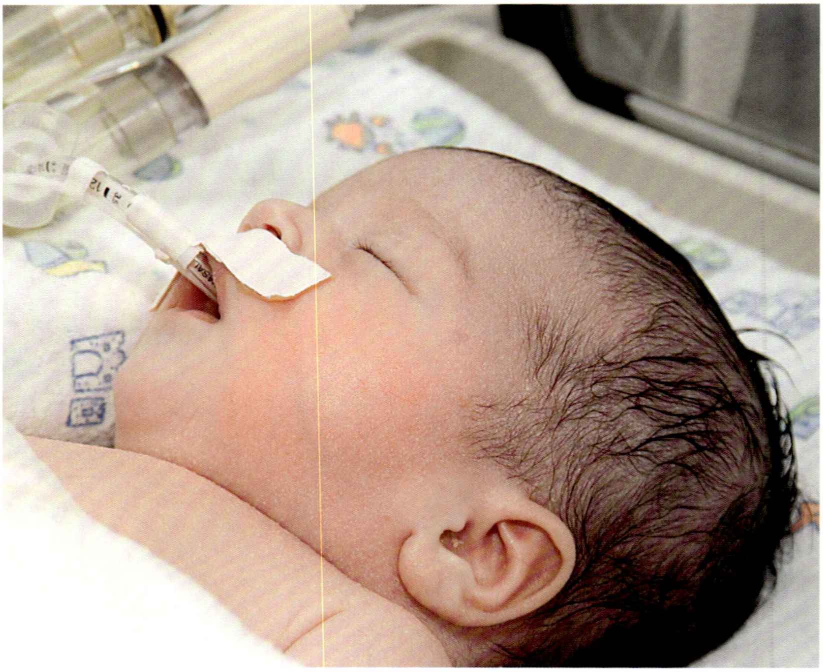

SCREENING NEONATAL

El término *screening* hace referencia a la posible identificación de una enfermedad o un defecto físico por medio de pruebas, análisis y otras técnicas que pueden aplicarse rápidamente.
A los recién nacidos, se les realiza un *screening* neonatal en los primeros días de vida con objeto de detectar afecciones como la fenilcetonuria, el hipotiroidismo y la mucoviscidosis, ya que el diagnóstico precoz de estas patologías permite la completa curación o, en todo caso, una notable reducción de sus manifestaciones.

Los movimientos que simulaban la respiración (iniciados alrededor de la semana 27 del embarazo y en los que intervenían los pulmones, el tórax y los músculos pectorales) prosiguen, pero estas últimas semanas de entrenamiento han servido para que se especialicen y, ahora, sean más rítmicos.

Estos dos factores permiten que, si el bebé nace a partir de esta semana, no padezca el síndrome de dificultad respiratoria (SDR) y, por tanto, no necesite ayuda para respirar; si acaso, un poco de oxígeno adicional.

El factor tensoactivo proporciona defensas contra infecciones.

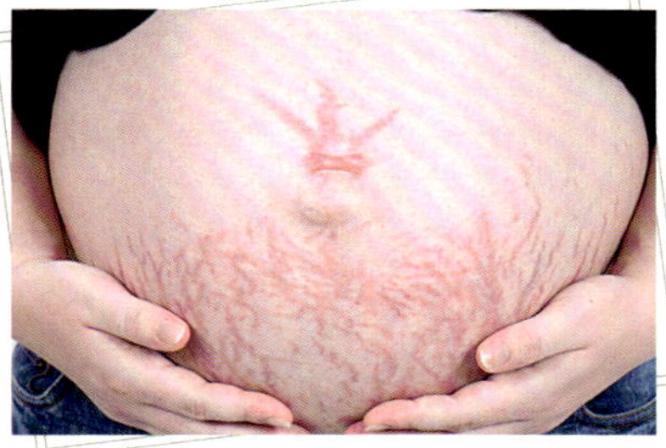

Día 244

Durante el embarazo, los cambios en la piel son muy habituales. Muchos de ellos son normales y no afectan en absoluto al bienestar materno o fetal, pero también pueden aparecer enfermedades cutáneas con síntomas más molestos.

Los cambios en la piel más comunes durante el embarazo son la hiperpigmentación, el melasma (máscara del embarazo), el oscurecimiento de los pezones y genitales externos, una mayor pigmentación de los lunares existentes, la aparición de la línea nigra (línea oscura sobre el abdomen), de estrías y de varices, y la hipertricosis (aumento del vello cutáneo).

LA SALA NIDO

Hasta hace unos años, todos los bebés se trasladaban a la sala nido después de nacer, así que se perdía la comunicación y el contacto directo con la madre, algo tan importante en estos primeros días de vida. Por suerte, esta práctica ha quedado obsoleta y el recién nacido permanece junto a su madre desde el primer momento.

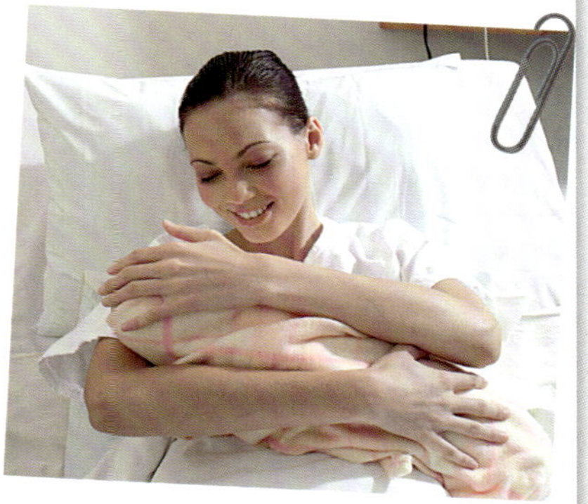

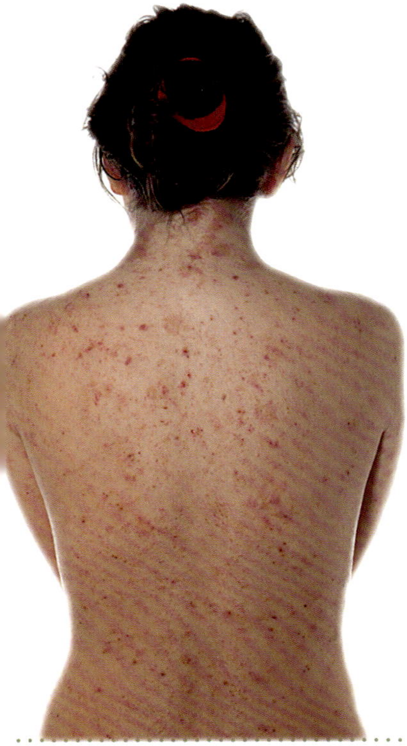

La mayoría de estos cambios aparecen asociados a la revolución hormonal que se produce durante el embarazo y no tienen consecuencias para la salud del feto ni de la embarazada (exceptuando el factor puramente estético), así que suelen desaparecer a los pocos meses del parto.

Sin embargo, durante el embarazo también pueden aparecer lesiones cutáneas distintas, algunas de ellas específicas de estos últimos meses y que desaparecen, también, tras el parto:

- ***Pruritus gravidarum:*** intensos picores generalizados debidos a una afección muy poco frecuente llamada «colestasis intrahepática del embarazo».
- **Pápulas y placas pruríticas y urticariformes del embarazo:** placas rojizas edematosas con mucho picor que comienzan en el abdomen y se extienden a muslos y nalgas.
- ***Prurigo gestationis:*** erupciones eritematosas muy pruriginosas al comienzo del embarazo (en tronco y extremidades) o al final de este (en abdomen).
- **Impétigo herpetiforme:** dermatosis aguda y rara, caracterizada por una erupción pustulosa en ingles, axilas y pliegues de rodillas y codos; también puede afectar a las membranas mucosas de la boca y los genitales.

Día 245

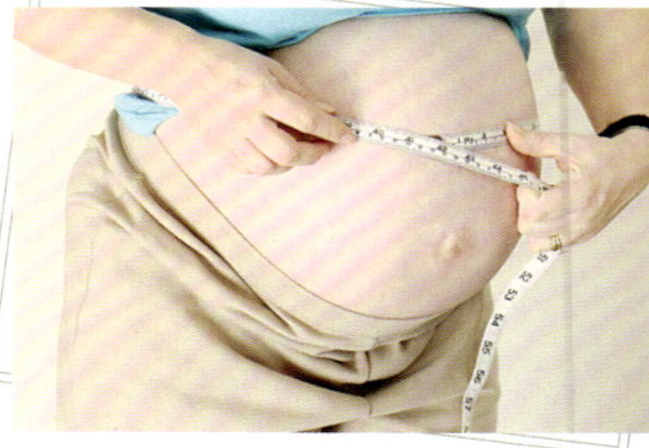

Al llegar a la semana 36, el feto mide unos 47,5 centímetros y pesa alrededor de 2,7 kilogramos. A partir de este momento, engordará del orden de 200 gramos por semana hasta el final de la gestación.

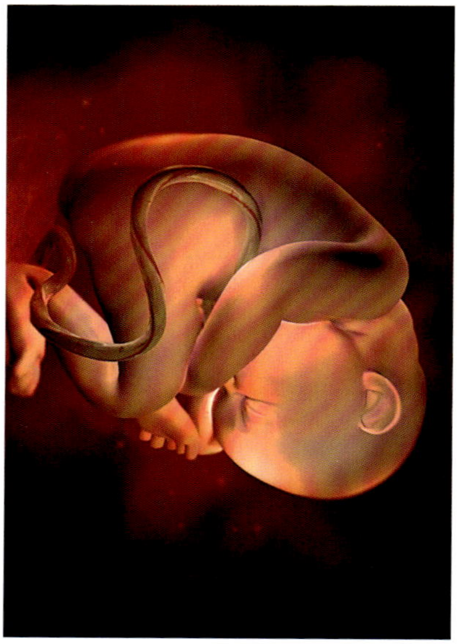

Al final de esta semana, el feto habrá llegado a término, puesto que aquellos que nacen antes de la semana 37 se consideran todavía prematuros.

Ahora mismo traga mucho líquido amniótico, el cual contiene algo del vérnix caseoso que se va desprendiendo, así como de lanugo; aunque lo desecha casi todo a través del cordón umbilical, una parte también se acumula en el intestino grueso y pasa a formar parte del meconio, que expulsará poco después de nacer cuando estrene su aparato digestivo.

Aunque la placenta ha adquirido su tamaño máximo, se sienten bastantes menos movimientos, puesto que el feto ha crecido tanto que tiene cada vez menos espacio libre para moverse. Aun así, sigue siendo importantísimo percibir sus movimientos todos los días; el hecho de no hacerlo podría significar que se está produciendo algún tipo de sufrimiento fetal, por lo que habría que acudir de inmediato a un centro médico u hospital.

LA CESÁREA REPETIDA

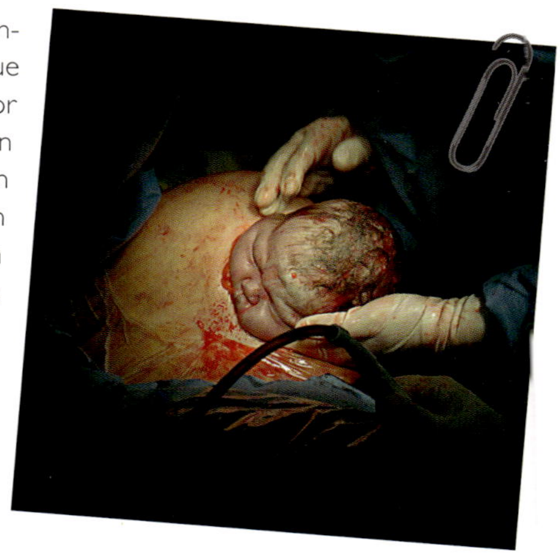

El más arraigado de los comportamientos clínicos que hacen referencia al parto por cesárea fue introducido en 1916, cuando Edwin B. Cragin enunció por primera vez, en la convención de la Eastern Medical Society de Nueva York, el principio clínico según el cual «cesárea una vez, cesárea siempre». Los médicos aceptaron rápidamente este concepto, y se constató que la mayoría de los partos quirúrgicos eran esas cesáreas repetidas.

Con el paso del tiempo, se acumularon datos que demostraban que un parto natural, después de un parto realizado por cesárea, no solo era posible, sino también seguro; así pues, empezó a imponerse el concepto contrario, es decir, la posibilidad de un parto natural después de uno por cesárea.

Día 246

Las contracciones de Braxton Hicks se presentarán ahora con más frecuencia, especialmente al caminar o hacer esfuerzos. Cuando suceden, la tripa se endurece y se sienten molestias en las ingles y en el abdomen.

También es frecuente que aparezcan inflamaciones en las extremidades (edemas), sobre todo en los tobillos, las manos y la cara, debido al líquido que se acumula en los tejidos como consecuencia de la presión que sufren las venas por el exceso de peso.

Para aliviar estas molestias, es aconsejable reposar el tiempo que sea necesario, colocando los pies en alto o recostada sobre el lado izquierdo; estos dos tipos de posturas restablecen la circulación sanguínea y desplazan el líquido que se acumula en las extremidades.

Un paseo diario de 20 minutos facilita el aumento de riego sanguíneo.

Es importante tener en cuenta que la cantidad de agua u otras bebidas que se ingiera no influye nada en la retención de líquidos; al contrario, favorece el movimiento intestinal y la eliminación de los residuos a través de los riñones, además de conservar el volumen de la sangre.

Una dieta rica en proteínas también contribuye a evitar la retención de líquidos, ya que, tras su ingestión, el hígado produce albúmina, una sustancia necesaria para que los fluidos no se acumulen en los tejidos. Por el contrario, la sal favorece su retención, así que es aconsejable reducir su consumo.

¿NECESITA AGUA EL BEBÉ?

La leche materna contiene la cantidad de agua exacta que necesita el recién nacido. Así pues, todos los bebés amamantados por la madre no necesitan beber agua (aproximadamente el 88% de la leche es agua). Son una excepción los casos en los que debe producirse un consumo debido a una pérdida de agua «extraordinaria», como sucede en presencia de fiebre, vómitos, diarrea o sudoración abundante.

Es inútil, e incluso perjudicial, darle bebidas de otro tipo (tisanas, infusiones, etc.) porque interfieren en la regularidad del ritmo hambre-saciedad y pueden contener moléculas no previstas en su alimentación.

Días 247-248

En la semana 36, si el feto todavía no se ha colocado en la posición óptima para su nacimiento, es decir, con la cabeza hacia abajo, algunos médicos realizan una versión cefálica exterior.

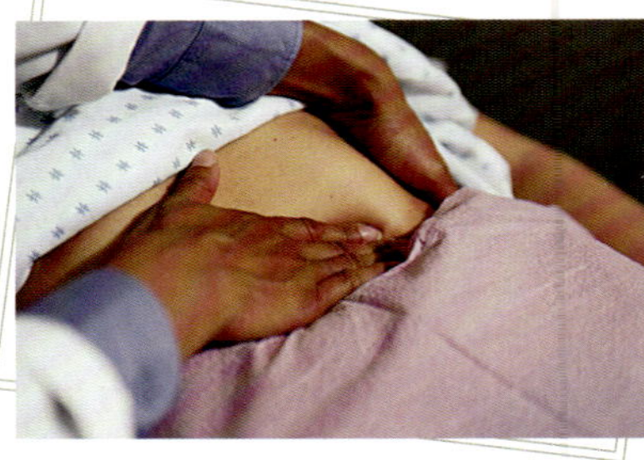

La versión cefálica exterior es una maniobra que se realiza para intentar cambiar la posición del feto dentro del útero de la mujer cuando este está de nalgas y evitar, así, un parto en presentación podálica. La realiza el médico mediante movimientos que ejercen una ligera presión sobre la pared abdominal de la madre, dirigidos, en primer lugar, a reducir el eje longitudinal fetal y, luego, a provocar un giro completo.

Aunque se trata de una técnica obsoleta, en la actualidad hay obstetras que la siguen practicando. No obstante, está contraindicada en los siguientes casos:

- Sangrado vaginal previo.
- Cicatrices uterinas (cesáreas previas).
- Feto con retardo en el crecimiento intrauterino.
- Nivel de líquido amniótico bajo.
- Frecuencia cardiaca fetal anormal.
- Ruptura prematura de membranas.
- Embarazo múltiple.

TIPOS DE PRESENTACIÓN PODÁLICA

La presentación de nalgas, o podálica, es aquella en la que el polo pelviano del feto se encuentra en relación directa con el estrecho superior de la pelvis materna. Existen tres variantes:

- **De nalgas pura:** muslos flexionados, rodillas extendidas y pies cerca de la cabeza; el 60-65 % de los casos.
- **De nalgas y pies completa:** muslos y piernas flexionados, con los pies generalmente cruzados; el 5 % de los casos.
- **De nalgas y pies incompleta:** flexión de una o ambas rodillas, pero la parte más caudal no es la pelvis, sino una o las dos extremidades; el 25-35 % de los casos, sobre todo en prematuros.

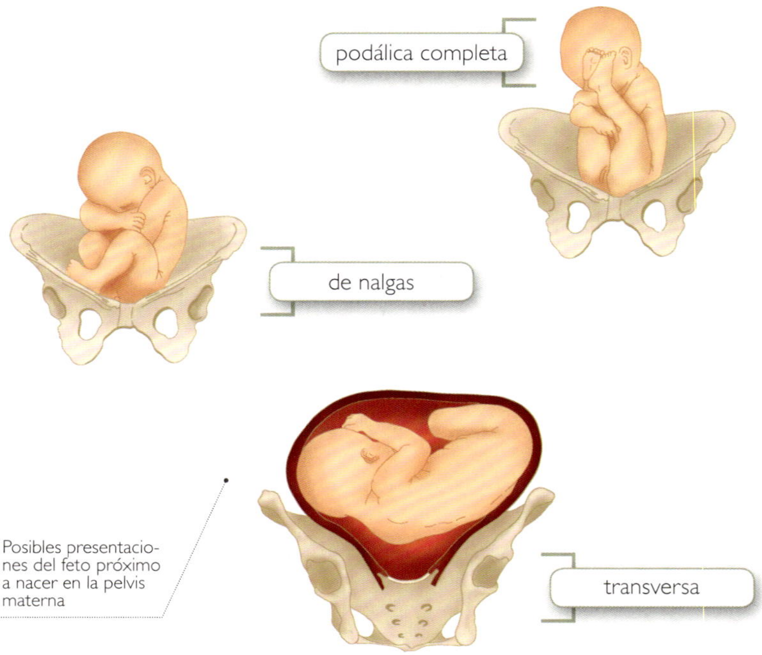

Posibles presentaciones del feto próximo a nacer en la pelvis materna

Día 249

En la última etapa de embarazo, es muy común estar más distraída y despistada, pues la preocupación se centra en los cambios que se avecinan; además, la falta de sueño contribuye también a ello.

Por eso es importante tratar de descansar ahora lo máximo posible; una vez que haya nacido el bebé, las horas de sueño serán más escasas e interrumpidas.

Asimismo, es conveniente ir preparando ya la bolsa que vaya a llevarse al hospital con todo lo necesario; de alguna manera, tenerla preparada contribuye a disminuir la ansiedad que produce no saber cuándo va a nacer el bebé.

En los hospitales públicos se provee a las embarazadas de todo lo necesario para esos días, tanto para ellas como para los recién nacidos, así que, en este caso, solo habría que llevar la ropa de calle para el día en que se abandone el centro hospitalario.

En los centros privados no es así, por lo que conviene preparar lo siguiente:

- **Artículos de aseo personal:** champú, jabón para bebés, pañales para recién nacido, toallitas húmedas, crema hidratante para bebés, colonia, etc.
- **Varias mudas completas de ropa:** gorritos, manoplas, patucos, baberos y pijamas, preferentemente de algodón.

- **Otros detalles:** arrullo o toquilla, chupetes...
- **Toda la documentación relativa al embarazo:** análisis y pruebas médicas realizados, consentimiento informado para la anestesia epidural, tarjeta médica, etc.

NADA MÁS NACER

Nada más nacer, se coloca al bebé sobre el vientre de la madre a la espera de cortar el cordón umbilical, operación que se efectúa al cabo de unos 4-5 minutos.

La primera entrada de aire en los pulmones del bebé es a veces tan rápida que puede dar lugar a un auténtico «chillido»: los músculos respiratorios empiezan a funcionar, y los alveolos pulmonares, que estaban cerrados, se abren y se llenan de aire bruscamente.

Otras veces, la primera aspiración es un ligero sollozo, emitido con la boca aún llena de líquido amniótico, pero, en muy poco tiempo, el bebé empieza a gritar más fuerte al ritmo de la respiración, que va estabilizándose. Si el líquido amniótico le impide respirar bien, la matrona le introduce en la boca y en la nariz un pequeño tubo con el que lo aspira.

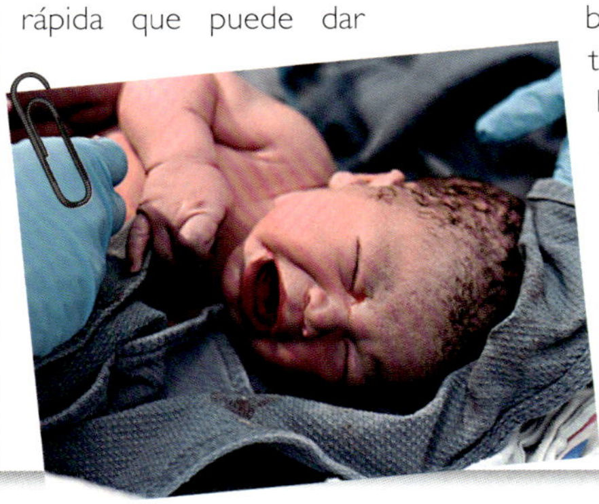

Día 250

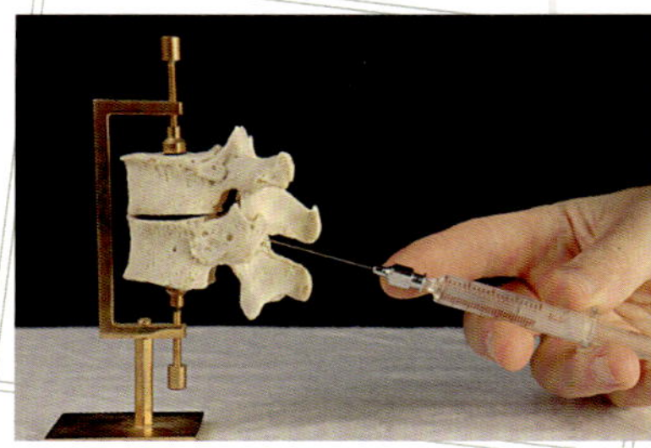

Unas semanas antes del parto se acude a la consulta del anestesista para que realice el correspondiente estudio preanestésico, independientemente de que se quiera optar o no por un parto con anestesia epidural.

Esta visita incluye un cuestionario detallado sobre los antecedentes médicos y quirúrgicos, alergias conocidas y toma de medicamentos, así como un reconocimiento médico completo que incluye una analítica de sangre y un electrocardiograma.

El objetivo de esta consulta es identificar el riesgo de hemorragia o alergias, buscar una posible contraindicación de la epidural, determinar la facilidad de la aplicación de anestésicos (examen de la columna vertebral y de la boca) y conseguir el máximo de información sobre el estado físico de la embarazada antes del parto.

La necesidad de hacer una cesárea no aumenta por administrar la epidural.

La información que se recoge durante esta visita es de mucha utilidad aunque no se tenga previsto utilizar la anestesia, debido a los posibles imprevistos que se pueden producir durante el parto y que hagan necesario el uso de anestesia.

¿CÓMO FUNCIONA LA ANESTESIA EPIDURAL?

Se introduce un pequeño catéter en el espacio que rodea las membranas medulares, en la columna vertebral, y, a través de él, se administra la anestesia.

La dosis justa es la que consigue quitar los dolores a la madre, pero le permite sentir las contracciones y colaborar en el parto; este equilibrio, sin embargo, no es tan fácil de conseguir.

Suele administrarse cuando el parto está ya instaurado, una vez que se ha producido una dilatación de 3 o 4 centímetros, para evitar que afecte a la dinámica del mismo y pueda ralentizarlo; el límite para ponerla suelen ser 8 centímetros de dilatación.

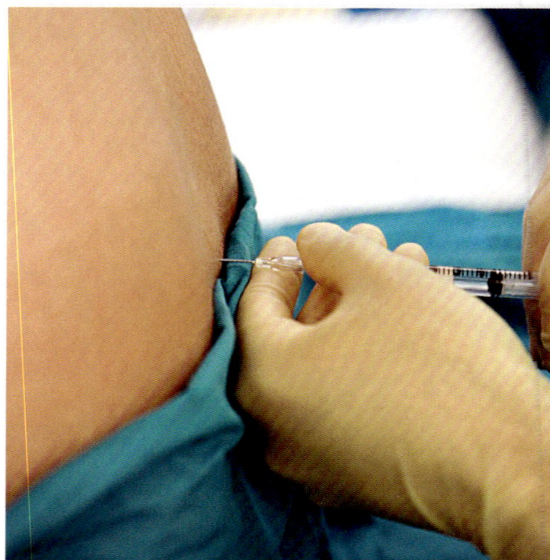

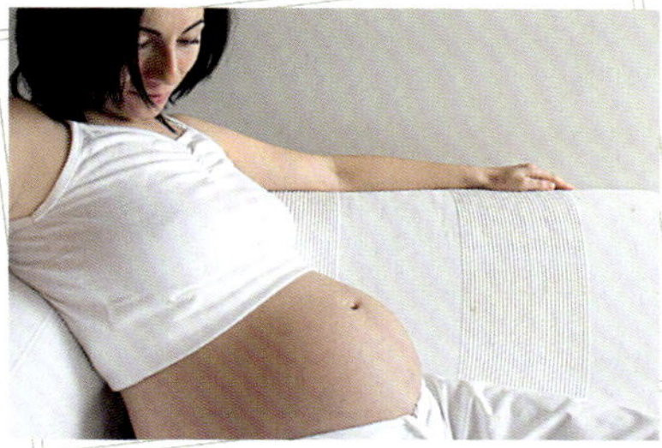

Día 251

En este momento, se habrán ganado ya unos 12 o 13 kilos, y es posible que, en lo que queda de gestación, se aumente algún kilogramo más, aunque esto es variable, pues no todas las embarazadas cogen peso al final del embarazo.

Al final del embarazo, es frecuente que la cantidad de flujo vaginal aumente. Se trata de algo normal que se produce como consecuencia del incremento de flujo sanguíneo en la mucosa vaginal.

El aumento de la secreción vaginal se llama leucorrea gravídica.

No obstante, habrá que acudir al especialista si este cambia de características.

Si el flujo se vuelve más espeso, de color amarillento o verdoso, presenta un olor desagradable o va acompañado de picor, puede tratarse de una infección vaginal.

Si el flujo es más líquido, transparente, sin olor, «como agua», puede tratarse de una rotura prematura de las membranas.

Aunque la rotura de la bolsa suele presentarse como una pérdida brusca de agua, a veces ocurre en forma de pequeñas pérdidas continuas, difíciles de distinguir del flujo, que se perciben como un cambio en la cantidad de flujo habitual y por la sensación de estar continuamente mojada.

En cualquiera de los casos, ha de informarse al ginecólogo, ya que, si se han sobrepasado las 34 semanas de gestación, probablemente habrá que provocar el parto, debido al riesgo de infección que existe.

ENVEJECIMIENTO DE LA PLACENTA

La máxima función placentaria se alcanza alrededor de la semana 36 de gestación. Después, el proceso de transferencia placentaria comienza a descender de forma gradual. Generalmente, esto puede manifestarse en una disminución de la cantidad de líquido amniótico, una reducción de la masa placentaria y un retardo o cese del crecimiento fetal.

AIRE LIBRE Y VITAMINA D

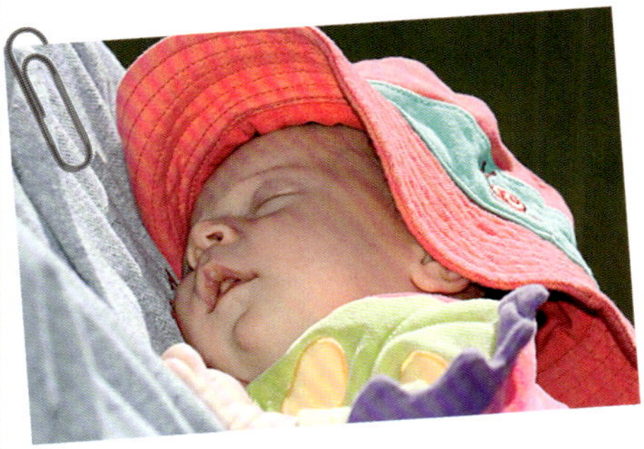

Los niveles de vitamina D hallados en la leche materna resultan bajos. Para que el recién nacido no corra riesgos de carencias vitamínicas y de raquitismo, debe llevar desde los primeros días una vida sana y al aire libre, exponiéndose suficientemente y con regularidad a la luz del sol, incluso en invierno.

Día 252

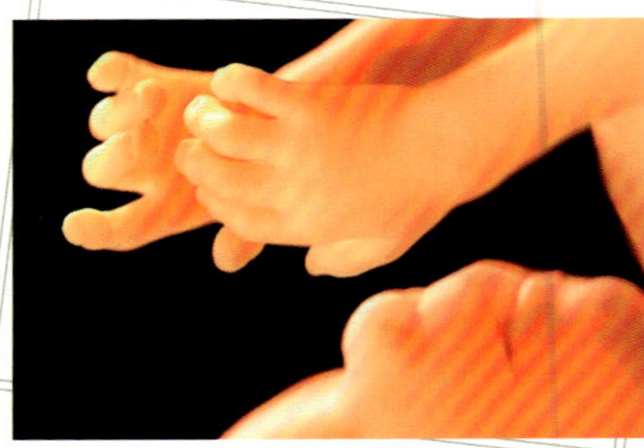

El feto mide unos 48 centímetros. Aunque, a partir de ahora, ya no aumentará tanto de peso, sigue acumulando alrededor de 30 gramos de grasa diariamente para mantener una temperatura corporal óptima.

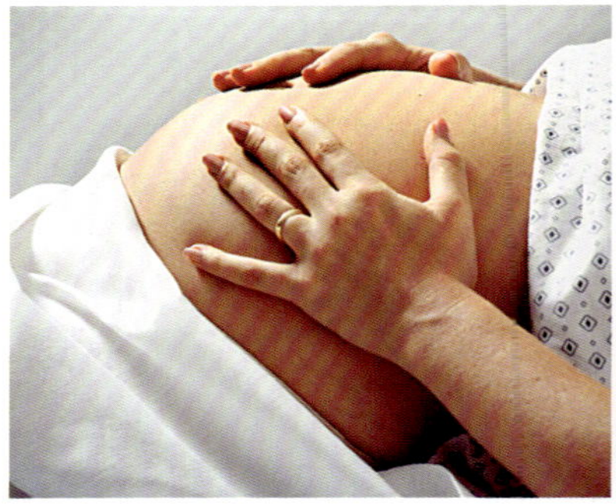

Completada esta semana (y hasta la semana 42) se considera que la gestación ha llegado a término, lo que quiere decir que el feto ya está maduro y preparado para vivir fuera del útero materno. Todos los órganos y sistemas funcionan perfectamente; tan solo el sistema nervioso es todavía inmaduro, pero se trata de algo normal, pues su desarrollo completo no concluirá hasta mucho después del nacimiento.

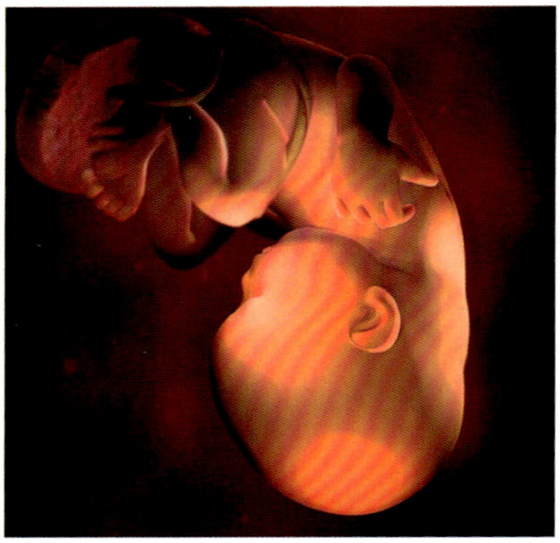

En cambio, a partir de la semana 42, el embarazo se considera postérmino, algo que suele darse en un 5-8% de los casos.

Por definición, un embarazo prolongado está directamente relacionado con el riesgo fetal, y los principales problemas que plantea son los siguientes:

- **Aumento de la mortalidad perinatal.**
- **Síndrome de posmadurez o dismadurez,** esto es, disminución de la grasa subcutánea y tinte amarillo o verdoso de la piel (en función del tiempo que haya estado el feto expuesto al meconio).
- **Síndrome de aspiración de meconio.**
- **Sufrimiento fetal agudo intraparto.**
- **Traumatismo fetal y materno,** debido a las dificultades del parto como consecuencia del mayor tamaño del feto.

Por tanto, una vez pasado el plazo, lo más frecuente es inducir el parto.

CAUSAS DEL EMBARAZO POSTÉRMINO

Aunque todavía se desconoce el motivo por el que se producen embarazos prolongados, existen algunos factores que han sido relacionados directamente con ello. Generalmente, la causa más común de este tipo de embarazos suele ser un error a la hora de determinar la edad gestacional. No obstante, también hay factores hormonales, mecánicos y fetales que pueden incidir en un alargamiento del embarazo, como la disminución en la producción de estrógenos y progesterona, la disminución del volumen uterino o algunas anomalías congénitas.

Semana 37

Día 253

Durante el último mes de embarazo, en el control rutinario se realiza una monitorización fetal, con una periodicidad semanal hasta la semana 40, aunque puede variar en función de los resultados obtenidos.

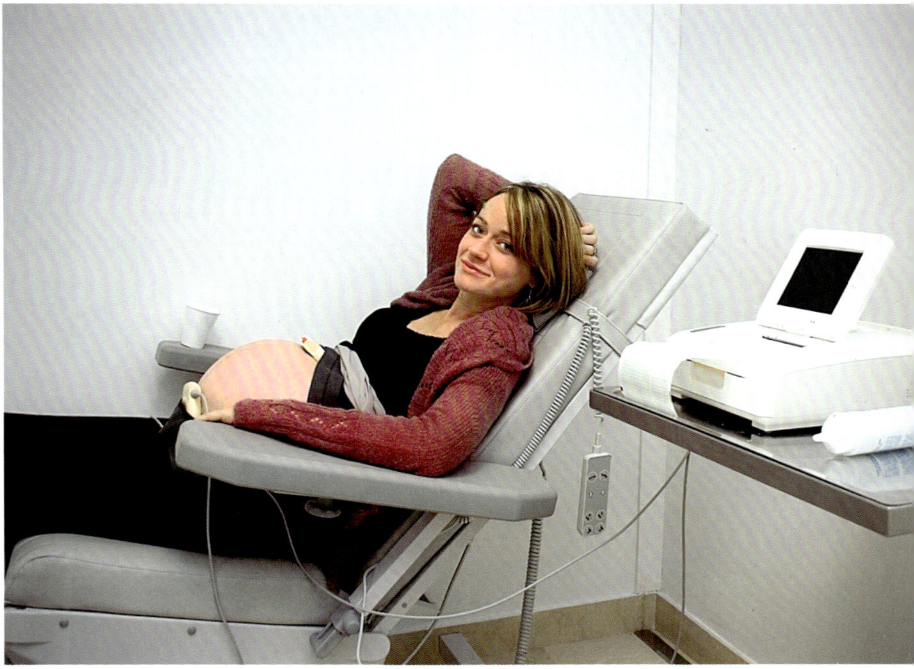

La monitorización fetal (cardiotocografía) anteparto es un método complementario de diagnóstico que aporta información acerca de la oxigenación y la vitalidad que presenta el feto. Concretamente, detecta la frecuencia cardiaca fetal (esto es, los latidos por minuto), así como las fluctuaciones que se producen como consecuencia de cambios del flujo sanguíneo u otros factores que afectan a la frecuencia cardiaca. Vigila también la dinámica uterina, como son las contracciones.

Un mismo embarazo muestra gráficas diferentes en distintos momentos.

La duración de esta prueba viene determinada por el resultado que se vaya obteniendo, aunque, por lo general, suele ser suficiente con un registro de unos 30 minutos. Los resultados de la monitorización se muestran en una gráfica que ha de valorar un profesional cualificado.

CARDIOTOCOGRAFÍA INTERNA

La cardiotocografía interna es un método de medición de la frecuencia cardiaca fetal (FCF) y de las variaciones de presión que se producen intraútero de carácter invasivo. El registro de la frecuencia cardiaca fetal se lleva a cabo a través de un electrodo que se coloca directamente sobre el cuero cabelludo del feto y se conecta, después, a un monitor igual que el externo.
Para el registro del estado del útero, se coloca una sonda de presión en su interior que mide con exactitud las contracciones.
Este tipo de prueba solo se realiza para llevar a cabo la monitorización intraparto.

Días 254-255

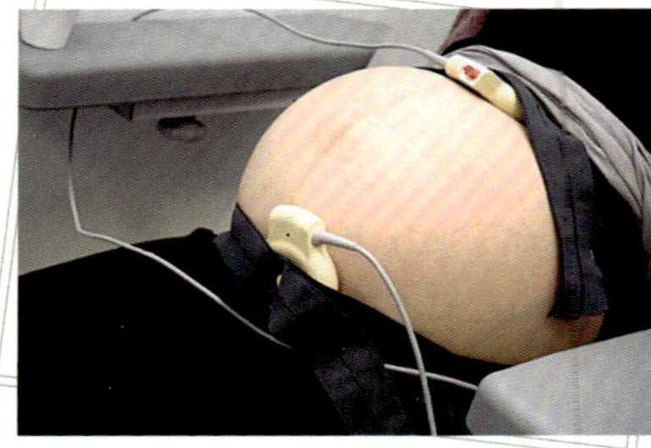

La cardiotocografía tiene una doble utilidad: detectar posibles contracciones preparatorias y controlar la normalidad de los latidos del feto. Es una prueba de las llamadas NST *(Non Stress Test)* porque el feto no se somete a estímulo alguno.

Un micrófono especial, sostenido por un cinturón, se coloca sobre el abdomen de la mujer y se desplaza sobre él en busca del punto de máxima intensidad del latido; cuanto mayor es la frecuencia cardiaca, menor es el intervalo entre latidos: por tanto, a cada intervalo le corresponde una frecuencia precisa. Mientras, otra sonda registra la evolución de las contracciones uterinas y las transcribe en el gráfico correspondiente.

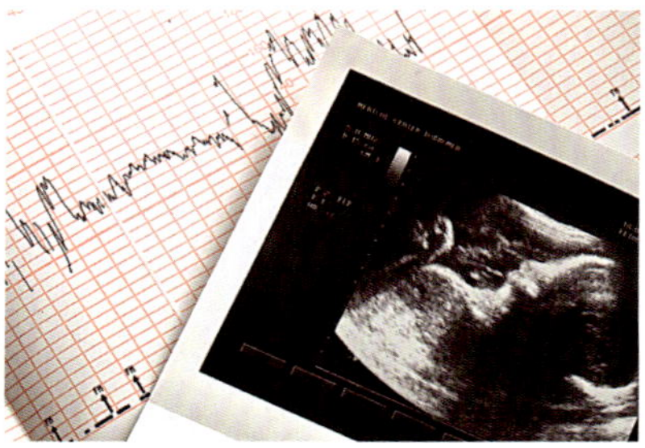

Frecuencias muy altas o muy bajas que se mantienen durante un determinado periodo de tiempo pueden hacer sospechar un estado de sufrimiento fetal; también es signo de anormalidad la repetida sucesión de desaceleraciones.

FRECUENCIA CARDIACA

En las últimas semanas de gestación, la frecuencia cardiaca del feto está comprendida entre 120 y 160 latidos por minuto, con un ritmo bastante regular. Existe bradicardia cuando la frecuencia desciende por debajo de los 120 latidos por minuto y taquicardia cuando supera los 160 latidos.

CARDIOTOCOGRAFÍA EN TELA DE JUICIO

En los últimos años, han surgido dudas acerca de la utilidad real de este método para determinar el bienestar fetal, puesto que no parece ofrecer datos más precisos que los que aporta la percepción de movimientos activos fetales (MAF). Además, en el momento del parto, tampoco ayuda a predecir una situación de posible sufrimiento futuro, pues sirve únicamente para evidenciar el padecimiento ya existente.

En algunos países, como Inglaterra, la cardiotocografía ha sido ya suprimida; sin embargo, al no ser un examen invasivo y no tener contraindicaciones, se sigue practicando, a falta de disponer de medios más precisos.

El gráfico que se obtiene se va modificando cuando el feto está en actividad; en este caso, se produce un aumento de la variabilidad de la frecuencia. De la misma manera, el gráfico se muestra uniforme, casi plano, mientras el feto duerme; y un gráfico plano (sin las oscilaciones normales) que se prolongue más allá de las fases de sueño del feto puede ser una señal de que existe sufrimiento fetal, por lo que será necesario hacer un seguimiento más exhaustivo del embarazo.

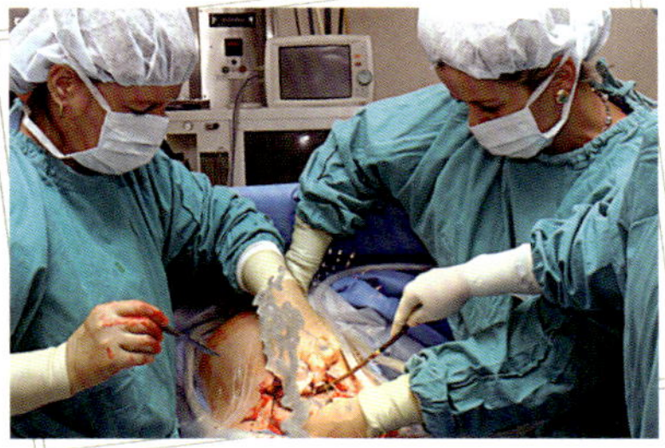

Día 256

En el caso de que las ecografías muestren que el feto sigue sin adoptar la posición adecuada para el parto y permanece todavía de nalgas, el médico puede plantear la necesidad de realizar una cesárea para evitar riesgos.

La cesárea es una intervención quirúrgica durante la cual el feto es extraído abriendo el útero por el abdomen. Esta operación está indicada cuando el nacimiento por vía vaginal resulta imposible o peligroso.

La intervención consiste en practicar una incisión en el vientre de la madre hasta llegar al útero. Después, se abre transversalmente con el bisturí el segmento inferior del útero y, en pocos minutos, se extrae al niño.

Con el perfeccionamiento de las técnicas operatorias, se ha recurrido cada vez con más frecuencia a la realización de este tipo de intervenciones. Tanto es así que, actualmente, existe una acalorada polémica referente al elevado porcentaje de cesáreas que se practican, ya que consta un llamativo aumento de estas en relación con los partos por vía vaginal o naturales (en torno al 23%).

En este sentido, ya en 1985, la Organización Mundial de la Salud (OMS) afirmó oficialmente que «no existe ninguna justificación en ninguna región geográfica para que se registre más del 10-15% de partos con cesárea».

CONTRACEPCIÓN NATURAL

La lactancia materna implica una inhibición de la ovulación y, por tanto, constituye una forma natural de contracepción. Esto ocurre siempre que se dé exclusivamente el pecho al bebé (sin complemento alguno) y de forma continuada (esto es, también por la noche); en ese caso, los niveles de prolactina permanecen constantes y lo suficientemente elevados como para inhibir la ovulación. Sin embargo, este método únicamente es seguro durante las diez primeras semanas después del parto.
Este efecto anticonceptivo natural ha permitido siempre un mínimo y conveniente distanciamiento entre dos embarazos seguidos, pero la falta de seguridad que conlleva la imposibilidad de predecir con certeza la fecha de reaparición de un ciclo fértil hace que sean preferibles otros métodos contraceptivos más eficaces.

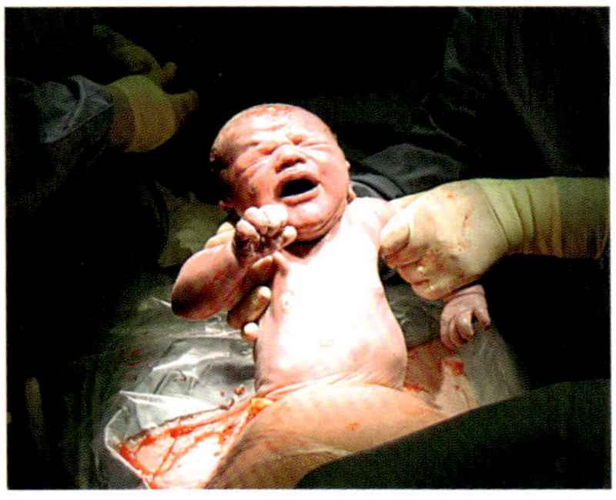

Día 257

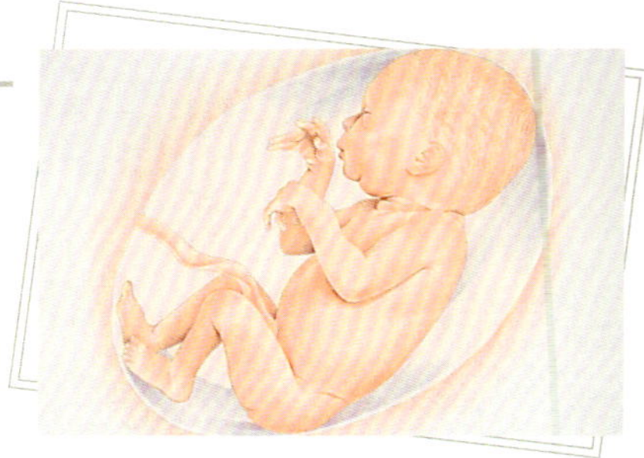

La cantidad de líquido amniótico aumenta según avanza el embarazo, hasta la semana 32; después, el nivel permanece estable hasta que el feto alcanza su desarrollo completo (semanas 37-40), momento en el que empieza a disminuir.

Sin embargo, en algunos embarazos la cantidad de líquido amniótico puede ser insuficiente o, al revés, excesiva. A estas condiciones se las conoce como «oligohidramnios» y «polihidramnios», respectivamente.

Afortunadamente, mediante un examen por ultrasonido se puede determinar la cantidad de líquido amniótico presente. Se trata de un examen sencillo, no invasivo, que ha sustituido casi por completo a la amnioscopia y que consiste en una ecografía que se realiza con una sonda especial, colocada en vertical sobre el abdomen, al final de la gestación.

La medición de la cantidad de líquido es un índice preciso del bienestar fetal y ayuda a predecir si el feto sufre un insuficiente aporte de oxígeno.

El parámetro que se utiliza para medir dicha cantidad se conoce como índice de líquido amniótico (ILA).

El procedimiento consiste en determinar la profundidad del líquido en cuatro cuadrantes del útero y, después, sumar los resultados que se hayan obtenido. Si el líquido amniótico tiene una profundidad de menos de 5 centímetros, es probable que la mujer embarazada tenga una cantidad insuficiente, es decir, oligohidramnios. En cambio, si el líquido amniótico tiene una profundidad superior a 24 centímetros, se trataría de polihidramnios.

POSTURAS PARA DAR EL PECHO

No existe una postura ideal para dar el pecho; por tanto, conviene que cada mujer adopte la que le resulte más cómoda en cada ocasión.
La más habitual es la postura sentada, con el bebé en brazos. Apoyar la espalda tiene la ventaja de relajar los músculos dorsales, cuya contracción durante la toma puede llegar a ser dolorosa; el empleo de un escabel para apoyar los pies permite relajar también la musculatura abdominal.
Los primeros días después del parto, para las tomas de la noche, las mujeres prefieren a menudo dar el pecho tumbadas en la cama, con el bebé al lado.

Día 258

En las madres primerizas, la cabeza del feto ya se está encajando en la pelvis. En cambio, en las mujeres que han tenido hijos previamente, la cabeza no se encajará hasta el momento del parto.

Desde el punto de vista médico, se considera que se produce el encajamiento cuando la parte más ancha de la cabeza, que usualmente mide unos 9,5 centímetros, ha superado el estrecho superior de la pelvis y la parte más saliente del ovoide fetal llega al nivel de las espinas ciáticas. Por lo general, esto se produce antes de la semana 37 o 38 de embarazo, aunque existen varios factores que afectan a este proceso:

• Pasar mucho tiempo sentada, por ejemplo, puede hacer más difícil el encajamiento.

DIFERENCIAR EL LLANTO

Los bebés no tienen un repertorio de signos muy extenso: el llanto puede expresar diversas realidades tanto psicológicas como físicas; puede ser una expresión de angustia, de dolor, de incomodidad o, simplemente, fruto de nuevas «experimentaciones». Por tanto, es recomendable desarrollar una mayor capacidad de observación y de discernimiento por parte de los progenitores para poder reconocer, en cada ocasión, el origen y la causa del llanto; además, este aspecto es muy positivo porque constituye un medio para comunicarse y relacionarse con su hijo.

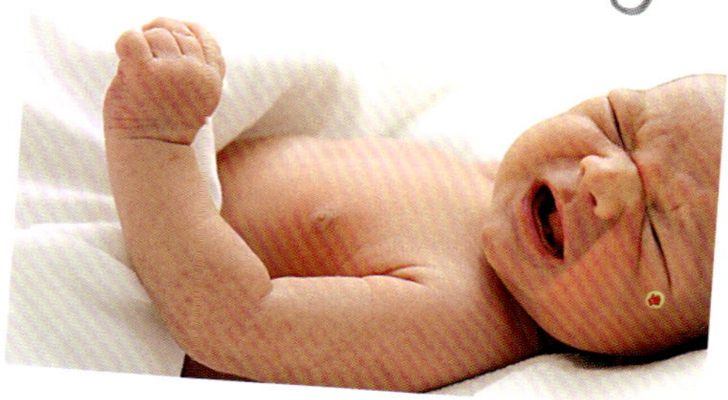

• En caso de fetos con un tamaño grande, es posible que estos no desciendan hacia la pelvis hasta que no empiecen las contracciones.

• En mujeres multíparas, que han dado a luz previamente, los músculos del abdomen pueden tener mayor flacidez, lo que posibilita que el feto se mueva y cambie frecuentemente de posición.

• La forma de la pelvis también puede influir en el encajamiento: a veces, la entrada es muy estrecha y, como consecuencia, el feto necesita más tiempo para descender.

El descenso fetal suele ser un fenómeno bastante evidente, pues la tripa «baja» de su posición habitual y se inclina visiblemente hacia delante.

Día 259

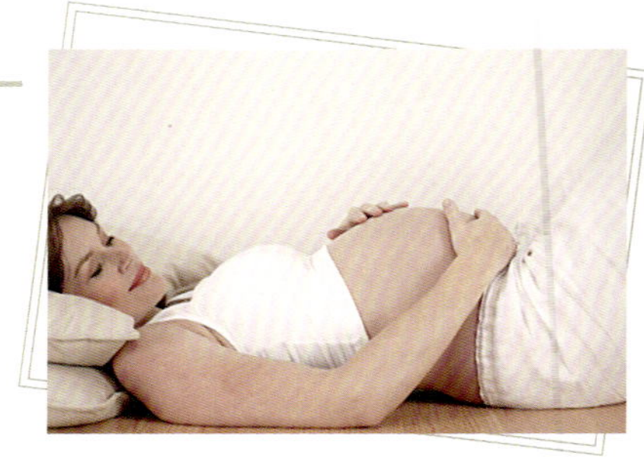

Si el parto no se adelanta, con la semana 38 del embarazo empieza la cuenta atrás. Como norma general, se producirá en un par de semanas, pero también es posible que se supere la fecha y el embarazo tenga una duración más prolongada.

Se desconocen las causas exactas que provocan el parto, pero los especialistas coinciden en que se desencadena a partir de la combinación de una serie de sustancias de la madre, el feto y la placenta.

Por ejemplo, se sabe que los pulmones, una vez maduros, segregan un tipo de proteína en el líquido amniótico que altera los niveles de hormonas que intervienen en la activación del mecanismo de parto.

A partir de ese momento, comienza a disminuir la producción de progesterona y aumenta la síntesis de oxitocina, la hormona responsable de las contracciones uterinas y de la dilatación, así como de la coagulación del área de unión de la placenta después del parto y de la recuperación de la forma original del útero.

La oxitocina se relaciona con sentimientos positivos.

No obstante, el mecanismo preciso que desencadena el fenómeno del parto todavía hoy es un misterio; de hecho, únicamente el 5% de los bebés nace en la fecha prevista.

OXITOCINA: POTENCIADOR DE LA MEMORIA SOCIAL

Según un estudio realizado por el Centro Médico Monte Sinaí de Nueva York y la Universidad de Harvard, los recuerdos de los hombres sobre el afecto de su madre en la infancia podrían ser reforzados por la oxitocina.

Los investigadores administraron oxitocina a través de un espray nasal a un grupo de varones adultos que, previamente, habían completado un cuestionario sobre la atención recibida de su madre durante la infancia. A los que sufrieron más ansiedad en sus relaciones cercanas, la hormona les trajo recuerdos ambivalentes sobre la forma en que su madre los habían cuidado. Pero aquellos que no mostraron ansiedad de apego, tuvieron más recuerdos positivos sobre el afecto y la cercanía de su madre después de recibir oxitocina.

Semana 38

Día 260

El feto mide ya unos 49 centímetros y se acerca a los 3 kilogramos de peso. El tamaño que tiene dificulta su movilidad; las extremidades inferiores, piernas y pies, son las partes que más se mueven.

Como dispone de un espacio menor, el feto ahora se mueve menos, aunque lo hace de una forma mucho más evidente: a veces, puede llegar a verse un bulto o deformación que sobresale de la tripa, cuando empuja con el codo o con la rodilla, por ejemplo.

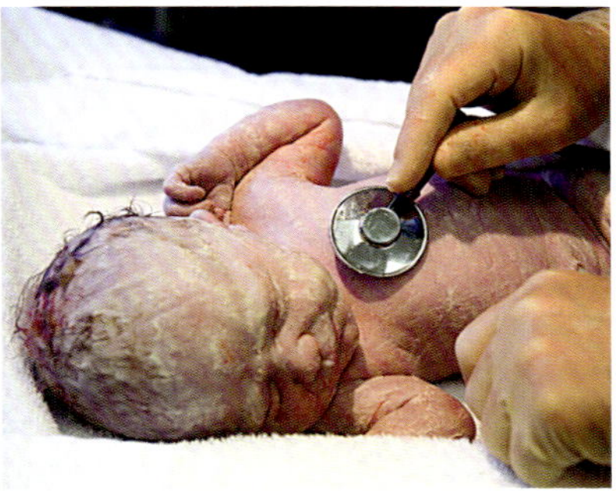

Ya ha perdido todo el lanugo (el vello que le cubría el cuerpo), aunque puede conservar todavía un poco, sobre todo en la zona de la cara y los hombros; si nace con él, se le caerá en las primeras semanas de vida.

De la misma manera, la capa de grasa (vérnix caseoso) empieza a desaparecer; sin embargo, en este caso, la mayoría de los bebés a término nacen con parte de ella (no así los nacidos más allá de la semana 41 de gestación).

Si bien uno de los procedimientos habituales en muchos hospitales es bañar inmediatamente al recién nacido o limpiar su piel, fruto de la creencia de que el vérnix es un desecho del proceso del parto que es necesario retirar, se ha comprobado que esta capa de grasa posee cualidades únicas. Se trata de un limpiador natural, además de una sustancia protectora frente a las infecciones, antioxidante y con propiedades curativas. Por todo ello, en la actualidad se tiende cada vez más a extender dicha grasa por el cuerpo del bebé para que la absorba de forma natural.

CONTROLAR EL PESO DEL BEBÉ

La práctica habitual de pesar al bebé después de cada toma para comprobar que la dosis de leche ingerida corresponde a la indicada por el médico es inútil y puede causar temores infundados. También resulta innecesario verificar la regularidad del crecimiento diariamente, ya que el aumento de la talla no es constante; el crecimiento del recién nacido debe evaluarse en un periodo de, al menos, 7-10 días. Se sabe que un lactante, en los primeros meses, aumenta entre 150 y 200 gramos de peso a la semana. En caso de registrarse grandes variaciones respecto a esta media, conviene comunicárselo al pediatra para que decida si es necesario o no variar el tipo de alimentación.

Días 261-262

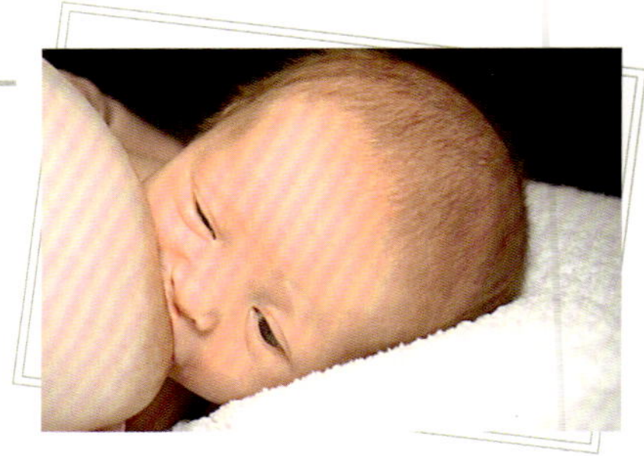

Casi todos los fármacos que toma la madre pasan a la leche, pero en concentraciones muy inferiores a las que tienen en el plasma materno; por lo que, en general, no llegan a tener un efecto «farmacológico» y no representan peligro para el bebé.

Una vez llegado el término del embarazo, especialmente después de la semana 38, se puede realizar el primer tacto vaginal, que consiste en examinar con los dedos índice y corazón las estructuras pélvicas a través de las paredes de la vagina.

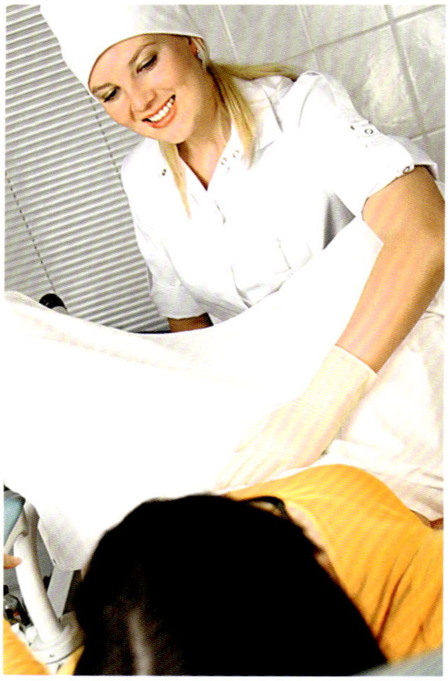

Con esta exploración se evalúa la relación de la cabeza fetal con el diámetro de la pelvis (a veces, la dimensión de la cabeza fetal es mayor que la de las estructuras pélvicas del canal del parto), así como las características del cuello del útero (consistencia, longitud y dilatación).

Gracias a la información que se obtiene con ellos, se pueden recabar datos preliminares sobre las posibilidades de que se produzca un parto vaginal o sea necesaria la realización de una cesárea.

No obstante, su práctica se desaconseja si se sospecha que existe rotura de membranas, ya que pueden introducirse microorganismos hacia el cuello del útero y podrían causar algún tipo de infección al bebé.

Los tactos vaginales también se realizan una vez iniciado el proceso de parto; en este caso, los practica la matrona cada cierto tiempo para poder evaluar el estado del cuello del útero:

- **La consistencia:** si está todavía duro, se está ablandando o está ya preparado.
- **El borramiento:** si es todavía muy largo o ya ha comenzado a disminuir su longitud.
- **Los centímetros de dilatación.**

LA LÍNEA PÚRPURA

La línea púrpura es una línea que asciende desde el ano hasta el coxis a medida que va progresando la dilatación del parto. La observación de esta línea puede ser una alternativa a los tactos vaginales, ya que parece ser que la altura a la que se encuentra está relacionada con los centímetros de dilatación. Esta práctica, además de evitar los molestos y dolorosos tactos, ayuda a prevenir infecciones. Generalmente, la línea púrpura comienza a observarse por encima del ano cuando la mujer tiene entre 0 y 2 centímetros de dilatación; entre 4 y 5 centímetros, la línea puede verse en el punto medio entre el ano y el coxis; y con 10 centímetros de dilatación la línea púrpura se completaría.

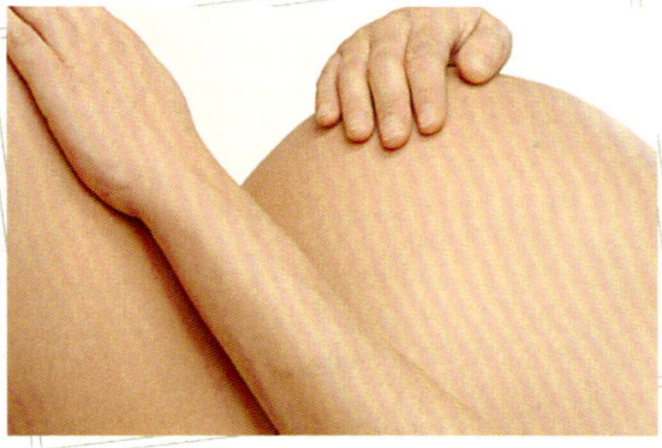

Día 263

A estas alturas, seguramente ya se haya iniciado el proceso de preparto, una etapa que dura unas dos semanas y en la que la embarazada experimenta una serie de cambios que evidencian la proximidad del parto.

Aproximadamente dos semanas antes del parto, comienzan a notarse una serie de cambios que son indicativos de que este se acerca; algunos empiezan a sentirse incluso antes.

El primero de ellos es el descenso del útero en el abdomen, causado por el encajamiento de la cabeza del feto en la pelvis materna, principalmente en las primerizas.

EL TAPÓN MUCOSO

El cuello del útero está sellado por el tapón mucoso, una barrera gelatinosa que protege al feto de infecciones que pudieran entrar por esa vía durante el embarazo.
Momentos previos al parto, este tapón suele expulsarse, aunque a veces lo hace días antes de dar a luz, y muchas mujeres ni siquiera se dan cuenta de ello.
Se puede perder como una cantidad pequeña de flujo mucilaginoso y espeso, o de una sola vez, en forma de flujo vaginal intenso durante varios días. Sea como fuere, su expulsión significa que la dilatación ha comenzado.
Puede ser transparente o de color blanquecino o rosáceo.

El tapón mucoso está formado por agua, en un 90%, y por glucoproteínas.

El segundo signo es el aumento de la frecuencia y la intensidad de las contracciones de preparto.

Otro signo es el aumento de flujo vaginal y la posible aparición de una mucosidad transparente o teñida de sangre, el tapón mucoso, que suele expulsarse uno o dos días antes del parto.

Algunas mujeres también refieren un curioso fenómeno que suele acompañar los días previos al parto: un aumento momentáneo de energía y vitalidad, cuya causa es desconocida.

Día 264

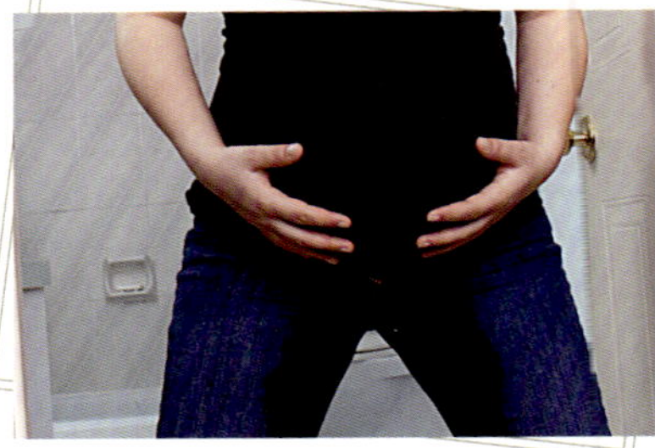

La mayoría de las mujeres comienza a tener contracciones regulares antes de romper aguas. Sin embargo, a veces la rotura de las membranas se produce antes y el parto se desencadena rápidamente.

La membrana que contiene el líquido amniótico está compuesta por un entramado de células que pueden debilitarse por la acción de las hormonas, por la desaparición del cuello uterino o por la fuerza de las contracciones del parto.

ENFERMEDADES PELIGROSAS

Si la madre es portadora del virus de la hepatitis C (VHC+), esto no parece ser un impedimento para la lactancia, ya que el porcentaje de riesgo de transmisión de la enfermedad al bebé es mínimo.
Por el contrario, ser portadora del virus del sida (VIH+) excluye totalmente la posibilidad de amamantar sin peligro al bebé.

EVOLUCIÓN DEL PECHO

Durante el embarazo, algunas hormonas (producidas por la placenta y la hipófisis) inducen grandes cambios en el pecho.
La mujer aprecia un aumento del volumen de las mamas, que a la palpación pueden presentar nódulos dispersos; la piel que las cubre también aparece tersa, la areola se vuelve más oscura y amplia, y el pezón se engrosa.
Después del parto, una hormona producida por la hipófisis estimulará la glándula de la mama para que comience la producción de leche.

Cuando el saco amniótico que contiene al feto se rompe, el fluido es expulsado por la vagina; es lo que se conoce, comúnmente, como «romper aguas». Cuando esto sucede, es necesario acudir rápidamente al hospital, pues se trata de una señal inequívoca de que el parto ha comenzado.

Sin embargo, no todas las mujeres rompen aguas en la misma fase del parto. En un 8% de las gestantes, la rotura se produce antes de que aparezcan las contracciones; en este caso, suele esperarse 12-24 horas para que el parto comience de manera natural y, si no lo hace, se induce de forma artificial administrando oxitocina.

También puede suceder lo contrario, que el parto se inicie y vaya avanzando, pero no se rompa la bolsa. En este caso, se suele realizar una amniotomía, una maniobra que hace la matrona en el hospital para perforar las membranas y recoger el líquido amniótico.

Día 265

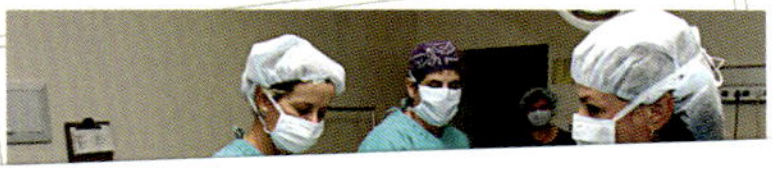

88 - 54 - 63 16/10/2020
91 - 51 - 60 17/10/2020
83 - 50 - 58 18/10/2020
93 - 54 - 63 20/10/20
95 - 55 - 60 21/10/2020
89 - 51 - 61 22/10/2020
90 - 54 - 58 24/10/2020
88 - 56 - 65 28/10/2020
97 - 58 - 64 29/10/2020

…mía (o rotura artificial de la bolsa) … un parto que no está evolucionando … se cree que estimula la liberación de … aumentan las contracciones.

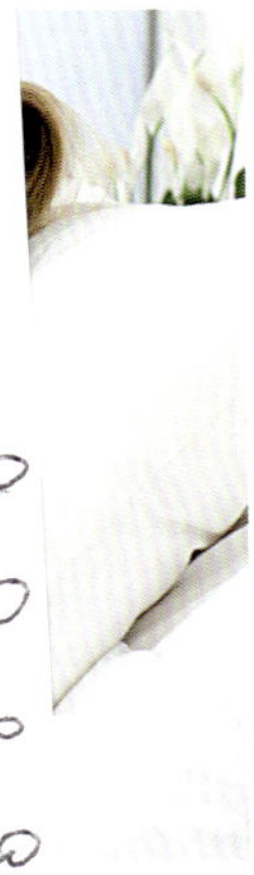

…rotura de la bolsa se produce de forma espontánea, otras veces es necesario realizar una amniotomía.

Generalmente, esto sucede cuando el parto se está demorando demasiado, por lo que se realiza un agujero en la bolsa con el fin de acelerar el proceso.

Sin embargo, esta maniobra no está exenta de controversia. Existen estudios recientes cuyos resultados cuestionan la eficacia de dicha práctica (parece que la diferencia en el tiempo de parto no es muy significativa) y su seguridad (la rotura de la bolsa implica un

…ue aumenta a medida que trascurre más tiempo entre la rotura y el parto, sobre todo si se realizan tactos).

En este sentido, la Organización Mundial de la Salud argumenta que no está justificada la rotura precoz artificial de membranas como procedimiento de rutina, y solo ha de hacerse en los casos necesarios y en el momento oportuno.

Solo el 15% de las embarazadas rompe aguas justo antes de comenzar el parto.

LAS CALORÍAS NECESARIAS

Una mujer que da el pecho a su hijo necesita aproximadamente 500 kcal más al día que en circunstancias normales.
En realidad, se trata de un complemento modesto que puede incluso no resultar necesario, ya que la mujer que da el pecho reduce casi siempre su gasto energético debido a la actividad física; a menudo adquiere un «sobrepeso» en el embarazo, que se elimina posteriormente. En cualquier caso, si fueran necesarias esas calorías suplementarias, sería preferible distribuirlas a lo largo del día, ya que la lactancia es un proceso que requiere energía de forma continuada.

Día 266

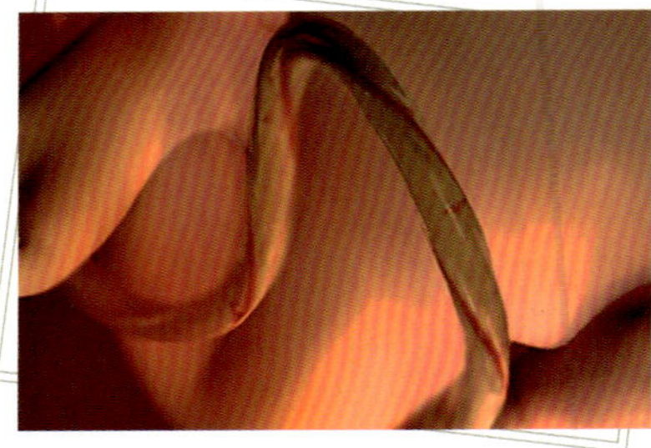

El feto ha alcanzado los 50 centímetros de tamaño y su peso ronda los 3.200 gramos. El cordón umbilical mide, aproximadamente, 56 centímetros de longitud y su diámetro oscila entre 1 y 2 centímetros.

El cordón umbilical es un tubo hueco y flexible que une al embrión con la placenta. Contiene una serie de arterias y venas para el intercambio entre ambos de sustancias nutritivas y sangre rica en oxígeno, así como sustancias de desecho.

Normalmente, se espera unos minutos antes de cortar el cordón umbilical.

Gracias a las ecografías prenatales, se puede detectar a tiempo cualquier complicación que pueda aparecer en el cordón umbilical durante el embarazo; sin embargo, algunas otras no son evidentes antes del parto.

Entre las anomalías más frecuentes que afectan al cordón umbilical cabe citar estas:

- **Circular de cordón:** el cordón se enrolla alrededor de una parte del feto, habitualmente el cuello; no tiene por qué conllevar la realización de una cesárea.
- **Nudo de cordón:** generalmente no presenta complicaciones, aunque puede implicar una cesárea para evitar que se «apriete» durante el parto.
- **Prolapso de cordón:** salida del cordón por el canal del parto antes que el feto; es menos frecuente.

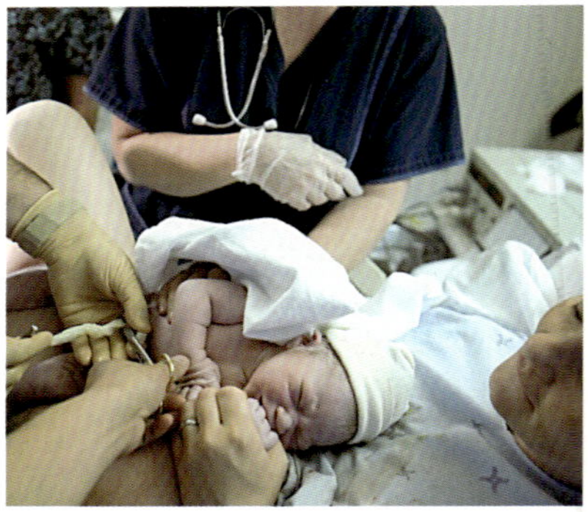

Cuando el feto ha nacido, el cordón umbilical se corta y se deja una pequeña cicatriz: el ombligo. La maniobra de pinzamiento y corte puede hacerse de dos maneras: pinzar y cortar inmediatamente después del nacimiento (actualmente, la más extendida en las maternidades) o bien esperar unos minutos a que el cordón deje de latir (defendida por los partidarios de partos más naturales).

CUIDADO DEL CORDÓN EN EL RECIÉN NACIDO

Entre 10 y 21 días después del nacimiento, el trozo de cordón umbilical que ha quedado en el recién nacido se seca por completo y se desprende.

Tradicionalmente, los cuidados del cordón consistían en limpiarlo con una gasa empapada en alcohol, una o dos veces al día, para favorecer su cicatrización y caída; sin embargo, las ventajas de esta costumbre no están muy claras (hay estudios que apuntan que el desprendimiento se produce incluso antes si se deja secar al aire).

Por tanto, aunque muchos pediatras todavía siguen recomendando esta práctica, también hay quienes piensan que es más eficaz dejar que el cordón se seque al natural.

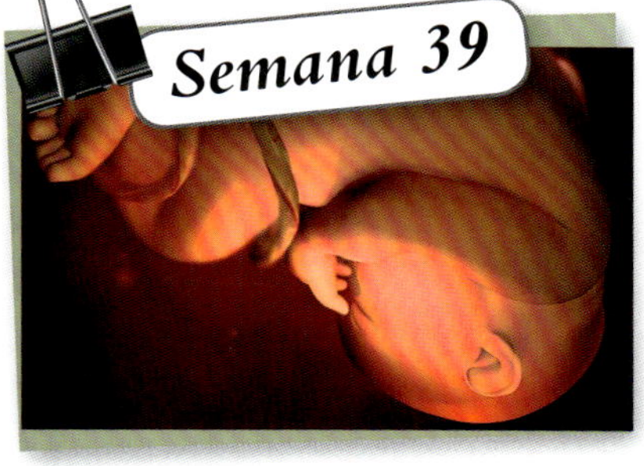

Semana 39

Día 267

El líquido amniótico se renueva cada tres horas y el feto sigue ingiriéndolo. Sus órganos han madurado ya y está listo para iniciar su vida en el exterior del vientre materno. En cualquier momento, empezarán las contracciones.

Para la mayoría de las mujeres, sobre todo en el primer embarazo, es difícil decidir cuándo ha llegado el momento del ingreso hospitalario, ya que suelen debatirse entre el temor a llegar tarde, con el parto ya iniciado, o adelantarse demasiado.

Además, si se acude muy pronto al hospital, se corre el riesgo de pasar demasiado tiempo ingresada inútilmente. Aunque la prudencia aconseja siempre consultar con el médico, en caso de duda, conviene saber que no es necesario «salir corriendo» al hospital: hay tiempo suficiente para dirigirse a él con calma, ya que la fase de contracciones y el parto duran varias horas, no unos minutos. No obstante, es recomendable dirigirse al hospital cuando se verifican las siguientes circunstancias:

- **Existen contracciones regulares,** que se repiten cada 5 minutos.
- **Se ha producido la rotura de las membranas,** con pérdida de líquido amniótico, aunque no se produzcan contracciones.

Si se tuviera programada una cesárea, se realizaría esta semana.

SOBRELLEVAR LAS CONTRACCIONES

Se recomienda andar, por la casa o por el hospital, para que el bebé vaya encajándose y descendiendo por el canal de parto; la libertad de movimientos, además, te permite adoptar la posición que más te ayude.

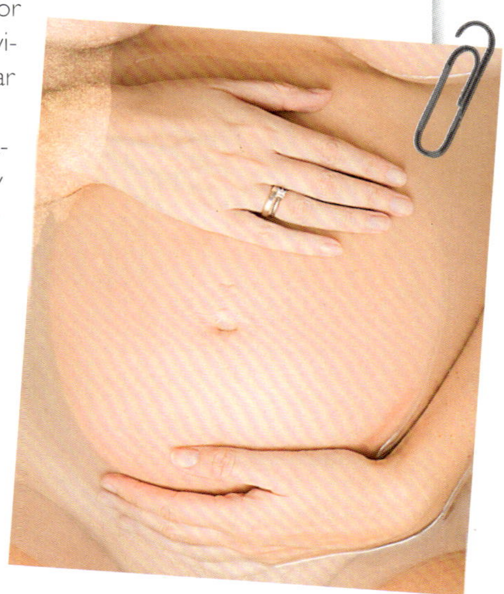

La respiración también es fundamental: una respiración controlada y consciente ayuda a oxigenar al bebé a la vez que tranquiliza a la madre. También puedes meterte en la bañera de casa con agua tibia (hay hospitales que tienen bañeras de dilatación): el agua ayuda a relajar los músculos y hace menos intensos los dolores. Al relajarte, disminuye la producción de adrenalina, hormona responsable del endurecimiento del cuello del útero, lo que facilita el proceso de parto.

Días 268-269

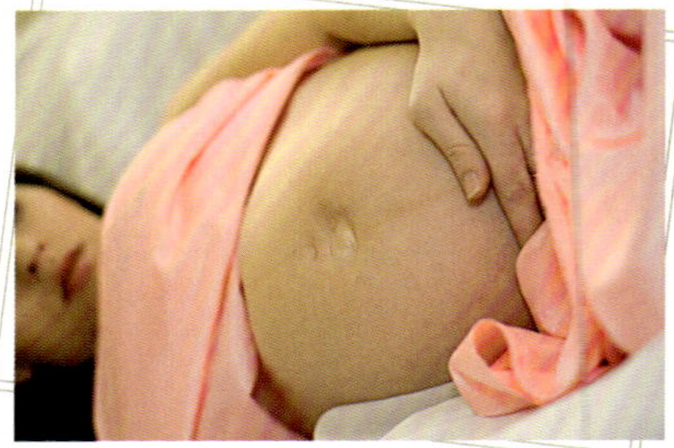

Gradualmente, las contracciones se vuelven regulares (actividad contráctil coordinada) y rítmicas, y se perciben como una sensación de molestia que va aumentando hasta resultar dolorosa. Es el comienzo del periodo prodrómico.

Por término medio, esta fase dura unas 8 horas, si la mujer es primeriza, o 5 horas si ya ha dado a luz anteriormente.

Es difícil establecer con precisión el momento en el que se inicia esta fase, porque se basa en la percepción dolorosa de las contracciones, una información que es totalmente subjetiva: cada mujer puede notarlo de una forma distinta.

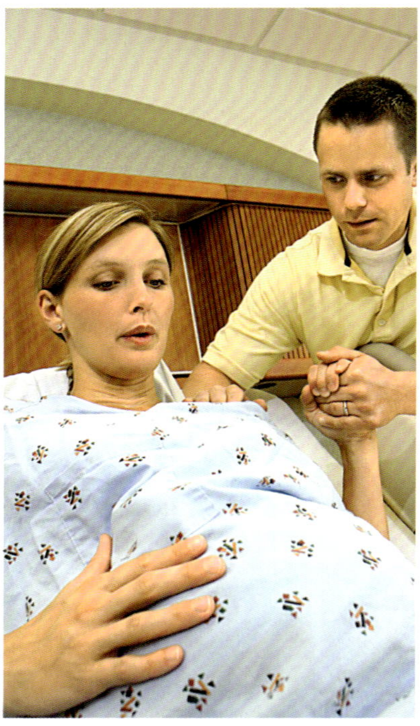

En la fase de contracciones del periodo prodrómico, el cuello del útero es la parte del cuerpo de la mujer que más se modifica: comienza a acortarse hasta llegar a desaparecer por completo para que pueda producirse la dilatación.

En primer lugar, el útero debe «centrarse», es decir, desplazarse de la posición posterior que ocupa normalmente a una más adelantada y central respecto al canal del parto.

La dilatación es la fase más larga de todo el proceso del parto.

Al mismo tiempo, comienza el «acortamiento» o aplanamiento: el canal del cuello, que antes de esta fase mide 3-4 centímetros, adelgaza gradualmente hasta alcanzar un espesor de pocos milímetros.

En este etapa suelen dilatarse los 2-3 primeros centímetros.

CONTRACCIONES DE PARTO

Las contracciones son un endurecimiento del útero. Se inician en su parte más alta (el fondo del útero) y, después, se extienden a todo el órgano.
Cuando se contraen las fibras musculares del útero hacen que también se contraiga el cuello, y este comienza a modificarse debido a los continuados y rítmicos estiramientos y contracciones.
Empiezan de forma débil, aumentan su intensidad hasta un máximo y decrecen hasta desaparecer por completo hasta la siguiente contracción.
Se presentan a intervalos regulares y son intensas y dolorosas.

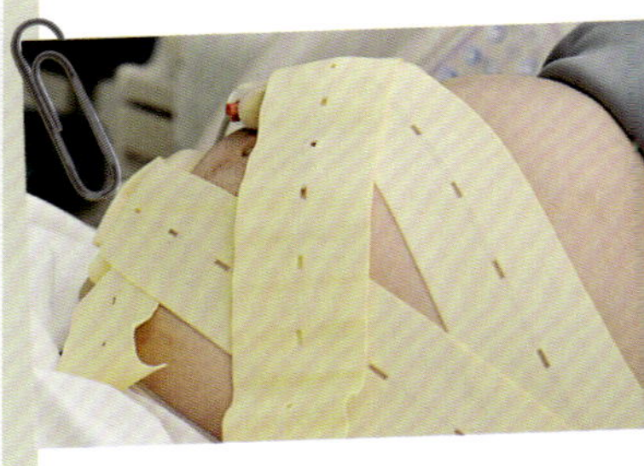

Días 270-271

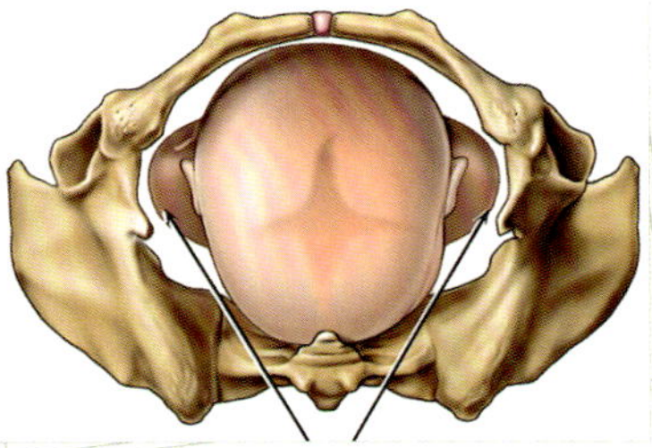

Una vez se ha borrado el cuello del útero, comienza el periodo de dilatación: un orificio, al principio impenetrable, pasa a convertirse en una abertura de unos 10 centímetros de diámetro.

Las contracciones, más frecuentes y prolongadas (cada 2-3 minutos y de un minuto de duración), conducen a la dilatación completa del cuello del útero, que se alcanza a los 10 centímetros de diámetro. La sensación dolorosa se intensifica, se expande y llega a afectar a toda la pared inferior del abdomen.

Durante el periodo de dilatación suelen tener lugar otros dos fenómenos: la rotura de la bolsa amniótica en la que se ha desarrollado el feto (rotura de las membranas) y el descenso de la cabeza del niño por el canal del parto: va bajando mientras el cuello del útero se ensancha para permitir su salida.

Después de esta fase, comienza el periodo de expulsión.

Cuando se alcanzan los 5 centímetros, la velocidad de dilatación aumenta.

ORÍGENES DE LA ANESTESIA

Hasta mediados del siglo XIX, el problema de recurrir a sustancias que aliviaran los dolores de parto se resolvía con la embriaguez.
En 1847 se emplearon por primera vez en obstetricia el éter y el cloroformo, que provocaban un estado de inconsciencia. Estas sustancias fueron suministradas durante mucho tiempo, pese a que su aplicación ocasionaba numerosos problemas, algunos de ellos letales para la mujer.

ALTERNATIVAS A LA ANESTESIA

La búsqueda para descubrir técnicas que aliviaran los dolores del parto se ha desarrollado en dos direcciones: la que prescinde de la farmacología y se centra en la «naturalidad» del acontecimiento, y la que recurre a la utilización de fármacos.
Entre las técnicas que no recurren a sustancias farmacológicas para aliviar el dolor, además de las que prevén la preparación física de la mujer durante el embarazo, se encuentran la hipnosis, la acupuntura y la anestesia eléctrica.

Día 272

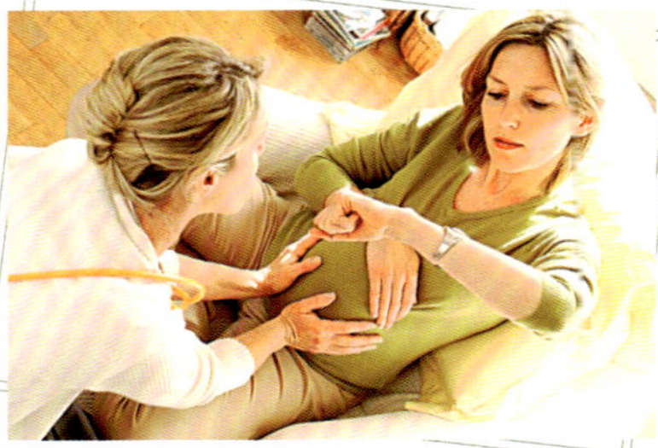

La última etapa de la dilatación, aunque más breve, va acompañada de las contracciones más intensas y largas de todo el proceso: aparecen a cada minuto y duran entre 60 y 90 segundos.

Cuando se ha completado la dilatación, en algunas mujeres se puede observar la «fase latente»: un periodo de pausa, con contracciones más suaves y distanciadas, que permite a la embarazada descansar y tomar fuerzas antes de la etapa siguiente: el periodo de expulsión.

La presión que ejerce en los tejidos la cabeza del feto adentrándose en el canal del parto genera en la madre una irresistible necesidad de empujar.

Después, las contracciones uterinas se vuelven más intensas y prolongadas, aunque en algunos casos la mujer parece tolerar mejor el dolor, probablemente porque se siente aliviada al ver que se acerca el momento del parto y, al mismo tiempo, comprometida e involucrada en la coordinación de sus propios esfuerzos para llegar a la expulsión.

Para favorecer la dilatación, cuando es necesario se administran fármacos.

PARTO EN ESTADO DE HIPNOSIS

En esta técnica no farmacológica no interviene la voluntad de la mujer, que no tiene conciencia de lo que ocurre en su cuerpo y no puede ayudarse a sí misma mediante una oportuna respiración, empujando, etc. Se trata de un estado de trance (sueño hipnótico), que la gestante es capaz de crear por sí misma (autohipnosis), donde el subconsciente actúa obedeciendo a la sugerencia recibida, esto es, la orden de no sufrir. La visualización forma parte de la preparación a la hipnosis: se induce a la gestante a imaginar situaciones y lugares agradables, tranquilos, que inviten a la relajación y liberen la mente de toda ansiedad y el cuerpo de sensaciones desagradables. La hipnosis induce una especie de disociación psíquica: el cuerpo continúa con la función que está desempeñando (contracciones y parto), pero la mente está «en otro lugar», adonde la han llevado la sugestión de las voces, la música, los recuerdos y la fantasía.

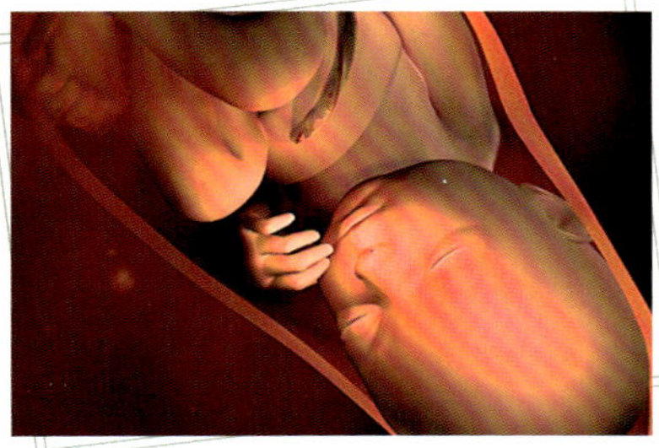

Día 273

Bajo la doble fuerza de las contracciones uterinas y el empuje ejercido por la madre con su abdomen, el bebé flexiona el cuello, apoyando la barbilla en el pecho y colocando la nuca en dirección a la salida. Es el periodo de expulsión.

Esta etapa representa el evento principal de todo el embarazo: el nacimiento.

Al principio del canal del parto, el feto aprovecha el espacio para poder avanzar adaptándose al diámetro oblicuo de la pelvis.

Llegado a la mitad del canal (estrecho medio), realiza un pequeño giro (rotación interna) para mantener el camino lo más amplio posible.

Tras realizar este último movimiento, la nuca del feto se encuentra por debajo del pubis materno y empieza a asomar por los genitales externos (orificio vulvar), distendiendo sus tejidos.

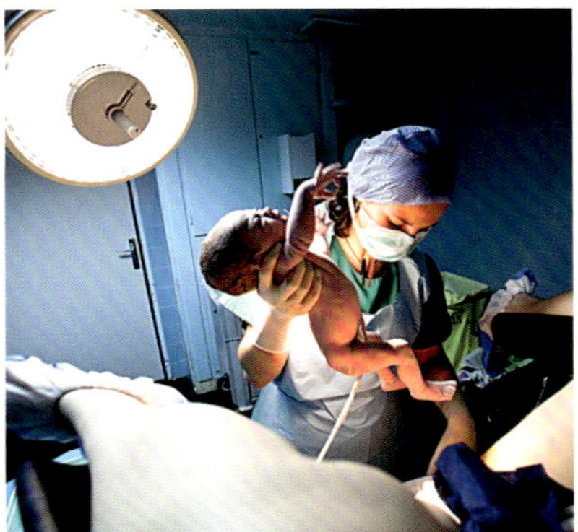

Con la entrada de aire en sus pulmones, comienza la vida autónoma del bebé.

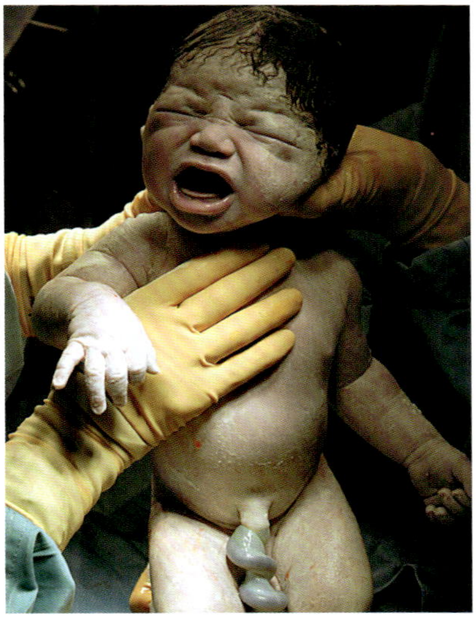

Con un rápido movimiento de extensión, la cabeza se levanta y sale al exterior, con la nuca dirigida hacia arriba. A continuación, el feto efectúa otro giro con el cuerpo y también los hombros logran atravesar el anillo vulvar; a partir de aquí, el resto del cuerpo sale deprisa, pues no encuentra resistencia.

El bebé ha nacido ya, pero todavía permanece unido a la madre por el cordón umbilical, que habrá de ser pinzado y cortado unos minutos después.

TÉCNICAS DE ANESTESIA

Los fármacos para minimizar los dolores del parto se pueden inyectar en la columna vertebral mediante dos técnicas: epidural (o extradural) y subdural (o espinal), según el nivel de las membranas medulares en las que se inyecta la anestesia.
Estas dos técnicas pueden emplearse para suprimir el dolor tanto en los partos por cesárea como en los espontáneos; por tanto, brindan la posibilidad de realizar una eventual cesárea sin tener que esperar el tiempo que requiere la preparación de una anestesia, ya que basta administrar los fármacos apropiados a través del catéter ya colocado.

Días 274-275

Llegando a la semana 40 del embarazo, ha culminado la gestación y se alcanza la fecha teórica del parto. El feto ha alcanzado un tamaño que ronda los 51 centímetros y su peso es de unos 3.500 gramos.

A partir de esta semana se realizará un seguimiento más exhaustivo del embarazo. En principio, los especialistas realizarán una monitorización fetal cada tres días (aunque esto dependerá del estado de salud del feto y de la futura madre) para comprobar el bienestar fetal y el estado del útero.

Hay que recordar que el descanso y el relax son aspectos fundamentales en esta semana: es recomendable dormir todo lo posible, evitar los sobresaltos y, sobre todo, estar feliz por la inminente llegada del bebé; muy pronto, quedarán atrás todas las molestias y temores que han acompañado al embarazo.

También es importante controlar la actividad fetal: si pasa mucho tiempo sin moverse, es aconsejable estimular al feto con movimientos suaves en el abdomen o mediante la ingesta de alimentos ricos en glucosa.

Si a pesar de ello no se mueve, será necesario acudir al centro médico para descartar cualquier problema.

DISFRUTA TUS MOMENTOS

Quedan muy pocos días para que nazca tu hijo. Aunque no lo creas, esta es una buena ocasión para aprovechar tus últimos momentos de soledad y de tranquilidad, y poder disfrutar de ellos. Date pequeños homenajes, relájate leyendo un libro o disfruta de un paseo a solas.

BEBÉS ESTREÑIDOS

En caso de que el bebé no sea regular a la hora de defecar, se recomienda esperar a que la evacuación sea espontánea, aunque se produzca al cabo de varios días, y evitar recurrir a la estimulación local (enemas, supositorios, tallos de perejil con aceite, etc.). La espera no ocasiona perjuicios al niño, ya que las heces del lactante de pecho no adquieren jamás la consistencia y la dureza típicas del estreñimiento. Además, le permite adquirir poco a poco una destreza imprescindible: aprender a empujar con los músculos apropiados, y no con todo el cuerpo, cerrando los puños, como hace al principio.

Días 276-277

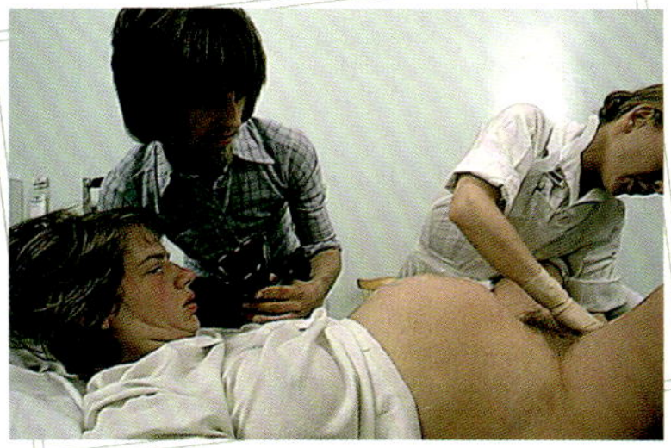

En las diferentes culturas del mundo se han empleado, y se emplean, distintas posturas para el parto: erguida, sentada, arrodillada, en cuclillas, etc. La posición horizontal reemplazó a la vertical para permitir al especialista intervenir en el perineo.

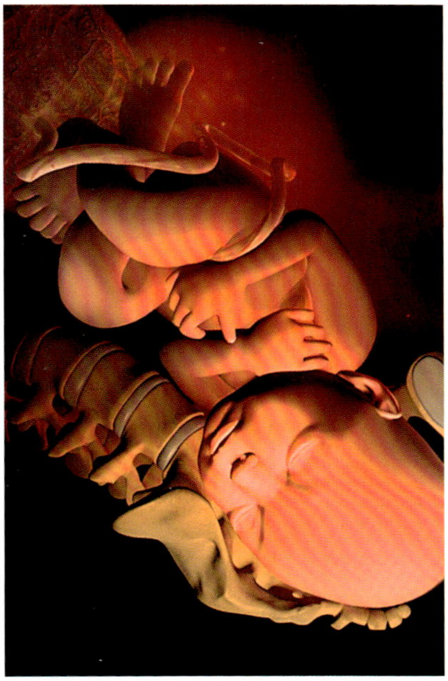

Cuando tienen libertad de elección, las mujeres suelen preferir dar a luz en posturas verticales. Esta posición permite caminar y cambiar frecuentemente de postura, en busca de una armonía entre el ritmo interno de la contracción y la posición del cuerpo.

La mujer responde a los dolores lumbares abandonando la cama y eligiendo posiciones que reduzcan la presión del útero contra la columna vertebral: a gatas, de rodillas o en cuclillas, con una ligera inclinación hacia el frente, o simplemente apoyándose en alguna superficie o en su compañero.

Sin embargo, no existe un patrón general: la postura que proporciona alivio a unas mujeres puede resultar totalmente inadecuada para otras.

Lo que sí se ha demostrado es que el parto en posición erguida resulta más corto y permite reducir el empleo de oxitocina o analgésicos.

Cada vez es más frecuente que sea la mujer quien elija la postura para dar a luz a su hijo.

EL PARTO EN EL AGUA

Dar a luz en el agua tiene efectos importantes desde el punto de vista físico y psicológico.

La menor fuerza de gravedad ayuda a sostener el peso del cuerpo, lo que permite a la mujer elegir las posturas que le resulten más cómodas. Además, la inmersión en agua caliente parece tener efectos beneficos sobre el dolor de las contracciones.

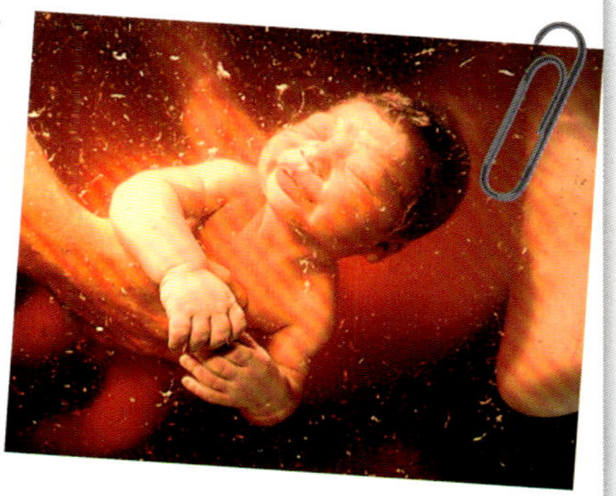

Otra importante ventaja es que reduce los daños en el perineo de la mujer: la relajación muscular inducida por el agua hace que disminuya el riesgo de desgarros.

Nada más nacer, el niño permanece bajo el agua unos segundos; luego, emerge y empieza a respirar.

Días 278-279

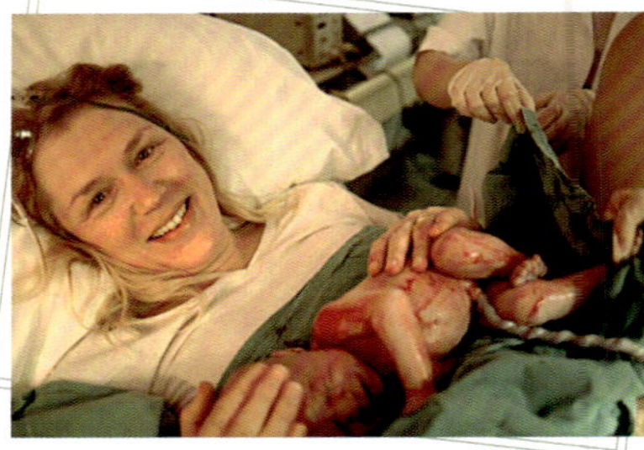

La última etapa del proceso de parto tiene lugar una vez ha nacido el bebé, y termina cuando la placenta se separa de la pared del útero y es expulsada a través de la vagina: se trata de la fase de alumbramiento.

Una vez que ha nacido el bebé, las contracciones continúan para reducir las dimensiones del útero ya vacío, aunque no se perciben como dolorosas. Es la «fase de alumbramiento», que dura entre 10 y 30 minutos.

La placenta, que no es elástica, no se reduce al mismo tiempo que la pared del útero. El rozamiento entre sí de estas dos superficies es lo que determina el desprendimiento progresivo de la placenta, que se expulsa, finalmente, junto con las membranas que envolvían al feto (anexos fetales).

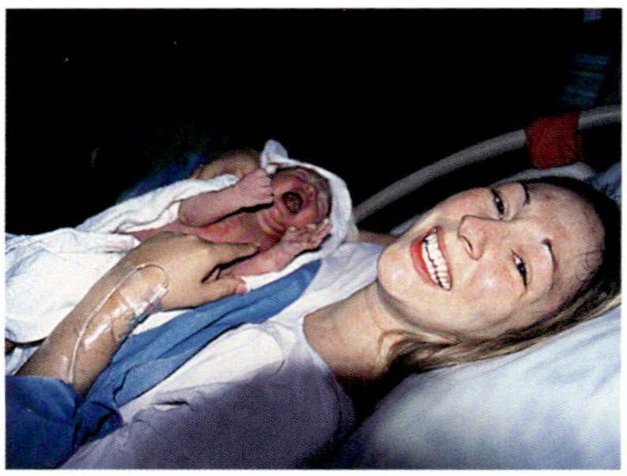

La expulsión de la placenta, de las membranas y del cordón va acompañada siempre de una pérdida de sangre (unos 200-300 centímetros cúbicos), debida a la repentina separación de la placenta de los vasos sanguíneos uterinos que la alimentaban. Pero la interrupción de la hemorragia está asegurada por la inmediata y enérgica contracción de las fibras musculares de la pared uterina (miometrio), que cierran los vasos «estrangulándolos».

El útero se contrae cada vez más, hasta adoptar una consistencia dura y compacta, y da lugar al «globo de seguridad».

El conjunto de estos procesos, el «alumbramiento» o «periodo placentario», se suele producir cuando han transcurrido unos 20 minutos desde el nacimiento.

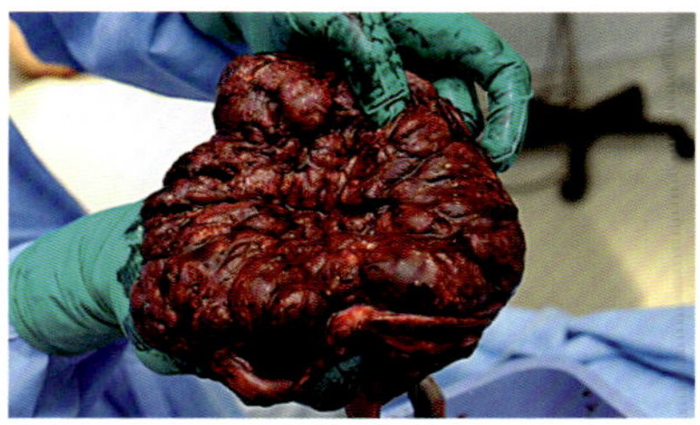

LA EPISIOTOMÍA

La episiotomía es una intervención que suele realizarse a la mayoría de las mujeres que dan a luz por primera vez. Consiste en una incisión efectuada con unas tijeras adecuadas en el anillo vulvar, con el fin de ensanchar la entrada de la vagina.

Se lleva a cabo cuando la cabeza del feto ejerce presión contra los tejidos del perineo para asomarse al exterior y se teme que dicha presión pueda provocar un desgarro.

No obstante, las investigaciones más recientes coinciden en afirmar que el recurso rutinario a esta práctica está totalmente injustificado, pues no hay que olvidar que la mujer que se somete a ella sufre a menudo molestias adicionales en el momento del parto y en las semanas siguientes.

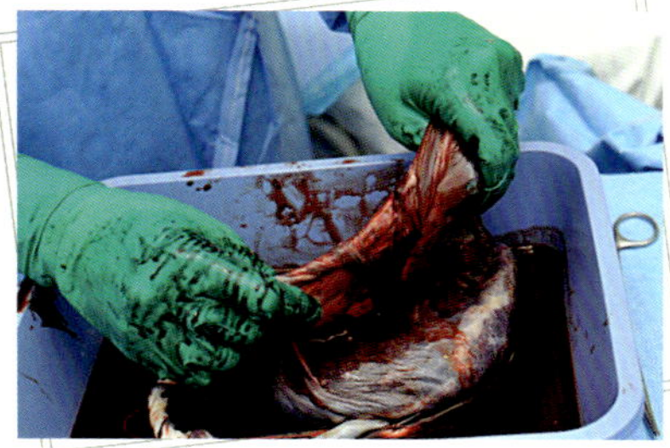

Día 280

Con la expulsión de la placenta comienza la etapa que se conoce como «puerperio», que se extiende hasta la reanudación del funcionamiento ovárico característico del periodo fértil de la mujer.

En esta fase, todas las modificaciones anatómicas y funcionales que se habían producido en el organismo durante el embarazo sufren una involución para volver, en un plazo de tiempo relativamente corto, a una situación sustancialmente igual a la que existía antes del embarazo. Generalmente, este periodo se extiende entre 6 y 8 semanas.

Las dos horas posteriores al parto (posparto) constituyen una fase muy delicada del puerperio, durante la cual la mujer ha de estar bajo observación médica. En esas dos horas debe cumplirse el proceso de cierre definitivo de los vasos que irrigaban la placenta. Si esto no se produce de manera correcta, pueden aparecer graves (aunque raras) hemorragias.

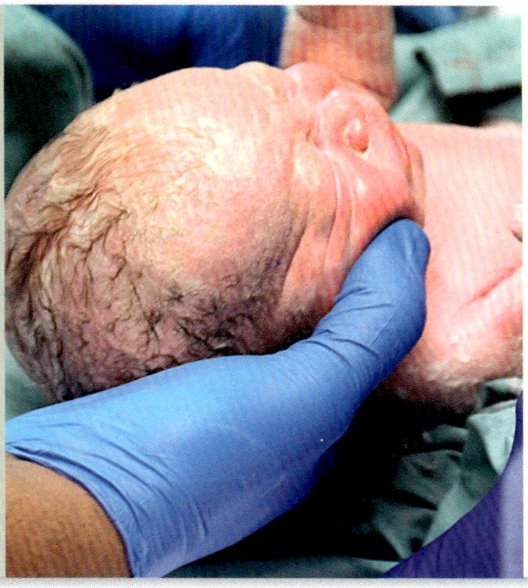

CRÁNEO ESCALONADO

Debido a la normal adaptación del cráneo al canal del parto, pueden permanecer en él durante varios días auténticos escalones, apreciables al acariciar la cabeza del niño. Se trata de algo normal y que desaparece por un acoplamiento espontáneo.

RECUPERACIÓN DURANTE EL PUERPERIO

Durante este periodo pueden aparecer diversas molestias:

- **Entuertos:** contracciones del útero para facilitar su involución (que pueden ser dolorosas).
- **Hemorroides:** debido a los esfuerzos realizados durante el parto.
- **Aumento de la temperatura corporal y escalofríos:** tras el parto y a los dos o tres días, coincidiendo con la subida definitiva de la leche.
- **Sangrado vaginal:** la cantidad irá disminuyendo con los días.
- **Grietas en el pezón:** al comienzo de la lactancia.

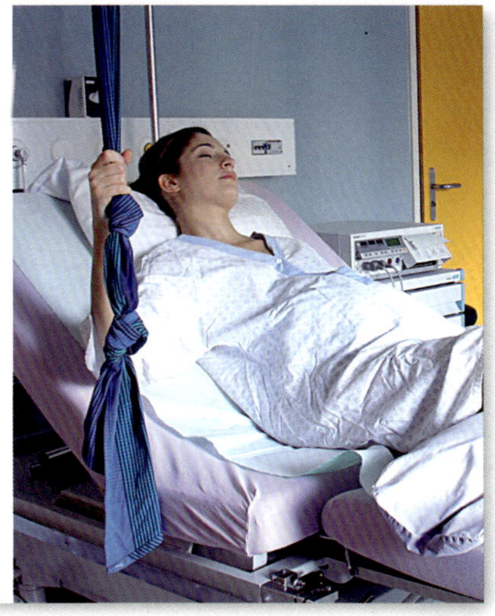

Sumario y créditos fotográficos

© CORDON PRESS

p. 8 b; p. 10 bd; p. 12 ad; p. 13 ai; p. 16 ad; p. 17 ci; p. 17 ad; p. 24 bd; p. 28 ad; p. 29 bi; p. 30 ci; p. 37 bi; p. 38 ad; p. 40 bi; p. 40 ad; p. 44 ad; p. 50 bi; p. 54 ci; p. 50 ad; p. 55 ci; p. 56 ad; p. 59 c; p. 63 ai; p. 64 ad; p. 70 ad; p. 71 ai; p. 74 ad; p. 75 ai; p. 78 ad; p. 80 ad; p. 82 ad; p. 85 ai; p. 88 ai; p. 90 cd; p. 93 cd; p. 94 bd; p. 98 bi; p. 98 cd; p. 100 ad; p. 100 bi; p. 101 cd; p. 102 bi; p. 106 ci; p. 111 ai; p. 111 bd; p. 117 ai; p. 118 bi; p. 123 c; p. 125 ad; p. 127 c; p. 128 c; p. 131 bd; p. 132 ai; p. 134 bi; p. 137 ai; p. 137 ci; p. 138 ad; p. 139 ai; p. 140 ad; p. 142 ad; p. 144 ad; p. 145 c; p. 147 ci; p. 150 ad; p. 150 c; p. 154 ci; p. 155 bd; p. 157 bi; p. 158 ad; p. 160 ad; p. 161 cd; p. 162 bi; p. 162 b; p. 166 ad; p. 168 ci; p. 168 bd; p. 174 ad; p. 174 ci; p. 179 ai; p. 181 ai; p. 186 ai; p. 186 cd; p. 187 ai; p. 189 ai; p. 190 ad; p. 191 ai; p. 191 bi; p. 192 ad; p. 193 ai; p. 193 ci; p. 193 bd; p. 194 ad; p. 196.

{a: arriba; b: abajo; c: centro; d: derecha; i: izquierda}

El resto de las imágenes son propiedad de © **Thinkstock by Getty Images.**

Por lo que se refiere a los derechos de reproducción, el editor se declara plenamente disponible a regular eventuales competencias sobre las imágenes de las que no haya sido posible hallar la fuente.